资助项目：新疆维吾尔自治区级一流本科课程“环塔里木红色旅游线路设计与实践（项目编号：AV105028）”；2024年度校级骨干人才研修计划项目“数智技术赋能新疆旅游业高质量发展影响因素及路径研究（项目编号：2024-GGYX09）”。

环塔里木

旅游线路设计与实践

徐蔼积◎主　编

刘　涛　黄文琴　努尔艾拉·依斯皮力　杜永凤◎副主编

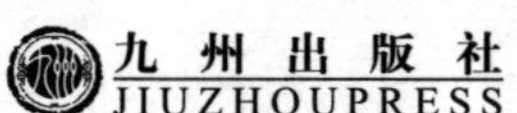

九州出版社
JIUZHOUPRESS

图书在版编目（CIP）数据

环塔里木旅游线路设计与实践 / 徐蔼积主编 . 北京：九州出版社，2025. 6. -- ISBN 978-7-5225-4021-4

Ⅰ. F592. 745

中国国家版本馆 CIP 数据核字第 20250SX595 号

环塔里木旅游线路设计与实践

作　　者	徐蔼积　主编
责任编辑	蒋运华
出版发行	九州出版社
地　　址	北京市西城区阜外大街甲 35 号（100037）
发行电话	（010）68992190/3/5/6
网　　址	www. jiuzhoupress. com
印　　刷	三河市华东印刷有限公司
开　　本	710 毫米×1000 毫米　16 开
印　　张	15. 5
字　　数	235 千字
版　　次	2025 年 6 月第 1 版
印　　次	2025 年 6 月第 1 次印刷
书　　号	ISBN 978-7-5225-4021-4
定　　价	95. 00 元

序

在当今时代，旅游已不仅是简单的休闲活动，更是一种文化传承、历史追溯与精神洗礼的重要方式。特别是在红色旅游领域，通过实地考察与学习，人们不仅能领略到自然风光之美，还能深刻体会到革命先辈的英勇事迹，感悟其崇高精神，从而激发爱国情怀，增强民族自豪感。正是在这样的背景下，《环塔里木旅游线路设计与实践》得以出版，它旨在通过系统而详尽的介绍，为读者揭开环塔里木地区旅游的神秘面纱，提供一套全面、实用且具有教育意义的旅游线路设计方案。本书共包括旅游线路设计理论知识、实践项目和典型案例三部分内容。

第一部分为旅游线路设计理论知识，涵盖第一章到第三章的内容，主要围绕旅游线路设计的基本理论展开，系统介绍了旅游线路的概念、特征、类型以及旅游线路设计的内容、指导思想和原则。同时，这部分还引入了 PBL 教学过程，旨在引导读者将理论知识应用于实际旅游线路的设计中，注重培养读者理论联系实际、分析问题和解决问题的能力，为后续的实践项目设计打下坚实的基础。

第二部分为旅游线路设计实践项目，即第四章的内容。这部分主要以环塔里木地区的旅游线路设计为例，通过六个具体的实践项目，详细展示了如何将理论知识应用于实际旅游线路的设计中。每个项目都围绕特定的红色旅游资源展开，通过任务的形式，逐步引导读者完成旅游线路的设计，旨在帮助读者掌握旅游线路设计的实际操作技能，并激发其创新思维和实践能力。

第三部分为旅游线路设计典型案例，也就是第五章的内容。这部分通过具体案例，展示了环塔里木地区旅游线路设计的成功实践。每个案例都详细描述了旅游线路设计的主题、行程安排、特色活动等要素，旨在为读者提供可借鉴的实践经验，帮助其了解旅游线路设计的实际运作过程，并激发其在实践中不断探索和创新。

《环塔里木旅游线路设计与实践》以旅游线路设计的基本理论为基础，通过具体的实践项目和典型案例，系统地介绍了环塔里木地区旅游线路的设计与实施。全书内容丰富、结构清晰，既注重理论知识的阐述，又强调实践技能的培养，是一本集理论知识与实践技能于一体的著作。不仅为读者提供了系统的旅游线路设计理论知识，还通过具体的实践项目和典型案例，引导读者将理论知识应用于实际旅游线路的设计中，注重培养读者的实践能力和创新思维。本书对旅游管理专业的师生以及从事旅游线路设计的相关人员来说，都是一本极具参考价值的书籍。

陆亦农

2024 年 9 月 10 日

前言

在浩瀚的中华大地上，红色文化如同一股不竭的力量源泉，奔腾在历史的长河中，激励着一代又一代中华儿女奋勇前行。新疆，这片广袤而神秘的土地，不仅承载着丰富的自然景观和民族文化，更蕴藏着深厚的红色文化底蕴。环塔里木地区，作为新疆的重要组成部分，其红色旅游资源尤为独特且丰富，是开展红色旅游、传承红色基因、弘扬革命精神的宝贵财富。

本书的撰写，旨在深入挖掘环塔里木地区的红色文化资源，通过科学合理的旅游线路设计，将这些珍贵的红色遗迹、纪念馆、博物馆等串联起来，形成一条寓教于游、寓教于乐的红色旅游线路。这不仅有助于提升新疆旅游的文化内涵和教育意义，还能够促进当地经济社会的全面发展，实现红色文化的传承与创新。本书具有以下三方面的特点。

1. 地域特色鲜明：本书紧密依托环塔里木地区得天独厚的红色旅游资源，通过深入挖掘红色文化内涵，设计红色旅游线路，不仅凸显了鲜明的地域文化特色，更强调了红色基因的传承与弘扬。

2. 实践导向引领：本书高度重视实践教学的重要性，采用先进的 PBL（项目式学习）教学方法，鼓励学生亲身参与实地调研与旅游线路设计工作，旨在全面提升学生的实践操作能力和综合素养。

3. 创新融合促进：本书实现了红色文化教育与旅游管理专业教学的深度融合，通过沉浸式与体验式的教学模式，不仅加深了学生对红色文化的理解与认同，更激发了他们的创新思维，有效提升了学生的专业素养与综合能力。

本书包括旅游线路设计理论知识、实践项目和典型案例三部分内容，共五章。第一部分为旅游线路设计理论知识，系统阐述了旅游线路设计的基本理论、旅游企业与旅游线路的关系，以及新疆红色文化的概论，为后续的旅游线路设计提供坚实的理论基础。其中第一章由赵俊舟编写，第二章由杜永凤编写，第三章由徐蔼积编写。第二部分为旅游线路设计实践项目，即第四章的内容。这部分详细规划了环塔里木地区的红色旅游线路，每个项目都包含了具体的设计任务和实施要点，具有较强的可操作性和实践性。其中第一节由孙小亮编写，第二节由孙佳华编写，第三节由刘涛编写，第四节、第五节由徐蔼积编写，第六节由努尔艾拉·依斯皮力编写。第三部分为旅游线路设计典型案例，第五章通过六个典型的旅游线路设计案例，展示了环塔里木地区旅游线路设计的成果和魅力，为读者提供了宝贵的借鉴和参考。其中第一、三、四节由徐蔼积编写，第二节由黄文琴、王芳编写，第五节由张董明编写，第六节由吐马丽丝·卡哈尔编写。此外，徐蔼积还负责本书大纲的制定以及统稿工作。

在本书的撰写过程中，我们坚持理论与实践相结合的原则，既注重理论的深度和广度，又强调实践的可行性和实效性。同时，我们还积极引入 PBL 教学过程，鼓励读者在学习的过程中发现问题、分析问题、解决问题，从而培养读者的创新思维和实践能力。

最后，非常感谢所有参与本书撰写和审稿的专家、学者和工作人员，正是你们的辛勤付出和无私奉献，才使这本书得以顺利出版。此外，本书编写过程中还参阅了一些与旅游线路设计、红色旅游、红色文化等相关的文献资料，在此向文献作者表示真诚的感谢。由于编者水平有限，本书中难免有疏漏和不当之处，恳请同行和读者批评指正。

目 录

CONTENTS

第一章

旅游线路设计的基本理论

【本章导读】

旅游线路设计是旅游行业中至关重要的一个环节，它涉及旅游资源的选择、组合、优化以及最终呈现给游客的旅游产品的打造。一个成功的旅游线路设计，不仅能够满足游客的多元化需求，还能够提升旅游目的地的吸引力和竞争力。因此，掌握旅游线路设计的基本理论，对旅游从业者来说至关重要。

本章将全面系统地介绍旅游线路设计的基本理论，为读者提供扎实的理论基础和实践指导。本章主要介绍了旅游线路设计的概念、类型、内容、原则以及指导思想，并剖析了旅游线路设计在旅游业发展中的重要地位。同时，引入 PBL（Project-Based Learning）教学过程，通过学习项目设计目标、内容，以及项目实施与评价等内容，帮助读者更好地理解和掌握旅游线路设计的全过程。通过本章的学习，读者将全面掌握旅游线路设计的核心知识和技能，为未来的学习和工作奠定坚实的基础。

第一节　旅游线路的概念

目前，我国学术界尚没有对旅游线路的概念进行统一的规范性定义。仅有一些研究人员分别从旅游规划学、旅游市场学、生产学、旅游产品的角度，给出了一些不同的解释，形成了以下四种基本观点。

一、从旅游规划学的角度

早期对旅游线路的研究多数源于实际需求，因此一般从旅游地规划角度出发对旅游线路进行界定，认为旅游线路是旅游相关部门为游客设计的具体观光线路或途径。雷明德认为，旅游线路是旅游部门为游客设计的进行旅游活动的路线，是由交通线把若干旅游景点或旅游城市合理地贯穿起来的路线。① 庞规荃认为，旅游线路是指在一定的区域内，为使游客能够以最短的时间获得最大观赏效果，由交通线把若干旅游景点或市域合理地贯穿起来，并具有一定特色的路线。②

二、从旅行社产品设计的角度

从旅行社产品设计的角度来看，旅游线路被限定为具有某种组合弹性的商品形式，并认为旅游线路属于旅游产品的核心组成部分。谢彦君认为，旅游线路是旅行社或其他旅游经营部门以旅游景点或旅游城市为节点，以交通路线为线索，为游客设计、串联或组合而成的旅游过程的具体走向。③ 这一定义被旅行社经营管理人员广泛采用，有些学者对旅游线路的分析也是建立在此概念基础之上的。黄宝辉认为旅游线路是指旅行社根据游客的需求，将一定区域范围内的旅游吸引物、旅游交通、旅游食宿等多项旅游产品，按照一定的目的、主题与方式联系起来而形成的一种综合产品，包含食、住、行、游、购、娱等各方面，满足游客整个旅游过程中的全部或部分需求。④

三、从旅游市场学的角度

从旅游市场学的角度来看，旅游线路可以被定义为一种针对旅游市场特定需求而设计的、具有明确目标和特色的旅游产品组合。这种组合通过精心策划的交通线路，将多个旅游景点或旅游城市串联起来，旨在为游客提供在

---

① 雷明德．旅游地理学［M］．西安：西北大学出版社，1988：5-6.

② 庞规荃．旅游开发与旅游地理［M］．北京：旅游教育出版社，1992：2-3.

③ 谢彦君，乔正康．旅游概论［M］．沈阳：东北财经大学出版社，2008：3-4.

④ 黄宝辉．旅游线路设计实务［M］．长春：东北师范大学出版社，2014：3.

最短时间内获得最大观赏效果的体验。阎友兵认为，旅游线路是旅游服务部门根据市场需求，结合旅游资源和接待能力，为游客设计的包括整个旅游过程中全部活动内容和服务的旅行游览路线。①

四、从旅行社产品产出的角度

从旅行社产品产出的角度来看，旅游线路可以被定义为一个综合性和定制化的旅游产品，旨在满足游客在特定时间段内的多样化需求。这一产品通过精心策划和设计，将多个旅游资源（旅游景点、酒店、餐厅、交通方式等）以最优化的顺序和组合方式串联起来，为游客提供一次完整、连贯且富有特色的旅游体验。陈志学认为，旅游线路是指旅行社生产的包价旅游产品，是根据旅游资源和接待能力及游客的需要而规划出来的旅游途径。②

【知识链接】

旅游线路专营

旅游线路专营，是指旅行社采取策略，买断上下游多家企业相关旅游产品的使用权，以此在价格领域获取更大的话语权，进而在更为优惠的价格区间内展开竞争。对那些曾试图“搭便车”的旅行社而言，若欲涉足专营旅游线路的经营，就必须转变采购路径，即从原本的生产旅游产品和服务的供应商处转变向线路开发商处进行采购。这一转变使得旅游线路开发商能够将线路的组合、推广、包装及促销等费用合理分摊至待售产品中，从而确保开发成本的顺利回收与盈利。③

第二节 旅游线路的类型

旅游线路的类型可以根据不同的分类标准进行划分，常见的分类标准有

① 阎友兵．旅游线路设计学［M］．长沙：湖南地图出版社，1996：3-4.

② 陈志学．导游员业务知识与技能［M］．北京：中国旅游出版社，1994：126-136.

③ 潘永涛．我国旅行社旅游线路专营浅析［J］．社会科学家，2004（1）：96-97.

旅游线路的距离、旅游活动的性质、旅游线路的空间布局形态、旅游线路对游客吸引范围的大小、目的地和景点的类型等。

一、按旅游线路的距离分类

根据游客在旅游过程中的位移距离及活动范围，可将旅游线路划分为短程旅游线路、中程旅游线路和远程旅游线路三种类型。

（一）短程旅游线路

短程旅游线路是指距离相对较短的旅游行程，通常指的是在短时间内可以完成，不需要长时间或大量交通的旅行路线。① 目的地通常是较近距离的旅游景点或城市，适合短途出行或周末休闲。短程旅游线路为时间有限或预算有限的游客提供了一种近距离体验当地文化和风景的方式。

（二）中程旅游线路

中程旅游线路的游览距离适中，可以覆盖一定区域内的多个景点或城市，活动范围一般在一个省级旅游区以内或跨省级旅游区的周边地区。中程旅游线路为希望探索更大区域的游客提供了更丰富的旅游体验和更多的文化、自然景观选择。

（三）远程旅游线路

远程旅游线路是指跨越较大地域范围，连接多个省份或国家的主要景点或城市，适合长途旅行或深度游。远程旅游线路为追求极致旅行体验的游客提供了探索不同国家和文化的机会，包括国内远距离旅游线路、边境旅游线路和海外旅游线路。

二、按旅游活动的性质分类

根据游客开展旅游活动的性质和动机，旅游线路可以划分为游览观光型、休闲度假型、专题型和会议奖励型四种类型。这种分类方法有助于游客更好地理解和选择适合自己的旅游方式。

（一）游览观光型旅游线路

普通观光旅游是指以游览、欣赏为主要动机，对那些具有较高历史、文

① 张弛．旅游智慧营销发展研究［J］．时代经贸，2019（22）：65-71.

化、艺术价值的著名景点和名胜古迹进行参观、学习和体验的活动。游览观光作为一种典型的大众旅游方式，其特点在于基础性和普及性，是最入门级别的旅游形式。这种旅游方式通常不涉及过于复杂或深度的体验，而是以轻松愉悦的观光为主，满足大众对于旅游的基本需求。尽管在旅游层次上，它并不是最高级别的，因为相比一些专业性、深度性的旅游形式，游览观光显得更为表面和简单，但它却以一种亲民、易于接受的方式，赢得了极高的市场占有率。这主要是因为，游览观光能够满足大众对于旅游的最基本期待，即放松心情、欣赏美景、体验不同的风土人情，而且操作简单、体验门槛低，非常适合初次旅游或者只是想进行短期休闲的游客。因此，尽管游览观光型的旅游线路的层次并不是很高，但在旅游市场上却占据了最为重要的位置。

（二）休闲度假型旅游线路

休闲度假型旅游线路主要是为了满足游客休闲和度假的需求，这类线路通常包括较少的旅游景点，一般而言，仅包含 1~2 个主要的旅游目的地。这是因为在休闲度假型旅游线路中，重点并不在于游览多个旅游景点，而是通过在每个景点花费更多的时间，让游客能够得到充分的休息和享受。这样的设计同样意味着旅游线路具有较高的重复利用性，允许游客在同一线路上多次游览，从而增加了旅游体验的多样性和个性化。

对于旅行社来说，休闲度假型旅游线路的成本相对较低，因为不需要涉及太多的旅游景点和复杂的行程安排。同时，由于游客在每个旅游景点的停留时间较长，旅行社也能够从中获得较高的利润。此外，由于这类线路的设计相对简单，旅行社在运营上的难度和成本也相对较低。

（三）专题型旅游线路

专题型旅游线路是一种围绕特定主题内容进行设计，例如文化古迹之旅、美食之旅、摄影之旅等，并将各个景点通过这一主题紧密相连的旅游线路。①专题型旅游线路的特点是其全线所涉及的旅游景物或活动具有相对固定的内容和属性，这使得专题型旅游线路具有较强的文化内涵、知识性和趣味性。它能够让游客更深入地了解和体验他们感兴趣的领域，同时也能够提供个性

① 党宁，楼瑾瑾，许鑫．颂红色华章：文旅融合对上海红色文化品牌的提升［J］．图书馆论坛，2020，40（10）：14-23.

化和定制化的旅游服务。正因如此，各种主题的旅游线路都能吸引到具有不同兴趣爱好的游客。由于主题的丰富多样，游客可以根据自己的喜好选择合适的旅游线路，从而使得旅游体验更加个性化。无论是钟情于自然风光的游客，还是热衷于历史文化的游客，都能在专题型旅游线路中找到属于自己的乐趣，享受一场酣畅淋漓的旅行体验。总的来说，专题型旅游线路凭借其独特的魅力，成为旅游市场上的一大亮点，吸引了众多游客的目光。

（四）会议奖励型旅游线路

会议奖励旅游，是一种将会议或奖励与旅游相结合的商务旅行方式，主要包括会议旅游和奖励旅游两大核心内容。会议型旅游，即企业组织员工在某一旅游地点召开会议，这种形式不仅能够提高员工的工作热情，还能在轻松愉快的氛围中达成会议目标，因此它既是与会员工的一种休闲活动，也是一种新型的会议模式。① 而奖励型旅游，则是企业对那些工作表现优秀、业绩突出的员工给予的一种奖励，通过组织他们进行旅游，从而激发员工的工作积极性，提高工作效率。

在这两种旅游形式中，旅游线路的设计要求非常严格，既要满足会议所需的硬件设施条件，又要考虑到游客在休闲度假方面的需求。因此，在设计旅游线路时，必须兼顾会议的硬件设施要求，如会议室、音响设备等，同时也要注重旅游的软性需求，如景点的选择、餐饮的安排、交通的便利等，力求在满足会议需求的同时，也能让员工享受到高品质的旅游体验。总的来说，会议奖励旅游是一种集商务与休闲于一体的旅行方式，既能提高员工的工作积极性，又能增强企业的凝聚力。

三、按旅游线路的空间布局形态分类

按旅游线路的空间布局形态分类，即主要根据旅游线路在空间上的布局特点进行分类。② 这种分类方式有助于理解旅游线路在空间上的组织方式和游

---

① 胡平．商务旅游目的地游客满意度的实证研究：以上海徐家汇为例［J］．旅游科学，2008（1）：29-33.

② 尹贻梅，陆玉麒，邓祖涛．国内旅游空间结构研究述评［J］．旅游科学，2004（4）：49-54.

客在旅游过程中的移动模式。按照空间布局形态，可以将旅游线路划分为两点往返式、单通道式、环通道式、单枢纽式、多枢纽式以及网络分布式六种类型。

（一）两点往返式旅游线路

两点往返式旅游线路是指旅游的起点和终点是完全一致的，游客会在这两个地点之间来回出行。在长距离的旅游过程中，这种现象主要表现为游客乘坐飞机往返于2个旅游城市之间；而在旅游城市内部，这种现象则主要表现为游客的住宿地点与旅游景点之间的单线连接。两点往返式旅游线路设计在提供高效、经济、安全的旅游体验方面具有优势，但也存在节点互补性不强、行与游时间分布不均，以及容易让游客感到单调乏味等问题。

（二）单通道式旅游线路

单通道式旅游线路又称为单线贯通式旅游线路，是指以某一特定景点或活动为中心，通过一条明确的路径将多个景点或活动串联起来，形成一条单线贯通的旅游路线。这种线路通常围绕一个或几个核心景点展开，通过一系列的参观点、体验项目和活动，引导游客按照预设的路径进行游览。单通道式旅游线路的特点是路线明确、连贯性强，能够有效地引导游客按照预设的顺序进行游览，避免了游览过程中的迷路和混乱。对于较长距离的旅行，乘坐火车旅游是一种常见的选择，火车旅游可以让游客欣赏沿途的美丽风景。而在旅游城市中，这种旅游方式则体现为将多个著名景点通过一条精心设计的旅游线路连接起来，让游客在旅途中可以尽情观赏各种不同的旅游项目和景观。这样的旅游线路设计，既能够满足游客的观光需求，也能够让他们更加深入地了解当地的文化和历史。

（三）环通道式旅游线路

环通道式旅游线路又称为环形贯通式旅游线路，是一种将旅游资源串联起来，形成闭环旅游线路的旅游方式。这种旅游线路的设计理念是将各个旅游景点通过交通线路有机地连接在一起，形成一个闭合的环形线路。游客可以沿着这个环形线路游览，既能欣赏到不同景点的美景，又能便捷地从一个景点前往另一个景点。环通道式旅游线路的特点在于游客可以在旅途中体验到丰富的自然风光和人文景观，同时在游览过程中对游客的时间和精力的要求相对较低。游客可以在较长的时间内，以较短的距离，游览更多的景点，提高旅游效率。此外，环通道式旅游线路还能够有效地整合各类旅游资源，提升旅游目的地的整体吸引力，为游客提供更加丰富多样的旅游体验。在我国，环通道式旅游线路已成为一种重要的旅游方式。一些著名的旅游线路如长江三峡游、黄山风景区游等，都是采用环通道式旅游线路的设计理念。这种旅游线路不仅受到了游客的喜爱，也为旅游业的高质量发展提供了有力支撑。

（四）单枢纽式旅游线路

单枢纽式旅游线路又称为单点轴辐式旅游线路，是指以某个主要的城市或者著名的景点作为中心，向四周地区进行扩散。这种类型的旅游线路以一个旅游城市（或者小镇）作为核心，其他所有的旅游目的地都与这个核心连接，形成一种辐射状的联系网络。其最大的特点就是有明显的集散地，这样既方便服务设施的集中，也容易实现规模效益。游客可以选择一个中心城市作为他们的“节点”，向四周的旅游景点进行往返性的短途旅游（大多数都是一日游）。例如，以我国北京市为中心，可以向周边的天津、河北、山东等地区进行扩散。游客可以选择北京市作为“节点”，分别前往周边的旅游景点进行短途旅游。这样的旅游方式不仅可以节省时间和精力，还可以使游客更加深入地了解周边地区的文化和历史。同时，由于存在明显的集散地，游客能够更便捷地获取住宿、餐饮、交通等旅游服务，进而提升整体旅游体验。

（五）多枢纽式旅游线路

多枢纽式旅游线路又称为多点轴辐式旅游线路。针对广泛的旅游目的地，游客可以根据自己的偏好和兴趣点，自由选择个性化的旅行线路。这类旅游线路以一系列关键的旅游城市或小镇为核心，将它们与周边的旅游景点相连接。在这些核心城市或小镇之间，存在着便捷的交通线路，从而形成了相互连通的网络结构。这种类型的旅游线路通常在较大的旅游区域内应用，可以有效地分散游客流量，减轻在旅游旺季时某些枢纽节点可能面临的巨大压力。这样的布局不仅有助于提升整个旅游区域的接待能力，还能让游客享受到更加舒适和流畅的旅行体验。通过这种分散客流的方式，游客可以更加灵活地规划行程，选择他们最感兴趣的景点进行游览，同时也保障了旅游区内的交通效率和游客的满意度。

（六）网络分布式旅游线路

网络分布式旅游线路是指在一个广阔的地理区域内，通过交通线路把许多旅游景点或旅游城市相互连接起来，从而形成错综复杂的网络状布局。这种布局方式是旅游线路的一种空间形态，其独特之处在于多个旅游景点或旅游城市之间通过交通线路相互交织，形成了一个纷繁多样的网络结构。在这个网络中，各个旅游景点或城市不仅是独立的个体，而且通过交通线路相互依存、相互联系，形成了一个统一的整体。这种布局方式使得游客可以在较大的区域内，更加灵活地选择旅游路线，方便其到达各个旅游景点，从而提高了旅游的效率和质量。同时，这种布局方式也有利于旅游资源的整合和优化，能够更好地发挥各个旅游景点或城市的优势，提高旅游业的整体竞争力。

需要注意的是，这些分类方式并不是相互独立的，而是可以相互交叉和组合。在实际应用中，旅游线路的设计往往需要根据市场需求、游客偏好、时间安排和资源条件等多个因素进行综合考虑。

第三节 旅游线路设计的内容

旅游线路设计是一项综合性的工作，需综合考虑多方面的因素，其设计内容包括旅游目的地的精选与定位、主题与特色的明确、行程规划的细化、服务内容的优化、预算费用的精确计算、风险评估的完善以及营销推广的强化，目的在于确保为游客提供丰富多样、别具一格且令人满意的旅行体验。以下是旅游线路设计所涵盖的核心内容。

一、目的地的选择与定位

旅游线路设计的首要步骤在于精准选择与定位旅游目的地。这一决策需基于旅游主题、目标市场、游客需求以及资源条件等多重因素进行全面考量。在选择旅游目的地时，应充分考虑其是否具备深厚的历史文化背景、独特的自然景观特色、丰富的旅游资源以及优秀的旅游接待能力等因素。

二、主题与特色的明确

确定旅游目的地后，需进一步明确旅游线路的主题与特色。主题可涵盖自然风光、历史文化、民俗风情、美食体验等多方面，而特色则主要体现在旅游线路的独特性、创新性和吸引力上。旅游线路主题与特色的明确应紧密结合目标市场即游客的需求，以更好地满足游客的期望与兴趣。

三、行程规划的细致化

行程规划是旅游线路设计的核心内容，涵盖时间分配、景点选择、交通方式、住宿安排以及餐饮推荐等多方面。在旅游线路规划过程中，应充分考虑游客的体力、时间以及预算等因素，确保行程安排既合理又紧凑，同时兼具趣味性。此外，还需考虑不同季节的天气变化和景点开放时间等因素，以确保行程的顺利进行。

四、服务内容的优化

服务内容的设计对于提升旅游线路品质至关重要，包括但不限于专业的导游服务、安全舒适的交通服务、干净舒适的住宿服务以及全面的旅游保险等内容。导游服务应提供深入的讲解和贴心的关怀，交通服务应确保游客的安全与舒适，住宿服务应提供优质的住宿环境，而旅游保险则为游客提供全面的安全保障。

五、预算与费用的精确计算

在旅游线路设计中，预算与费用的精确计算是不可或缺的环节，涉及交通、住宿、餐饮、景点门票以及导游讲解服务等多方面的费用。预算的制订应充分考虑游客的预算需求和旅游资源的成本情况，以确保旅游线路的价格既合理又具有竞争力。

六、风险评估与应对的完善

旅游线路设计过程中，还需对可能遇到的风险进行全面评估并制订相应的应对策略。这些风险可能包括天气变化、交通拥堵、景点关闭等不可预见的因素。在旅游线路设计过程中，需要在风险评估的基础上，制订有效的应对策略和预案，以保障游客在旅行中的安全与行程顺畅。

七、营销推广与宣传的强化

旅游线路设计完成后，还需加强营销推广和宣传工作，主要包括制订有效的营销策略、选择合适的宣传渠道和方式以及制作精美的宣传材料等。通过强化营销推广和宣传，提高旅游线路的知名度和吸引力，吸引更多游客前来体验。

【知识链接】

旅行社产品的内涵

旅行社产品的内涵，可从两大维度进行深入理解。首先，从消费者视角出发，旅行社产品实则是游客通过购买旅行社精心策划的服务所收获的一次完整旅游经历的体验。其次，站在生产者立场，旅行社产品则是旅行社为迎合游客需求，整合的一系列旅游服务及相关物质条件的总和。

为了获取这段珍贵的旅游经历，游客需依据与旅行社签订的旅游合同中所规定的价格，向旅行社支付相应的旅游费用。而旅行社则需严格遵循合同中的服务标准，为游客提供一系列必需的服务，以确保其圆满完成旅游计划。这些服务不仅涵盖了旅行社直接提供的旅游接待服务，还涉及了旅行社为游客精心安排的旅游过程中的住宿、交通、游览、餐饮、购物、娱乐等各项活动，以及为此向其他旅游企业及相关部门采购的各类旅游服务。

第四节 旅游线路设计的指导思想与具体实践措施

旅游线路设计作为旅游业发展的重要组成部分，其质量直接关系到游客的旅游体验与满意度。因此，在旅游线路的设计过程中，必须遵循一系列指导思想，以确保旅游线路的科学性、合理性与可持续性。

一、指导思想概述

旅游线路设计的指导思想旨在通过科学的规划与设计，打造具有地方特色的高品质旅游线路，满足游客多样化和个性化的旅游需求，同时促进地方经济的可持续发展。具体而言，其指导思想主要包括以下三方面。

（一）以游客需求为导向

旅游线路的设计应当始终围绕游客的需求展开，深刻洞察并全面考量游客的旅游目标、时间规划、预算限制等多维度要素。通过精细化的需求分析和深入的研究，旅游经营者致力于精心策划出既与游客期望相契合又满意度高的旅游线路，并提供卓越的旅游服务，以此增强游客的满意度。这一做法不仅能够充分满足游客的旅游需求，同时也为旅游经营者带来稳定的客流与广泛的好评。

（二）突出地方特色

旅游线路的设计应当深入挖掘和充分展示当地的文化底蕴、悠久历史以及自然风光等特色资源，让游客在旅行的过程中能够深入感受和全面了解当地的风俗习惯、人文景观以及自然美景。通过深度挖掘和高效整合地方独有的特色资源，精心打造具有独特魅力和特色的旅游线路，从而有效提升旅游目的地的市场吸引力和核心竞争力。这样不仅能够满足游客的旅游需求，还能促进当地旅游业的高质量发展。

（三）注重生态平衡与可持续发展

在设计和规划旅游线路时，必须深入思考并充分重视旅游业发展对当地生态环境的影响，采取一切必要措施，防止旅游活动对生态环境造成任何形式的破坏。这不仅是对自然环境的尊重，也是对未来游客的负责之举。同时，还应当将旅游业的可持续发展作为核心目标，在旅游开发过程中，要遵循科学的原则和方法，进行周密规划和合理安排，确保旅游业的发展能够与当地的经济发展、社会进步和环境保护相互促进，并实现协调发展。

为了实现这一目标，旅游经营者需要在旅游线路设计中，融入对当地文化、历史和自然环境的深入了解，确保旅游活动的开展不会对当地社会和文化造成冲击，也不会对自然环境造成破坏。此外，当地政府也要考虑到旅游业的长期发展，避免出现一些短视行为，确保旅游业的可持续发展。这就需要在旅游规划和管理的过程中，采取有效的措施，确保旅游资源得到合理利用、旅游环境得到有效保护、旅游产业得到健康发展。

二、具体实践措施

旅游线路设计的具体实施措施包括加强市场调研以掌握需求，优化旅游线路设计以提升服务质量，同时注重生态环境保护，并推动旅游业与当地经济的融合发展，打造高品质旅游线路，提升游客的旅游体验和满意度，从而促进地方经济社会可持续发展。

（一）加强市场调研与分析

在旅游线路设计的初步阶段，深入且全面的市场调研与分析占据重要地位。此环节旨在系统性地掌握游客的旅游需求、消费模式及个人消费倾向等核心要素。通过详尽的市场调研与精确的数据解析，为旅游线路设计构筑稳固的科学基石，并为决策提供有力支撑，以保障旅游线路的合理性和高度吸引力。

（二）优化旅游线路设计

在旅游线路规划的环节中，务必全面考量交通、住宿、餐饮等旅游服务设施的布局与配置。通过优化旅游线路设计，提升旅游服务的质量与效率，从而增强游客的旅游体验，确保游客在旅途中获得更为满意与愉悦的感受。

（三）加强生态环境保护

在旅游线路设计过程中，应注重对生态环境的保护，确保旅游活动不对自然环境造成不可逆的损害。为此，需采取一系列科学合理且切实可行的措施，如合理规划旅游路线、限制游客流量、加强环境教育等，以最大限度地减少旅游活动对生态环境的负面影响。同时，还应积极开发和推广生态旅游产品，如生态徒步、野生动植物观察、环保教育体验等，以提升游客的环保意识，促进生态旅游业的健康发展，最终实现旅游产业与生态环境的和谐共生。

（四）推动旅游业与当地经济的融合发展

通过精心设计旅游线路，旅游经营者致力于推动旅游业与当地经济、文化、社会等领域的深度融合发展。这不仅意味着旅游经营者要充分利用当地独特的自然和文化资源，打造具有吸引力的旅游产品，还要通过旅游业的发展，有效带动当地经济的繁荣，促进产业升级，增加就业机会，进而推动社会的进步和文化的传承。这样的融合发展策略，旨在实现旅游业与地方经济的共赢，为地方经济的可持续发展注入新的活力。

第五节　旅游线路设计的原则

旅游线路设计是旅游行业中的核心环节，它涉及游客的出行体验、目的地的资源利用以及旅游产业的可持续发展。因此，在设计旅游线路时，必须遵循一系列科学、合理的原则，以确保旅游线路的质量与效益。

一、市场需求导向原则

成功的旅游线路设计，必须紧密关注旅游市场的最新动态和游客的实际需求，以游客的需求和偏好为出发点，设计符合不同游客群体需求的旅游线路。这要求旅游线路设计者在进行线路设计前，要进行充分的市场调研，以市场为导向预测市场需求的发展趋势，分析不同游客群体的偏好、消费能力、旅游动机和旅游时间等信息，并根据市场需求对原有的旅游线路进行加工、完善和升级，开发出新的旅游线路，以便为游客提供更加个性化的旅游服务，最大限度地满足游客的需求，从而保持旅游线路对游客的持续吸引力。

二、综合体验提升原则

通过优化旅游线路中的各个环节，为游客提供全方位、高质量的旅游体验。合理安排游览顺序和时间，确保游客能够在有限的时间内充分感受各个景点的魅力，同时避免过度疲劳和厌倦感，具体内容包括景点选择、交通安排、餐饮住宿、导览服务等多方面。通过这些优化措施增强游客对旅游线路的整体印象和好感度，从而提高旅游品牌的知名度和美誉度。首先，丰富旅游内容，选择具有代表性的历史文化景点，确保游客能够深入体验当地的历史文化和民族风情。其次，合理安排交通方式，确保游客在旅途中的舒适性和安全性。再次，提供多样化的餐饮和住宿选择，满足不同游客的需求和口味。最后，加强导览服务，通过专业的讲解和互动体验，提升游客的参与感和满意度。

（一）旅游体验效果递进

游客是旅游活动的主体，在设计与销售旅游线路时，必须以游客的意愿为出发点。旅游景点之间的距离要适中，旅游线路中的景点数量要适宜；同一条线路的旅游景点的游览顺序安排要科学，尽量避免走重复路线，突出各旅游景点特色化、差异化。此外，在设计旅游线路时，必须充分考虑游客的心理状态和体能，并结合景观类型组合、排序等，使旅游活动安排做到劳逸结合、有张有弛；遵循体验效果递进原则，在交通合理方便的条件下，同一条旅游线路上，旅游景点的游览顺序应由吸引力一般的旅游景点过渡到吸引力大的旅游景点。将高质量的旅游景点放在后面，使游客的兴奋度一层一层地上升，在核心景点达到兴奋的顶点。

（二）新奇与熟悉相结合

游客的旅游动机尽管多种多样，但究其共性都是猎奇。不过在新的环境中，一点熟悉的因素也没有，游客也要经历适应与熟悉的过程。在组合旅游线路时，要正确处理新奇与熟悉之间的关系，使二者有机结合，才能使游客在旅游活动中既得到新奇的满足，又不产生陌生、孤独的感觉，其中追求新奇应该占据主导地位。

三、持续创新发展原则

旅游线路设计应遵循可持续发展的原则，实现旅游产业的长期稳定发展。这就要求设计者在设计旅游线路时，要充分考虑环境保护、生态平衡等因素，避免对当地环境造成破坏。同时，设计者还应积极推广绿色旅游、低碳旅游等新型旅游方式，促进旅游产业的绿色升级和转型。

持续创新发展原则要求旅游线路设计必须保持创新性和前瞻性，以适应市场变化和游客需求的变化。这首先要求旅游线路设计者不断探索新的设计理念和方法，推动旅游线路的持续优化和升级。其次，还要关注旅游市场的最新动态和技术发展，例如，虚拟现实、增强现实等新技术在旅游领域的应用。再次，加强与其他旅游目的地和企业的合作与交流，共同开发具有创新性的旅游产品。最后，鼓励游客提出反馈和建议，并根据游客的需求和反馈不断改进并完善旅游线路设计。总之，遵循持续创新发展原则，可以保持旅游线路的吸引力和竞争力，从而推动旅游产业的持续健康发展。同时，也有助于提升旅游目的地的整体形象和品牌价值。

四、线路主题突出原则

主题和特色可以使旅游线路充满魅力，具有强大的竞争力和生命力。近年来，个性化的旅游需求也推动着旅游线路设计走向主题化。旅游线路的主题或特色的形成，主要依靠将性质或形式有内在联系的旅游景点串联起来，并在旅游六要素方面选择与此相适应的形式。

在旅游线路设计中，必须充分展示和传承当地的文化特色。这首先要求设计者深入挖掘当地的特色文化资源，将其融入旅游线路设计的各环节之中。其次，深入挖掘各旅游景点的历史文化内涵，通过文字、图片、视频等多种形式进行展示。再次，在线路设计中融入历史故事和人物事迹，增强游客的情感共鸣和文化认同。最后，组织历史主题活动和体验项目，如历史文化讲座、历史主题演出等，让游客在参与中感受历史文化的魅力，从而强化旅游线路的教育意义和文化价值，引导游客树立正确的历史观和价值观。

总之，旅游线路设计是一项复杂且重要的系统工程，涉及多方面的因素和原则。只有遵循市场需求导向、综合体验提升、持续创新发展和线路主题突出的原则，才能设计出高质量、高效益的旅游线路，为游客提供更加优质的旅游服务，进而促进旅游产业的健康发展。

第六节 PBL 项目式教学过程

项目式学习就是以项目为载体，让学生在完成项目、解决复杂问题的过程中获得知识和技能。① 项目式学习的教学过程是一个系统而复杂的过程，旨在通过实际项目的参与和体验，让学生在解决问题的过程中获得知识和技能，提升综合素养。

一、项目设计目标

1. 加深学生对旅游资源的认识和理解，提高地理、历史、文化等相关学科知识的应用能力。

2. 培养学生发现问题、分析问题、解决问题的能力，以及创新性思维和批判性思维。

3. 提升学生的团队合作能力和组织协调能力，培养学生的领导才能和团队协作精神。

4. 增强学生的实践能力和社会责任感，培养其对旅游行业的热爱和关注。

二、项目设计内容

1. 旅游线路规划基础知识：介绍旅游线路规划的基本概念、原则、方法和步骤，以及旅游资源的分类和评价。

2. 旅游目的地研究：引导学生选择旅游目的地，并对其进行深入研究，包括地理位置、自然环境、人文景观、历史文化等方面的内容。

3. 旅游线路总体规划：根据对旅游目的地研究的结果，设计具有特色的旅游线路，包括行程安排、景点选择、食宿交通等方面的规划。

4. 旅游线路评估与优化：对设计的旅游线路进行评估，发现问题并进行优化，提高旅游线路的质量和吸引力。

三、项目实施

1. 组建学习小组：将学生分成若干小组，每组 4~6 人，确保小组内部成员之间能够互补、协作。

2. 确定研究主题：每个小组选择一个旅游目的地，通过深入分析，最终

① 魏巴德，邓青．研学旅行实操手册［M］. 北京：教育科学出版社，2020：110.

确定研究主题。

3. 进行实地调研：组织学生进行实地调研，收集旅游目的地的相关资料，加深学生对旅游目的地的认识和理解。

4. 旅游线路设计：根据调研结果，每个小组设计一条具有特色的旅游线路，并进行展示和讲解。

5. 线路评估与优化：组织学生对各小组设计的旅游线路进行评估，发现问题并及时提出优化建议。

6. 成果展示与交流：各小组将优化后的旅游线路进行成果展示，分享设计思路和经验，促进相互学习和交流。

四、项目评价

1. 小组调研报告：每个小组提交一份关于旅游目的地的调研报告，包括调研背景、目的、方法、结果和结论等内容。

2. 旅游线路设计方案：每个小组提交一份旅游线路设计方案，包括行程安排、景点选择、食宿交通等方面的规划。

3. 线路展示与讲解：各小组依次进行旅游线路的展示和讲解，分享其设计思路和成果，并接受老师和同学的综合评价。

4. 团队合作表现：学生评估各小组在旅游线路设计过程中的团队合作表现，包括分工协作、沟通协调、领导能力等方面。

通过以上 PBL 旅游线路课程设计，学生可以在实践中学习旅游线路设计的知识和技能，提高解决实际问题的能力，培养团队合作精神，为未来的职业发展打下坚实的基础。

【本章小结】

本章详尽地剖析了旅游线路设计的各方面，从基本概念到实践应用，为学生构建了一个全面而深入的知识体系。在理论层面，旅游线路作为旅游业的关键组成部分，其定义在学术界虽未达成共识，但普遍认可其为连接多个旅游景点或城市的路径规划，旨在为游客提供完整且丰富的旅行体验。依据不同的标准，旅游线路可以划分为多种类型，如按距离、性质及空间布局形态等，每种类型的旅游线路均展现了其独特的魅力和适用场景，有助于学生从多维度理解旅游线路的设计逻辑与市场需求。

在设计环节上，本章深入探讨了旅游线路设计的七大核心内容：从精准定位目的地，到明确主题与特色，再到细致规划行程、优化服务细节、精确计算预算费用、全面评估风险，直至最后的营销推广，每一步都紧密关联，共同构成了高品质旅游线路设计的基础框架。这一过程不仅要求设计者具备敏锐的市场洞察力，还需对旅游资源有深刻的理解和合理的调配能力。

在指导思想方面，本章强调了以游客需求为核心、突出地方特色、兼顾生态平衡与可持续发展的重要性。这些设计思想共同指引着旅游线路设计的方向，确保设计成果既能满足市场期待，又能促进旅游业的长期健康发展。同时，市场需求导向、综合体验提升、持续创新发展和线路主题突出等核心设计原则，为设计者提供了明确的设计思路和实践指南，有助于设计者设计出既具吸引力又具竞争力的旅游线路产品。

本章还创新性地引入了 PBL 教学法，通过模拟真实工作场景，让学生在组建团队、确定主题、实地调研、方案设计、评估优化及成果展示等环节中，亲身体验旅游线路设计的全过程。这种教学方式不仅极大地激发了学生的学习兴趣和主动性，还有效提升了他们的团队协作能力、问题解决能力和创新思维，为学生将来在旅游行业的职业发展奠定了坚实的基础。

【复习思考】

1. 请探讨旅游线路开发对于游客的意义是什么？
2. 结合实际，谈谈旅行社产品具有哪些特点？
3. 旅游线路按照空间布局可分为哪些类型？请各列举一个实例。
4. 你认为公众参与旅游线路设计活动能起到什么样的作用？

【技能提升】

题目：设计一条具有特色的旅游线路方案

要求：

1. 概念与特征理解：请简要阐述旅游线路的概念，并指出你所设计的旅游线路具备哪些主要特征。

2. 类型选择：根据你的设计，该旅游线路应归类于哪种类型（观光型、休闲度假型、探险型等），并说明选择该类型的原因。

3. 设计内容：详细描述你的旅游线路设计内容，包括起点、终点、途经景点、交通方式、住宿安排、餐饮推荐等，确保线路设计合理且吸引人。

4. 指导思想：明确你的旅游线路设计所遵循的指导思想，并解释这一指导思想如何贯穿于你的设计中。

5. 原则应用：列出并解释在你的旅游线路设计中如何体现了（至少三条）旅游线路设计的原则（市场导向原则、突出特色原则、经济效益原则等）。

6. PBL 教学融合：假设你要将你设计的这一条旅游线路作为一个项目进行教学，请简要描述你将如何组织教学过程，包括项目目标、任务分配、实施步骤、评估方式等。

第二章

旅游企业与旅游线路的关系

【本章导读】

2023 年 9 月 27 日，国务院办公厅印发了《关于释放旅游消费潜力推动旅游业高质量发展的若干措施》，强调各地要把释放旅游消费潜力、推动旅游业高质量发展摆在当前工作的重要位置，强化改革创新，引导旅游业市场主体适应市场需求变化，加速把政策红利转化为发展实效。为贯彻落实文件精神，需着力统筹兼顾旅游“吃、住、行、游、购、娱”全行业、全产业链发展。旅游线路设计在旅游业高质量发展中扮演着至关重要的角色，有助于实现旅游景区之间优势互补。对旅游六大要素统筹配置，是旅游业发展的必经之路，也是满足游客需求的首要条件。

本章将深入探讨旅游企业与旅游线路之间的紧密关系，揭示两者在促进旅游业发展中的重要作用。本章通过详细分析旅游餐饮、旅游住宿、旅游交通、旅游景区、旅游购物以及旅游娱乐等关键要素与旅游线路的内在联系，为读者提供一个全面而深入的理解框架。通过本章的学习，读者将全面理解旅游企业与旅游线路之间的紧密关系，以及各要素在促进旅游业发展中的重要作用。这将有助于读者在未来的旅游规划和设计中，更加科学地整合各方资源，打造更具吸引力和竞争力的旅游线路。

第一节　旅游餐饮与旅游线路的关系

【知识链接】

跟着美食游重庆“渝味 360 碗”很热辣

火锅、小面、辣子鸡、毛血旺、花椒鸡、豆腐鱼……重庆的热辣美食一直令游客赞不绝口。2024 年 4 月 16 日，重庆市文化和旅游发展委员会、市商务委员会、梁平区人民政府联合主办重庆旅游美食“渝味 360 碗”发布仪式。重庆火锅、重庆小面、万州烤鱼、歌乐山辣子鸡等 43 道菜入选“渝味 360 碗”头碗菜，梁平张鸭子、大足邮亭鲫鱼、老幺泉水鸡等 360 道菜入选“渝味 360 碗”。这是重庆首次由政府支持、行业协会推动，系统化、品牌化、全民化评选和推广旅游美食品牌，有利于进一步挖掘美食资源，推动美食与旅游有机结合，实现美食与旅游深度融合共进。

在“渝味 360 碗”头碗菜中，火锅、小面自然排在最前面。此外，万州烤鱼、黔江鸡杂、涪陵榨菜鱼、大渡口酸菜黄焖鸭、铁山坪花椒鸡、歌乐山辣子鸡、南山泉水鸡、三溪口豆腐鱼、渝北水煮鱼等也是重庆各区县最具特色的代表菜。“渝味 360 碗”的菜单囊括了重庆各区县的特色风味，既有武陵黑猪刨汤肉、九仓九龙烧白、利元粉蒸肉、捌会馆古川菜八宝葫芦鸭这样的“硬菜”，也有黔江区的马打滚、绿豆粉、荞面烫，江津区的江津芝麻丸子、米花糖羹，永川区的松溉猪儿粑，大足区的佘胖子传统凉虾等特色小吃。

重庆美食文化发展研究会会长王伟介绍，翻看渝味 360 道菜品食谱，各种食材在川菜“七味八滋”“二十四味型”的浸润下，蜕变成了中华饮食文化中一颗颗璀璨的明珠。每一道菜都是劳动人民智慧的结晶，每一道菜都承载着重庆人的故事和情怀，每一道菜都让人垂涎欲滴。

“美食已经成为不少游客来渝的重要理由，众多的物产、菜品、小店在社交媒体被挖掘、标注、推送，‘跟着美食去旅行’已然成为来渝旅游的重要选项。”王伟说。①

一、美食旅游

美食是游客体验感知目的地文化的重要途径，“美食+旅游”深度融合发展，不仅能够使游客在欣赏美景之时满足饮食需求，还可让游客通过品尝地方风味美食，更深入地了解目的地文化，从而进一步拉近游客与目的地之间的情感距离。② 在某种程度上，美食已经成为影响旅游行为决策的关键因素。淄博的“烧烤淄味”、哈尔滨的“冰雪奇缘”、天水的“热辣滚烫”，均体现出游客“为一餐美味，奔赴一座城”的热情。

发展美食旅游，需要深挖美食背后的文化，将美食与文化深度融合，以饮食文化为中心，将食材、口味、环境与美食背后的历史文化和传奇故事紧密结合，使美食旅游更加多元化，最大限度地发挥美食对游客的吸引力。

二、旅游餐饮的特点

（一）多样性

游客对旅游餐饮的需求具有差异性，不同的地域、民族特色会造就饮食的多元化。各地域的气候、地形、土壤等自然条件差异显著，决定了当地所能生产的食材种类不同。不同地域民族的烹饪方法和调味方式也各有千秋，并且，生活方式和经济发展水平也会促使饮食多元化。这种饮食的多元化丰富了人们的餐桌，也成为旅游线路中吸引游客的重要元素之一，让人们能够通过品尝美食来感受不同地域、民族的独特魅力。

（二）文化性

旅游餐饮的文化性表现在餐饮器具、菜品以及餐饮环境等方面。在餐饮器具方面，器具的制作可能会采用当地特有的材料，例如，某些地区会使用竹制、陶制或木制的餐具，反映出当地丰富的自然资源和传统手工艺，其器

---

① 陈潜．跟着美食游重庆“渝味 360 碗”很热辣［EB/OL］．中华人民共和国文化与旅游部，2024-05-16.

② 常直杨，李俊楼．旅游线路设计：理论与实务［M］．南京：南京大学出版社，2023：55-56.

具的造型与图案的设计也具有地域文化特色。随着人们健康意识的增强，游客对菜肴的质量、搭配和养生等方面的关注度日益提高，养生在旅游餐饮中的地位越发突出。对于餐饮环境，人们追求的不仅是舒适和整洁，更注重环境所营造出的氛围和格调。餐厅的装修风格融合当地的文化特色、艺术元素或者采用特定的主题，吸引了来自不同地区的游客。因此，游客对于当地餐饮文化特色的品尝和体验成为旅行中的重要组成部分。

（三）安全性

餐饮安全直接关系到游客的身体健康。在旅游过程中，如果食用了不安全的食物，不仅会破坏游客的兴致，还可能影响后续的行程。旅游餐饮中，菜肴在展现美味的同时，确保绿色安全是至关重要的，良好的餐饮安全保障能够增强游客对旅游目的地的信任和好感。此外，旅游餐饮的安全性也反映了当地的卫生监管水平和服务质量。严格的食品安全监管能够提升整个旅游产业的品质和竞争力。

（四）生态性

旅游餐饮的生态性体现在从食材获取到烹饪制作、用餐环境以及文化传播的全过程，旨在实现经济效益、生态效益和社会效益的有机统一。食材方面，优先选用本地的生态农产品，减少长途运输带来的能源消耗和环境污染。采用节能、低碳的烹饪方式，如蒸煮、焖炖等，减少油炸、烧烤等高能耗、高污染的烹饪方式。餐厅的建筑和装修尽量采用环保材料，营造与自然和谐共生的用餐环境，例如，利用自然采光、通风，种植绿色植物等。文化传承方面，传承并发扬当地与生态相关的饮食文化和传统烹饪技艺，让游客在品尝美食的同时了解当地的生态观念和生活方式。

三、旅游线路设计中的餐饮选择

（一）观光型旅游线路

观光型旅游线路注重游览内容的独特性与丰富性，讲究风景优美、行程充实、经济实惠。游客在旅游中更注重观赏自然奇观或独具特色的人文景观，在餐饮上要求不高，主要体现出饮食满足基本生理需求、物美价廉即可。因此，在安排观光型旅游线路的餐饮时，设计者应选择当地比较大众化的餐厅，这些餐厅通常能提供具有当地特色且价格实惠的菜品。所选饭店还需保障食品卫生安全，确保提供的食物符合卫生标准，让游客能够放心用餐。同时，考虑交通便利性，选择的餐厅位置应便于游客在观光行程中轻松到达，减少路途上的时间浪费。控制用餐时间，安排紧凑高效的用餐流程，避免过长的等待和就餐时间影响整个观光行程的进度。

（二）度假型旅游线路

度假型旅游线路是一种以休闲、放松和享受为主要目的的旅游线路，行程安排相对宽松，在旅游景点停留时间较长。这类游客不仅注重旅游环境，对于旅游餐饮，也有着较高的要求。一方面，度假型游客注重餐饮的品质和多样性。因此，旅游线路设计时应选择具有当地特色的餐饮，方便游客通过美食来深入了解当地的文化和风情。另一方面，度假型游客对于餐饮的健康和营养也较为看重，倾向于选择营养均衡、搭配合理的菜品，以保持在度假期间良好的身心状态。因此，在安排度假型旅游线路的餐饮时，餐饮场所需具备宁静优雅、通风良好、空间宽敞、装饰精致等特点。菜品应讲究特色性和养生性，旅游线路安排以多日游为主。

（三）商务型旅游线路

商务型旅游线路是专门为因公务、商务活动等出行需求而设计的旅行规划。商务型旅游线路中，旅游餐饮呈现出高品质、高服务以及高消费水平的特点，商务旅行者一般对价格不敏感，对餐饮地点要求高。因此，在安排商务型旅游线路的餐饮时，应安排在高档次的旅游酒店，体现出高档、固定、安静、舒适的特点。安排菜品时，讲究高质量，对于一些特殊的商务宴请，需要根据客人的要求提供定制化的菜单，以展现对客人的尊重和重视。

（四）会议型旅游线路

会议型旅游线路是一种专为各类会议、培训活动等商务集会而设计的旅游行程安排。与会者出行时间较长，旅游目的地固定，旅游餐饮消费水平高，对餐饮地点要求较高。因此，在安排会议型旅游线路的餐饮时，餐饮场所的选择，要注重环境的舒适性和安静程度，以便参会者在就餐时能够放松交流。

餐饮的供应时间要与会议的日程安排相匹配，还需根据参会人员的来源和口味偏好，制订多样化的菜单，既要包含当地特色美食，展现地域文化，又要照顾不同地域参会者的饮食需求。

第二节　旅游住宿与旅游线路的关系

旅游住宿作为旅游行业三大支柱之一，在提供旅游服务、刺激旅游消费、提升旅游目的地形象等方面发挥着重要的作用。随着消费者需求的多元化发展，旅游住宿企业的内涵逐步扩展，住宿企业从最初的只提供单项住宿服务，逐步发展为提供“食”“宿”“娱”“购”等综合服务。同时，客栈民宿、短租公寓、长租公寓、主题酒店、精品酒店等住宿类型，满足了不同游客的需求和喜好，促进了旅游行业的多元化发展。①

一、旅游饭店的概念

旅游饭店是指能够以夜为单位向游客提供配有餐饮及相关服务的住宿设施，根据不同的习惯，也被称为宾馆、酒店、旅馆、度假村、俱乐部、大厦、中心等。旅游饭店以旅游接待设施为依托，通过向游客及所在社区提供住宿、餐饮、娱乐等综合服务来实现经济效益和社会效益。目前，在我国的旅游饭店业统计中，一般将由文化和旅游部授权挂牌的星级饭店，统称为旅游饭店，而其他价格相对比较低廉的住宿业，通常被称为社会旅馆。②

二、旅游饭店的分类

（一）按服务对象分类

按照不同的服务对象，旅游饭店可分为度假型酒店、商务型酒店、会议

① 牟琳．我国旅游住宿标准化发展现状、特点及存在问题研究［J］．标准科学，2021（7）：67-74.

② 王春艳，张百菊．旅游线路设计［M］．北京：清华大学出版社，2022：97-100.

型酒店及常住型酒店。

1. 度假型酒店

度假型酒店是指为游客旅游、休假、疗养等出行需求提供食宿及娱乐活动的一种饭店类型，多建于海滨、山城景区或温泉附近，远离喧嚣的城市中心与繁华的大都市且交通便利。度假型酒店除了提供一般酒店应有的服务设施和项目外，通常还具备满足客人健康保健所需要的康体娱乐设施。我国部分海滨城市有度假型饭店，如三亚、北戴河、青岛、大连等地，这是旅行社为游客采购的主要住宿产品类型。① 这些海滨城市凭借其优美的自然风光和宜人的气候条件，吸引了大量游客，也促使当地发展出众多高品质的度假型饭店。对旅行社来说，为游客采购这类住宿产品能够满足游客在度假休闲方面的需求，提升游客对旅游行程安排的满意度。

2. 商务型酒店

商务型酒店是指为从事企业活动的商务游客提供住宿、膳食和商务活动及有关设施的酒店。② 商务型酒店的最大特点是回头客较多，因此，酒店需要提供高品质的服务，在为商务游客创造便利条件的同时，酒店的设施也要舒适、方便、安全。国际酒店集团下属的酒店大多数是商务型酒店，如纽约希尔顿酒店、芝加哥凯悦酒店、华盛顿马里奥特饭店、锦江酒店、华住集团等。这些商务型酒店通常以其优质的服务、完善的设施和良好的品牌声誉，吸引着众多商务游客。

3. 会议型酒店

会议型酒店是专门为参加各种商业活动、贸易展览会、科学讲座的商旅客人提供住宿、膳食、展览厅、会议室的一种特殊的旅游酒店。会议型酒店不仅要提供舒适、方便的设施，温馨的客房和美味的餐饮，还要提供大小规格不等的会议室、谈判间、演讲厅、展览厅等，并配备良好的隔板装置和隔音设备。例如，郑州的嵩山饭店、黄河迎宾馆等都属于会议型酒店，它们都具备较大的场地和完善的设施，能够承接各类会议、展览和大型活动，同时

① 李文文．具有历史主题的酒店设计研究［D］．南京：南京林业大学，2010．

② 吴国清．旅游线路设计［M］．北京：旅游教育出版社，2006：68-69．

也提供住宿、餐饮等服务。

4. 长住型酒店

长住型酒店也被称为“公寓生活中心”，主要为需要长期住宿的度假旅客提供生活服务。长住型酒店主要接待常住客人，这类酒店要求常住客人先与酒店签订协议或合同，合同上要写明居住的时间和服务项目。① 长住型酒店的主要特点体现在客房布局上多采用家庭式结构，以套房为主，配备适合客人长住的家具和设备，在服务上亲切周到，追求家庭式氛围。

（二）按建筑规模分类

按饭店建筑规模的不同，旅游饭店可以划分为大、中、小型饭店。规模划分的主要指标是饭店拥有的客房数量。国际上采用的客房数量标准是：客房数量大于1000间的，属于超大型饭店；客房数量介于600~1000间的，属于大型饭店；客房数量介于300~600间的，属于中型饭店；客房数量为300间以下的，属于小型饭店。

【知识链接】

万豪国际集团

万豪国际集团（简称“万豪”）是全球首屈一指的国际酒店管理公司，万豪拥有遍布全球130个国家和地区的超过6500家酒店和30个品牌。品牌可以分为五大类：奢华、高级、精选、长住、臻选典藏。

一、奢华酒店

奢华酒店品牌：丽思卡尔顿酒店、瑞吉酒店及度假村、JW万豪酒店及度假村。中国的第一家丽思卡尔顿酒店是在1993年入驻的香港丽思卡尔顿酒店，丽思卡尔顿酒店的座右铭——像绅士淑女一样服务，在业内如雷贯耳，之后在1998年被万豪收购。中国内地第一家丽思卡尔顿酒店——上海波特曼丽思卡尔顿酒店。自1998年1月开业，上海波特曼丽思卡尔顿酒店便引入品牌传奇的黄金标准与丽思卡尔顿服务准则，一起参与并见证了上海的许多

① 金欢．我国经济型酒店设计初探［D］．天津：天津大学，2009.

“第一次”。

二、高级酒店

高级酒店品牌主要包括万豪酒店、喜来登酒店、万豪度假会、德尔塔酒店。万豪酒店和喜来登酒店是万豪国际集团的主打品牌，引领着高端住宿的潮流；而万豪度假会则专注于分时度假领域，为旅客提供灵活的休闲选择；此外，德尔塔酒店以其极简而精致的风格，赢得了众多宾客的青睐。

三、精选酒店

精选酒店品牌主要包括万怡酒店、万枫酒店、福朋酒店、SpringHill Suites酒店、普罗提亚酒店。万怡酒店的服务主旨是“无限舒畅、全新入住体验”。万怡酒店深刻洞察商务人士的各类需求，精心打造并量身定制贴心周到的服务，旨在为宾客带来满意的住宿体验。万枫酒店精准定位于满足公务出行与休闲出游的双重需求，秉持“商旅无忧”的核心品牌理念，致力于为每一位宾客打造轻松愉悦、无忧无虑的住宿体验。万枫酒店主打特色是设计现代化、设备便利、优质价格及稳定可靠的服务品质。

四、长住酒店

长住酒店品牌主要包括万豪行政公寓、Residence Inn 酒店、TownePlace Suites 酒店，这些品牌均为宾客提供长期住宿的优选方案。此外，特色长住品牌源宿酒店，作为万豪国际旗下万豪度假居庭系列的一员，以其独特的风格和服务，为追求个性化住宿体验的宾客带来了更多选择。

五、臻选典藏酒店

臻选典藏酒店包括傲途格精选酒店、Design Hotels、臻品之选酒店。傲途格精选酒店以提供高端全服务生活方式为主，收购了世界各地百余家风格迥异、个性鲜明的独立酒店，旗下的酒店特色就是没有统一标准，满足客人的张扬个性和冒险精神。①

---

① 马勇．旅游接待业：第3版［M］．武汉：华中科技大学出版社，2024：236-237.

三、旅游线路设计中对旅游住宿的选择

（一）观光型旅游线路

观光旅游是指观赏游览异地的自然山水、名胜古迹、城市风貌，领略当地风土人情等。对观光型游客来说，在旅游活动中，更注重在有限的时间内尽可能多地参观不同的地方，以获取丰富的视觉体验，对于某个特定旅游地的深度体验需求相对较低，所以重复观光的意愿也不强烈。因此，他们不太会在同一家饭店长时间住宿，通常会根据行程安排不断变换住宿地点以更便捷地前往新的观光景点。

观光型游客对旅游饭店的价格较为敏感，在有限的旅游预算下，更倾向于选择价格合理、性价比高的饭店，旨在通过节省住宿费用，为参与其他丰富多彩的旅游活动预留更多资金。在观光型旅游线路设计中，主要考虑的因素包括：①位置方面，靠近主要景点，以减少交通时间和成本，让游客有更多时间用于观光，或选择在交通枢纽附近，这样方便游客换乘不同的交通工具，便于出行。②酒店设施与服务方面，住宿类型多样化，提供不同档次的房间选择，满足不同预算游客的需求。③提供快速高效的入住和退房服务，减少游客等待时间。④提供行李寄存、旅游咨询等服务。

（二）度假保健型旅游线路

度假保健型旅游是指游客以避寒避暑、健康疗养、放松身心等为主要目的而进行的旅游活动。此类游客通常选择在具有独特自然疗养资源的地区，如温泉、海滨、森林、高山等，游客可以通过泡温泉、呼吸新鲜空气、进行适度的运动、接受养生护理等方式来达到保健和休闲的效果。

度假保健型游客在一地逗留时间较长，对住宿设施的舒适性要求高。在度假保健型旅游线路设计中，主要考虑的因素包括：①环境与位置：优先选择位于自然环境优美、空气清新、宁静舒适的地区。如靠近森林、海滨、温泉或山区等。②住宿设施与服务：提供舒适、整洁的房间，床铺质量要好，保证良好的睡眠体验，同时，配备完善的保健设施，如健身房、瑜伽室、温泉浴场等。③医疗支持：附近有医疗设施或能够提供紧急医疗援助的服务，

以应对可能发生的突发健康状况等。

（三）商务型旅游线路

商务型游客是以公务、商务旅行为主要目的，并在完成公务和商务的同时进行观光游览活动，对旅游目的地和出行时间几乎没有选择的余地。游客一般选择高档的饭店，对饭店的价格不太敏感。在商务型旅游线路设计中，主要考虑的因素包括：①位置方面：靠近商务中心或会议场所，减少通勤时间。②酒店品牌与声誉：选择知名度高的国际或国内商务型酒店，提供高质量服务，例如，为商务型游客专门开辟楼层，提供快速入住和离店服务等，以提高商务型游客的满意度和好感度。

（四）会议型旅游线路

会议型旅游是指会议接待者利用召开会议的机会，组织与会者参加的旅游活动。参加会议的人员比一般游客的消费水平高，逗留的时间较长，会议的计划性强，大都不受气候和旅游季节性的影响，且多选择在旅游淡季举行。

这种旅游形式的特点包括规模较大，参会人数众多；对会议场地和住宿设施要求较高，需要满足会议的各种技术和服务需求。在会议型旅游线路设计中，主要考虑的因素包括：①位置方面，靠近会议活动的主要场所，减少参会人员的通勤时间；②设施与服务方面，饭店必须具备现代化的会议设施，如先进的通信、视听设备等，接待国际会议的饭店应具备同声传译设备及装置等。同时，承办会议的饭店要有一批熟悉国际会议惯例并善于组织国际会议的专门人员，从而提供高水平的服务。

【知识链接】

“民宿+旅游”激发全域旅游新活力

在四川省广元市朝天区李家镇永乐村的晓山青民宿内，川北特色的白墙青瓦、青石板、木栅栏等让人眼前一亮，格外引人注目，不少游客会在办理入住的间隙拿着手机打卡拍照。该民宿是朝天区曾家山特色系列民宿之一。

近年来，朝天区立足生态优势，围绕“康养旅游”主题，将民宿产业作为拉动经济消费的新引擎，以“民宿+旅游”带动全域旅游健康发展，不仅为游客提供了丰富多样的文化体验和休闲度假的新选择，还助推了乡村经济增长、文旅产业高质量发展。

为了提升游客体验，朝天区坚持多元化发展，全力打造风格各异的特色民宿，构建以“民宿+餐饮”“民宿+研学”“民宿+文化”“民宿+森林康养”“民宿+医疗健康”等新业态综合体为主体的“民宿+”体系，为游客提供更多选择。

目前，朝天区打造了云顶美宿、晓山青、畔云简舍等一批特色鲜明、配套完善、服务优质的中高端民宿，其文化氛围浓郁，成为网红打卡点，具有较高的市场知名度。此外，朝天区还培育了地龙坝、滑石沟等农家乐集群，重点面向重庆、西安、兰州等地老年游客群体，以夏季一个月以上长期租住为主，让游客享受曾家山清凉气候，体验田园休闲生活。

依托丰富的森林资源，该区还打造了林家坝山庄、林海雪苑、镜湖山庄等一批特色森林民宿，配套“森林拓展”“森林瑜伽”“森林露营”“森林步道”等体验产品，建成曾家山慢运动疗养基地，配套曾家养生苑民宿、门球中心、318 房车营地等业态产品，推出汤池、按摩、养生膳食等康养产品。

住宿业是旅游业的重要组成部分，也是提高旅游服务质量的关键领域。朝天区制定出台了《朝天区促进旅游民宿高质量发展的奖励扶持办法》，对当地居民新建民宿、民宿改扩建、民宿村落打造、民宿品牌创建、民宿专业人才、民宿企业上限入库等，分别给予不同额度的奖励，全面激发民宿产业发展活力。

截至 2024 年 5 月，朝天区新（改）建民宿、酒店、农家乐 460 家，共计 1300 余家，总床位数超 2 万张。朝天区通过发展“民宿+旅游”，不仅丰富了游客的体验，也为当地经济的发展注入了新的活力，展现了全域旅游的巨大潜力和魅力。①

思考：请分析广元市朝天区民宿产业成功的原因。

---

① 刘旭．广元朝天“民宿+旅游”激发全域旅游新活力［EB/OL］. 中华人民共和国文化和旅游部，2024-05-07.

第三节 旅游交通与旅游线路的关系

旅游交通是指为游客由客源地到目的地的往返，以及游客在旅游目的地各处活动而提供的交通设施和服务的总和。① 旅游交通是发展旅游业的先决条件之一，只有发达的旅游交通才能使游客顺利、愉快地完成旅游活动。

一、旅游交通对旅游活动的影响

（一）旅游交通对游客选择旅游目的地的影响

旅游交通的便利与否直接影响游客对旅游目的地的选择。一般情况下，游客不会“舍近求远”或者“舍易求难”，交通便利的旅游景区比交通闭塞的旅游景区更有优势。在其他条件相似的情况下，人们往往会选择距离较近、交通更便利的旅游景区，以避免长途跋涉和交通不便带来的困扰。同时，交通的便利与否直接影响了游客的出游半径和景区的客流量，对于那些危险系数高、交通状况差的景区，游客会相对较少。由此可见，客源地与旅游景区之间的距离与旅游景区对游客的吸引力之间呈反比关系，即通常情况下，距离越远，旅游景区对游客的吸引力会相应减弱。

（二）旅游交通对旅游资源开发的影响

旅游业的可持续发展离不开游客的支持，游客产生的旅游效益是促进旅游业发展的根本。良好的旅游交通能够提高旅游目的地的可进入性，使游客更容易到达旅游目的地；便捷的交通网络可以缩短游客的旅行时间，降低旅行成本，从而吸引更多的游客前来旅游。相反，交通不便会导致旅游业发展滞后，从而使当地的旅游资源得不到有效开发，旅游景点、酒店、餐饮、购物等难以实现有效的协同和整合，无法形成完整的产业链条。这会导致旅游产业的整体效益低下，竞争力相对薄弱，难以在竞争激烈的市场中占据有利地位。

---

① 王春艳，张百菊．旅游线路设计［M］．北京：清华大学出版社，2022：97-100.

（三）旅游交通对旅游质量的影响

旅游交通在很大程度上会影响游客的心情，也会影响游客对该地的印象。高效、便捷、舒适的旅游交通系统可以让游客在旅途中感受到轻松和愉快。相反，如果旅游交通存在交通拥堵、车次延误、服务质量低等问题，会给游客带来诸多不便和困扰，可能导致他们对旅游目的地产生负面的印象。因此，旅游目的地应该重视旅游交通的建设和管理，提高交通的便利性和舒适性，以提升游客的旅游体验，塑造良好的旅游形象。

二、旅游线路设计中对旅游交通的要求

旅游线路设计中交通的选择要以安全、快捷、舒适、经济及多样化为基本标准，与旅程的主题结合，减少候车时间。一次完整的旅游活动，其空间移动分为三个阶段：从常住地到旅游地、在旅游地各景区旅行游览、从旅游地返回常住地。这三个阶段可以概括为“进得去、散得开、出得来”。没有通达的交通，就不能保证游客空间移动的顺利进行，就会出现交通环节上的压客现象，即使是徒步旅游也离不开道路。因此，在设计旅游线路时，即便某个景点、景区具有很大潜力，但目前不具备交通要求或交通条件，也应慎重考虑。否则，因交通因素导致游客途中颠簸，游览速度缓慢，就会影响游客的兴致与心境，不能充分实现时间价值。

（一）安全

在旅游活动中，安全是游客最为关心的问题之一，尤其是旅游交通安全。尽管现代交通在技术和管理方面不断进步，安全性得到了很大程度的提升，但旅游活动本身的特殊性使得旅游交通安全面临更多的挑战和不确定性。确保游客的安全是旅游活动顺利进行的前提。如果在旅游过程中游客的安全受到威胁，他们很可能会为了安全而改变原定行程，这不仅会影响游客的旅游体验，还可能给旅游经营者带来经济损失和声誉损害。因此，在设计旅游线路时，必须充分考虑旅游交通的安全性，包括选择安全可靠的交通工具，合理规划交通路线，避免经过危险路段或在恶劣天气条件下出行。同时，还需要对交通工具进行定期维护和检查，确保其处于良好的运行状态。旅游目的

地和相关部门也应该加强旅游交通安全管理，提高旅游交通设施的安全性和可靠性，加强对游客的交通安全教育，提供准确的交通信息和安全提示，以降低旅游交通安全事故的发生概率，确保游客的生命财产安全。

(二) 快捷

游客希望在有限的时间内快捷地到达旅游目的地，从而有更多的时间用于景区游览。因此，在旅游线路设计中，对旅游交通的安排需要遵循两个原则。第一，直达原则。在旅途中尽量安排快捷直达的交通工具，避免过多地更换交通工具增加游客经济、体力上的消耗。第二，省时原则。游客在选择交通工具时，通常会希望在合理的费用范围内且尽可能地减少旅行时间。精心选择交通路线，充分考虑各种交通方式的运行时间和路线，选择最快捷、最便利的交通组合，尽量避免迂回和中转；优化交通换乘点，确保不同交通方式之间的换乘点设置合理，距离近且标识清晰，方便游客快速找到换乘通道；根据交通运营时间和游客的实际情况，合理安排出发时间，避免过早或过晚出发，以免造成游客过度疲劳或浪费时间。

(三) 舒适

舒适的交通服务可以缓解身心疲劳，改善游客的情绪，提高游客的兴致，确保旅游体验既充实又舒适。在旅游线路设计中，应尽可能提供舒适的交通环境，减少疲劳感、危机感，以便游客能够精力充沛地开展游览活动。第一，根据旅游线路的距离、路况和游客的需求，选择合适的交通工具。第二，定期对交通工具进行检查和维护，确保车辆的安全性和舒适性，保持车内的清洁、通风，提供舒适的座椅和足够的空间。第三，合理安排行程与休息时间，避免行程安排得过于紧凑，确保游客能够享有充裕的休憩时间，以便充分恢复体力从而享受旅途的每一刻。第四，提供优质的服务，交通工具上的服务人员应具备良好的服务态度和专业素养，为游客提供必要的帮助和信息。

(四) 经济

游客希望用有限的资金获得最大的心理满足，对于交通工具的选择也是一样的。旅游线路的“经济”反映在旅游交通工具的选择上，就是要求旅途费用较少，而“安全、快捷、舒适”等方面的要求必然会与“经济”的要求相矛盾。因而，旅游线路设计应协调好上述因素，尽量使游客感受到在享受“安全、快捷、舒适”交通的前提下，还能感觉自己的花费是值得的，甚至是便宜的。

（五）多样化

旅游交通除了满足游客基本的出行需求，即“旅”的问题，还可以增加“游”的交通设计，为游客带来更加丰富和独特的旅游体验。在旅游线路设计中，根据旅游主题以及旅游交通的实际情况，设计具有观光功能的交通工具，如马、骆驼、敞篷巴士、观光小火车等，让游客在前往目的地的过程中还能欣赏沿途的风景，还可以规划一些特色的交通线路，如环湖骑行路线、海滨自驾路线、叮叮车之旅等，以满足游客求新求异的心理。

三、旅游交通选择的影响因素

旅游交通服务的核心目标群体是游客，他们对旅游交通的需求已逐步升级，从最初的基本“通”需求，经由对“快”的中级追求，发展到如今对快捷性、舒适度和便利性的综合高标准要求。因此，在进行旅游线路规划时，首要任务是深入了解游客对交通服务的具体期待，进而对各类旅游交通方式进行科学合理的配置与组合，力求最大限度地契合并满足游客的各类需求。总体而言，游客在抉择旅游线路中涉及的多种交通方式时，往往会受到旅行目的、运输价格、旅行距离以及游客偏好和经验的共同影响。

（一）旅行目的

旅行目的不同，选择的交通方式往往不同。如果游客是以度假为目的，那么他们将希望尽快赶往旅游目的地，把更多的时间用于悠闲、安逸的度假。这类游客对旅途不感兴趣，通常会选择坐飞机、特快列车或直达车等，尽可能缩短旅途的时间，最大限度地增加在旅游目的地的休闲时间。

（二）运输价格

旅游交通选择中的一个关键因素在于运输价格，即旅游过程中产生的交通费用。这个因素对游客的决策过程具有显著影响。例如，经济型游客往往对价格因素表现得尤为敏感，价格的高低在很大程度上会成为他们做出选择的决定性要素。因此，这类游客倾向于选择那些可以提供经济实惠服务的交通方式，如水路或铁路运输，以在享受旅行乐趣的同时，有效控制旅行成本。

（三）旅行距离

旅行距离影响交通方式的选择。受旅游目的地距离和旅行时间的限制，人们常会追求“快捷、安全、高效”的航空或铁路交通方式，航空交通具有速度快的特点，能够大幅缩短旅行时间，适合长途旅行或时间紧迫的游客。铁路交通则在中长途旅行中具有一定的优势，例如，高铁的速度较快、准点率高，能为游客提供较为舒适的出行体验。对商务游客来说，他们更加注重行程的高效性和准时性，希望在最短的时间内到达目的地，减少旅途中的时间浪费，以便更好地开展商务活动。

（四）游客的偏好和经验

游客的偏好和经验以及收入影响旅游交通方式的选择。游客根据自身的实际情况，量入为出。当然，对追求享受型游客来说，他们更注重旅游的品质和舒适度，为了获得更好的游览体验和更为舒适的出行条件，他们愿意支付更高的费用。因此，航空交通的快捷和舒适以及特种旅游方式的独特性往往更能满足他们的需求。

【知识链接】

乌鲁木齐国际机场：假期旅客吞吐量超43万人次

2024年古尔邦节假期正值暑运旺季，乌鲁木齐国际机场保持高位运行态势，与“五一”小长假相比，旅客吞吐量增长21.42%，飞行起降架次增长8.74%。乌鲁木齐至喀什、和田、伊宁、阿克苏、库车等疆内城市和北京、成都、上海、西安、广州等疆外城市方向航班尤为火热，来往成都、上海、西安方向的航班客座率达86%以上。同时，乌鲁木齐至阿拉木图、第比利斯、塔什干、阿斯塔纳、莫斯科等国际城市的需求也同样较高。其中，旅客高峰日出现在6月15日，旅客吞吐量达9.23万人次；架次高峰日出现在6月19日，保障飞行起降566架次，两项指标再创今年单日新高。截至2024年6月

19 日，乌鲁木齐国际机场旅客吞吐量达到 1190 万人次。①

第四节 旅游景区与旅游线路的关系

一、旅游景区的概念及特征

（一）旅游景区的概念

旅游景区是指具有吸引国内外游客前往游览的明确的区域场所，能够满足游客游览观光、消遣娱乐、康体健身、求知等旅游需求，有统一的管理机构，并提供必要的服务设施的地域空间。旅游景区是旅游目的地的主要构成部分，是旅游线路设计的核心内容和旅游资源的核心区域。②

（二）旅游景区的特征

1. 有一定的空间范围

旅游景区的规模大小不同，有的仅是一幢建筑或是一个庭院，有的则是绵延数千米的风景区，但无论其规模大小如何，都有一个相对明确的空间界限。

2. 有供游客参观游览的景物

旅游景区以一定的自然地理条件为基础，景点、景物及其他相关设施分布其中，其景点和景物特色构成了一个旅游景区景观资源的基本特征。以观光为主的旅游景区，其本身就是景点或景物。不同类型的景区，具有不同的吸引物。风景名胜区主要以自然景观来吸引游客，古迹型旅游景区以其历史、艺术和科学价值为吸引因素，博物馆的吸引力在于其丰富的馆藏文物，自然保护区则以野生和珍稀的动植物为主要吸引物，各类景区都具有独特的吸引因素。吸引物是旅游景区构成中的核心要素，也是游客旅游动机萌发的刺激因素。

---

① 马伊宁．乌鲁木齐国际机场：假期旅客吞吐量超 43 万人次［EB/OL］．新疆维吾尔自治区人民政府网，2024-06-21.

② 张振家，王璐．旅游线路设计：第 2 版［M］．北京：清华大学出版社，2023：75-77.

3. 可进入性较强

旅游景区的可进入性是一个保证景区客流量的重要因素。可进入性较强意味着游客能够较为方便地到达旅游景观所在地，包括交通的便利性、道路的通达性以及相关设施的完善程度等方面。有的旅游景区坐落在人们生活区的周围，可进入性较强，往往会成为旅游热点。而有些景区则位于距离偏远、人烟稀少，甚至是人类一般的生产和生活未曾触及的地区。这样的地区，如果缺乏前期的交通及其他基础设施的建设与完善，那么即便是拥有极高价值的旅游景观，也难以真正发展成为吸引游客的旅游景区。

4. 具有一定的服务设施

旅游景区服务设施包括旅游服务设施和基础设施。旅游服务设施是为满足游客在旅游过程中的各种需求而设置的一系列硬件和软件设施，包括交通设施，如景区内的游览车、缆车、游船、步道等；休憩设施，如休息亭、长椅、观景台等；餐饮设施，如餐厅、小吃摊、饮品店等；卫生设施，如公共厕所、垃圾桶等；标识系统，如景点指示牌、路线图、警示标识等。必要的旅游服务设施是游客获得良好旅游体验的有力支持和基本保证。除了上述旅游服务设施外，旅游景区还必须有完善的基础设施以保证旅游活动的正常进行和旅游服务设施的有效运转，主要包括出入交通、内部交通、停车场、给排水系统、垃圾处理、电力能源等设施。

5. 有专门的管理机构

我国的旅游景区，有的是事业单位，有的是企业，有的属于国有资产，有的是中外合资或民营资本。但无论属于哪种类型，作为一个相对独立的单位，旅游景区都应设有专门的管理机构，以保证本区域旅游资源得到有效保护，保证旅游活动得以正常进行。①

---

① 常直杨，李俊楼．旅游线路设计：理论与实务［M］．南京：南京大学出版社，2023：55-56.

二、旅游景区的分类

（一）按性质分类

按照设立性质，旅游景区可分为商业性旅游景区和公益性旅游景区。前者指投资者完全以营利为目的而设立和经营的旅游景区，实质是旅游企业；后者指政府或社会团体出于社会公益目的而设立和管理的旅游景区，在这类公益性旅游景区中，虽然有不少旅游景区如今也在采用收费准入的做法，但实行收费并不是为了营利，而是为了补充该景区维护费用的不足。①

（二）按成因分类

按照景区形成的原因，旅游景区可分为自然旅游景区和人文旅游景区。前者是以自然资源为依托的观赏景区，所依赖的吸引因素为大自然的造物。后者是由各种社会环境、历史文物、文化艺术、民族风情和物质生产构成的人文景观，所依赖的吸引因素属人为产物，包括历史上的人为遗产及现代的人造成果。②

（三）按表现形式分类

国外学者 Middleton 依据景点的展示内容或表现形式，将旅游景区分为以下八种主要类别。③

1. 古代遗迹

古代遗迹指的是那些经过考古挖掘而出土，并随后得到妥善管理与保护的历史古迹，它们涵盖了诸如古城防建筑、古墓葬等一系列承载着丰富历史文化信息的遗址。举例来说，我国的半坡遗址与秦始皇兵马俑便是这类景区的典型代表，它们不仅展示了古代文明的辉煌成就，也成了吸引世界各地游客前来探寻历史足迹的重要旅游景点。

2. 历史建筑

历史建筑是指那些以历史上遗留下来的、具有独特风格与历史文化价值

① 李天元．旅游学概论：第 7 版［M］．天津：南开大学出版社，2014：200.

② 李天元．旅游学概论：第 7 版［M］．天津：南开大学出版社，2014：200.

③ MIDDLETON V T C. Marketing in Travel and Tourism［M］. London：Heinemann，1988.

的各类建筑物为核心吸引物，经过专门设立与精心管理的旅游景区。这些景区涵盖了历史上遗留下来的城堡、宫殿，彰显着昔日权贵的风貌；名人故居，承载着杰出人物的生平故事；寺庙，反映了宗教文化的深厚底蕴；传统民居，展现了民俗风情的生动图景。它们共同构成了丰富多彩的历史建筑旅游资源，吸引着无数游客前来领略历史的韵味与文化的魅力。

3. 博物馆

博物馆的划分体系相对庞杂，大致可以分为两大类。一类是以特定藏品作为核心展示内容的博物馆，如各种类型的科学博物馆、历史博物馆、军事博物馆等。这类博物馆还可以根据藏品的来源与属性进行更为细致的划分，如国家博物馆、地区博物馆、地方特色博物馆等，这类博物馆通过丰富的藏品向公众展示着不同领域的知识与文化。另一类则是以特定的历史场址或建筑本身作为展示内容的博物馆，例如，我国举世闻名的故宫博物院，这类博物馆通过保留和再现历史场景，使参观者能够身临其境地感受历史的厚重与文化的韵味。

4. 美术馆

美术馆主要是以收藏、保护、研究及展览历史或传统美术作品为核心功能的文化机构，不仅展示了各个时期、各种流派的艺术精品，还承担着艺术教育与文化交流的重要使命。例如，中国美术馆作为国内知名的美术馆之一，不仅收藏了大量珍贵的中国传统美术作品，还定期举办各类艺术展览，为公众提供了欣赏艺术、提升审美素养的宝贵平台。

5. 公园和花园

作为景区景点的一个重要类别，这里提及的公园和花园，特指那些以拥有独特自然环境和丰富植物景观为主要观赏特色的旅游景区。这些区域包括但不限于国家公园、自然保护区以及精心设计的园林等，不仅为游客提供了亲近自然、享受宁静的机会，还往往蕴含着深厚的文化底蕴和生态保护价值，是人们休闲放松、探索自然之美的理想去处。

6. 野生动物园区

野生动物园区是指那些以观赏和了解野生动物为主要活动内容的旅游景

区，为游客提供了近距离接触和观察各类野生动物的机会。这类景区包括但不限于动物园、水族馆、观鸟园等，通过模拟自然生态环境，展示着丰富多样的野生动植物种类，不仅满足了人们对自然的好奇心和探索欲，还承担着野生动物保护、科学研究及公众教育等多重功能。

7. 主题公园

主题公园通常是以特定的主题或概念为核心，经过精心规划与设计而建造的大型人造游览和娱乐区域。这类园区（迪士尼乐园、方特乐园等）通过创造独特的视觉与体验环境，将娱乐、文化、科技等多种元素融为一体，为游客提供丰富多样的游乐项目、表演活动及互动体验，成为家庭出游、朋友聚会的热门选择，同时也促进了文化旅游产业的繁荣发展。

8. 早期产业旧址

早期产业旧址是指那些在已废弃的早期工业或矿业遗址基础上，经过开发与保护而形成的特色旅游景区。这类景区旨在让参观者通过实地探访，深入了解该地区历史上的社会生产模式、技术发展水平以及产业变迁的历程。如早期的采矿业旧址、纺织工厂遗址、铁路运输业的初始站场以及古老的运河码头等，都被转化为具有教育意义和观光价值的景点，不仅保留了珍贵的历史遗迹，还为游客提供了独特的文化体验和学习机会。

（四）按旅游景区质量等级分类

按照旅游景区的质量等级进行分类在很大程度上为我国独有。早在1999年，我国便发布了国家标准《旅游景区质量等级的划分与评定》，首次对旅游景区的质量等级进行了系统性的评定。随后，在2003年，该标准又得到了进一步的修订与完善。在评定的过程中，旅游区（点）的质量等级是严格依据《服务质量与环境质量评分细则》以及《景观质量评分细则》中的各项考核项目来确定的，同时，还会参考《游客意见评分细则》中的各项评价指标，以确保评定的全面性和客观性。这一综合评定体系旨在提升旅游景区的管理水平和服务质量，为游客提供更加优质的旅游体验。

现行标准将我国的旅游景区按质量划分为5个等级，从高到低依次为5A级、4A级、3A级、2A级和A级。旅游景区质量等级的标志、标牌、证书，由国务院旅游行政主管部门统一制作和颁发。旅游景区的质量等级评定工作按照国家和地方两级进行。国务院旅游行政主管部门负责组织全国旅游景区质量等级评定委员会；各省、自治区、直辖市人民政府旅游行政主管部门负责组织地方旅游景区质量等级评定委员会。全国旅游景区质量等级评定委员会负责 5A 级、4A 级和 3A 级旅游景区的评定工作，而地方旅游景区质量等级评定委员会负责 2A 级和 A 级旅游景区的评定工作。①

（五）按世界遗产分类

世界遗产是指被联合国教科文组织和世界遗产委员会确认的人类罕见的、无法替代的财富，是全人类公认的具有突出意义和普遍价值的文物古迹及自然景观。根据不同的形态和性质，可将世界遗产分为文化遗产、自然遗产、文化和自然双重遗产、人类口述和非物质文化遗产以及文化景观遗产。

三、旅游线路中旅游景区的选择与组合

旅行社在挑选旅游景区时，应首要关注那些资源品位高、环境氛围宜人、游览设施完善、可进入性强及配套设施齐全的旅游景点，这些都是旅游景区不可或缺的要素。同时，旅行社还需深刻洞察游客的审美偏好与消费心理，充分尊重并顺应游客的身心需求与规律。此外，旅行社必须深入了解每个景区的独特性，以避免在旅游线路设计中出现景点雷同的情况。同时，旅行社对景区的各类限制条件也需了如指掌，比如某些景区可能存在的开放时间限制、游客人数上限、交通管制、特定交通工具的准入要求、季节性运营调整，以及可能因自然或人为因素导致的关闭维修、定期保养或需提前预订等限制。这些因素都将对旅游线路的规划与安排产生重要影响，因此旅行社在制订线路时务必全面考虑，以确保游客旅游体验的顺畅与满意。通常情况下，旅行社选择旅游景区需要遵循以下原则。

（一）数量适中

在同类旅游资源中，旅行社应精心挑选最具代表性和吸引力的某一处景区，这样既能有效控制成本，又能避免景点之间的重复与雷同，使游客在有

① 邓爱民，任斐．旅游学概论：第 2 版［M］．武汉：华中科技大学出版社，2024：79.

限的旅行时间内获得更加丰富和独特的旅游体验。

（二）深度适当

所选景区应具备雅俗共赏的风格，视觉效果要突出，内容要丰富多样且鲜活生动，易于游客体验和感受。深度适当的景区能够让游客在游览过程中产生强烈的共鸣和愉悦感，从而提升整趟旅行的品质。

（三）选择该景区的最佳观赏时间

一条精心设计的旅游线路上往往串联着多个旅游景区，而各旅游景区，尤其是自然风景区，因其独特的构景特征而各有其最佳观赏时间。旅行社在规划线路时，应综合考虑季节变化、天气状况以及特殊景观的出现时机等因素，以确保游客能够在最佳的时间段游览各景区，从而获得最为震撼和难忘的旅游体验。此外，通过合理选择观赏时间，不仅能够提升景区的游览价值，还能增强旅行社产品的竞争力和吸引力。

（四）充分考虑交通的顺畅性，避免走回头路

游客的核心诉求在于物超所值，他们渴望在旅途中能够饱览多样风光并收获满满体验。因此，在设计旅游线路时，应尽量设计环形旅游线路，以避免走不必要的回头路，这样既能节约宝贵的旅行时间，又能让游客欣赏到更多元化的美景。同时，还需根据目的地的实际交通状况，巧妙避开高峰时段和拥堵路段，确保旅途顺畅无阻。

（五）旅游节奏适度，劳逸结合

在设计旅游线路时，行程安排需合理得当，避免过于紧凑。一般而言，每日安排 2~3 个主要景点较为适宜，这样既能确保游客有足够的时间欣赏美景，又能避免他们感到过度疲惫。此外，设计者还应在行程中穿插充足的休息时间，让游客有机会放松身心，恢复体力。同时，旅游活动安排应动静结合，让游客在欣赏美景之余，也能参与一些趣味横生的活动。适当预留自由活动时间，更是必不可少，这样游客便有机会自由探索当地的美食、商场和娱乐场所，增添旅途的乐趣。

（六）游客体验逐级递进

在旅游线路的设计中，旅行社应注重实现游客体验的逐级递进，为他们

带来更加丰富多彩、难以忘怀的旅行体验。具体而言，应遵循以下两个原则。第一，由浅入深原则。在选择景点时，应按照从易到难、从浅入深的顺序进行精心排序，让游客逐步深入领略旅游景点的魅力。第二，情感递进原则。在考虑景点带来的情感体验时，应注重从轻松愉悦到震撼感动的逐步递进，让游客在旅途中不断收获新的感动和惊喜。

第五节　旅游购物与旅游线路的关系

一、旅游购物的概念

旅游购物，是指游客为了旅游或在旅游活动中购买各种实物商品的经济文化行为，不仅包括专门的旅游购物行为，还包括旅游中一切与购物相关的行为总和，但不包括任何一类游客出于商业目的而进行的购物活动，即为了转卖而进行的购物行为。①

二、旅游购物的特点

（一）旅游购物具有波动性

旅游购物的主体是游客，而不是当地居民。旅游活动的季节性特点直接影响旅游购物，在旅游旺季时，游客数量增多，旅游购物的需求也相应增加；在旅游淡季时，游客数量减少，旅游购物市场也会相对冷清。这种季节性波动会直接影响旅游购物的销售额和市场活跃度。因此，游客数量在不同时间和地点表现出来的差异，使得旅游购物具有较大的波动性。

（二）旅游购物注重旅游商品的抽象价值

一般商品的购买者是以日常生活为目的，注重商品实用性和经济性。游客购物时则更注重商品的纪念意义、艺术价值和作为礼品的适宜性等，对实用性方面要求相对低一些，他们更关注旅游商品所承载的情感和文化价值。

---

① 邓爱民，任斐．旅游学概论：第2版［M］．武汉：华中科技大学出版社，2024：82.

游客会选择一些具有当地特色的食品、工艺品或者纪念品，作为分享旅游经历和表达情感的方式。这些礼品不仅具有物质价值，还承载着游客的情感和旅游地的文化内涵。

（三）旅游购物风险较大

旅游购物的风险大于一般购物活动，主要原因包括以下两点。第一，旅游行程通常安排得比较紧凑，游客用于购物的时间相对有限。在这种情况下，游客难以全面掌握旅游商品的质量、价格等方面的真实信息，容易受到促销活动、导游推荐等因素的影响，产生冲动购买和从众购买行为。第二，旅游购物的特殊性使得退换货变得困难。游客通常在旅行结束后就会离开购物地点，一旦商品出现问题，要进行退换货就需要面对时间、空间和沟通等多方面的障碍。

（四）销售网点的布局不同

旅游商品的销售网点布局需紧密围绕游客活动的特性来规划。因此，这些网点应主要分布于旅游城市的商业中心区域、风景名胜区内以及宾馆饭店等游客频繁光顾之地。这样的布局旨在满足游客对购物便利性的需求，同时兼顾他们的时间安排，进而有效提升旅游商品的销售额，提高游客满意度。

三、旅游购物中游客决策分析

旅游商品是指游客购买的具有纪念性、艺术性、地方性、民族性、礼品性、实用性、便携性的有形商品，也称为旅游购物品。①

（一）旅游商品的选择

1. 强调纪念性与艺术性的融合

游客在挑选旅游商品时，往往更倾向于那些既能唤起美好回忆，又蕴含深厚艺术底蕴的产品。相较于经济性考量，纪念性成为首要因素；而在实用性与艺术性之间，后者则更受青睐。如工艺精湛的玉器、剪纸、木雕及竹编等，以其美观大方、款式新颖、工艺细腻的特点，加之适中的价格，极易赢

① 邓爱民，任斐．旅游学概论：第2版［M］．武汉：华中科技大学出版社，2024：83.

得游客的青睐。

2. 凸显地方特色与民族文化

无锡的紫砂壶、南京的雨花石、贵州的蜡染以及新疆的艾德莱丝绸制品，这些无不以其独特的地域风情和浓厚的民族文化底蕴，深深吸引着每一位到访的游客。人们在选购时，往往偏好那些能够体现文化差异、触动心灵的商品。如哈萨克族的刺绣，以其精湛的工艺和富有民族特色的图案深受游客喜爱，或是维吾尔族的木卡姆乐器模型，不仅艺术价值高，更承载着深厚的纪念意义。

3. 追求多样化与微型化趋势

随着旅游需求的日益多样化，旅游商品的种类和形式也在不断丰富，不再局限于传统的纪念品和工艺品，而是向更多领域和品类拓展。同时，微型化成为另一大趋势，小巧轻便的旅游商品更能满足现代游客追求便捷出行的需求，此类商品便于携带，减少了旅途中的负担。

4. 集参观和娱乐于一体

在快节奏的现代生活中，人们渴望通过旅游找到心灵的慰藉。因此，将旅游商品的销售与参观、娱乐体验相结合，例如，让游客在古朴的作坊中亲手参与制作，不仅能让他们亲身体验传统文化和手工艺的魅力，还能在动手实践中放松心情，激发创造力，从而满足“回归自然”与“回归自我”的心理需求，找回内心的平静与满足。

（二）旅游购物场所的选择

1. 商业街

依托自然景观或人文景观开发建设的游览型商业街，是“商”“游”相互融合，相互促进，共同发展的典型代表，为游客提供了丰富的购物、娱乐和文化体验。如北京的王府井步行街、成都的锦里古街、南京的夫子庙秦淮风光带等，都以各自独特的自然景观或人文景观为依托，打造出了具有地方特色的商业旅游街区，推动了当地商业和旅游业的共同发展。

2. 现代特大型购物中心

现代特大型购物中心，经营商品种类齐全，往往集游览、观光、娱乐、餐饮、购物、交际等功能于一体。此类购物中心注重环境的营造和设计，通过独特的建筑风格、装饰和布局，为消费者创造出一个愉悦的购物和娱乐氛围，一些购物中心还会定期举办各种主题活动、展览和表演，增加消费者的参与度和互动性。

3. 节日游览商业市场

节日游览商业市场是在特定节日期间兴起的一种商业形式，将节日文化与商业活动相结合，为人们提供了丰富多彩的消费体验。在节日游览商业市场中，商家会根据不同的节日主题进行布置和装饰，营造出浓厚的节日氛围。此外，节日游览商业市场还会举办各种与节日相关的活动，如民俗表演、文化展览、亲子活动等，吸引游客参与，增加市场的人气和趣味性。“以节兴游”“以游兴商”，商业与文化融为一体，可扩大旅游市场范围。①

4. 专业观光市场

专业观光市场是一种以特定主题或领域的观光活动为核心的市场。通常针对具有特定兴趣或需求的游客群体，提供深入、专业的观光体验。例如，游客可以参观有机农场，了解有机农业的种植技术和理念，还可以参与农作物的种植、采摘等活动，感受劳动的乐趣。

三、旅游购物设计细节

在设计旅游购物场所时，首要任务是确保其与旅游线路的主题紧密契合，旨在更精准地满足游客的各类需求，进而丰富并提升游客的整体体验。当购物场所的氛围、商品种类及服务质量与旅游线路的主题相得益彰时，游客将更容易沉浸其中，享受旅程，从而提升其对旅游目的地的满意度。

（一）地理位置

旅游购物场所的选址至关重要，通常会被安排在景区内部、紧邻景区周边，或是通往热门景区的必经之路上。这样的布局不仅便于满足游客的即时需求，还能有效延长他们的停留时间。在设计过程中，详细标注购物场所的

① 常直杨，李俊楼．旅游线路设计：理论与实务［M］．南京：南京大学出版社，2023：79.

名称与地理位置，为计调人员和导游人员的工作提供极大的便利。

（二）购物环境

设计人员需对常用旅游购物场所的购物环境有深入的了解，并将购物场所与旅游线路的主题相结合，以此增强旅游的连贯性和深度体验感。通过设计人员的精心筛选，确保购物场所能够满足不同游客的多样化需求，从而提升游客的整体旅游体验。

（三）数量安排

在旅游活动中，购物场所安排不宜过多。一般情况下，每天安排的购物场所不宜超过 3 个，整个旅游过程中则不宜超过 5 个。过多的购物场所可能会引起游客的不满，而过少则难以满足游客的购物需求及旅游企业的经济利益。若行程安排紧凑，应适当减少购物场所的数量，以确保游客能够充分享受主要景点的参观和体验。

（四）购物时间

合理设计每个购物场所的停留时间至关重要，既要确保游客有足够的时间挑选心仪的商品，又不能影响整个行程的进度。通常，每个购物场所的停留时间应适中，以避免游客感到疲劳和厌烦。此外，还需注意游客消费欲望的高峰时段，如 8~9 时、11 时左右、15~17 时以及 19~21 时。对于整个旅游线路而言，游客在即将离开某地时，其消费欲望往往最为强烈，因此应在此类时段合理安排购物活动。

第六节　旅游娱乐与旅游线路的关系

旅游娱乐是指游客以追求心理愉悦为过程和目的，在旅游目的地营业性文化娱乐场所中购买和消费旅游娱乐产品或服务的经济文化行为，涉及文学、艺术、娱乐、音乐、体育等诸多领域，能够丰富游客的生活，满足游客的精神需求。①

① 邓爱民，任斐．旅游学概论：第 2 版［M］．武汉：华中科技大学出版社，2024：80.

一、旅游娱乐的类型

旅游娱乐类型多样，包括体育健身类、文化交际类、疗养保健类、休闲消遣类、知识教育类以及大型游乐类，这些不同类型的旅游娱乐活动共同满足各层次游客的多样化需求。

（一）体育健身类旅游娱乐

体育健身类旅游娱乐活动是将体育与旅游相结合的一种娱乐方式，不仅能够让人们在旅游中享受运动的乐趣，还能够促进身体健康。体育健身类旅游娱乐项目类型较多，例如：滑雪场提供滑雪、滑雪板等冬季运动项目，适合喜欢冰雪运动的游客；攀岩馆能挑战游客的体力和勇气，锻炼肢体力量和协调能力；射箭馆培养专注力和手眼协调能力；武术馆如太极拳、跆拳道等，让游客体验传统武术的魅力等。

（二）文化交际类旅游娱乐

文化交际类旅游娱乐是指通过旅游活动，使游客在体验不同文化的同时，实现跨文化的交流与互动。这种娱乐方式不仅局限于观赏和欣赏，更注重游客的参与和体验，让游客在轻松愉快的氛围中感受不同文化的魅力和韵味。文化交际类旅游娱乐场所主要有以观看演出和文化交流为主的演艺中心、影剧院、艺术馆、民俗村等。游客通过观看当地的传统艺术表演，如戏曲、舞蹈、音乐等，了解当地的艺术风格和表现形式。

（三）疗养保健类旅游娱乐

疗养保健类旅游娱乐是以提升游客身心健康为目标，通过利用疗养地特有的自然资源、先进的医疗保健技术和设施，将休息度假、健身治病与旅游观光紧密结合的旅游形式。疗养保健类旅游娱乐符合现代人的消费方式，契合游客的需求。主要项目有温泉疗养、日光浴、森林浴、海滨疗养等。这些项目不仅有助于提升游客身心健康水平，还能促进旅游业的多元化发展。在选择疗养保健类旅游娱乐项目时，游客应根据自身健康状况和需求进行合理选择，并关注项目的专业性和服务质量。

（四）休闲消遣类旅游娱乐

休闲消遣类旅游娱乐是指游客在旅游过程中，以追求娱乐、休闲、放松为主要目标，参与和体验各种旅游活动和娱乐项目的行为。休闲消遣类旅游娱乐是旅游活动的重要组成部分，具有娱乐性、休闲性和多样性等特点。休闲消遣类旅游娱乐主要包括茶馆、咖啡馆、棋牌室、书吧以及各种手工艺作坊等，为游客提供了一个放松身心、享受闲暇时光的平台，让人们在旅游过程中能够体验到不同的文化氛围和生活方式。随着旅游市场的不断发展和游客需求的不断变化，休闲消遣类旅游娱乐将呈现更加多元化、个性化和科技现代化的发展趋势。

（五）知识教育类旅游娱乐

知识教育类旅游娱乐是一种结合了旅游与知识教育的特殊旅游形式，是游客在游览过程中获得知识、技能和体验的一种出游方式。如博物馆、科技馆、艺术沙龙以及各种文化学术交流活动、研学旅游等。知识教育类旅游娱乐是一种具有广阔发展前景的旅游方式。它不仅能够满足游客的休闲娱乐需求，还能够促进知识的传播和文化的交流。随着旅游消费需求的不断升级和多元化发展，知识教育类旅游娱乐正经历着不断的创新与完善，为游客提供更加个性化、高质量和富有教育意义的旅游体验和学习机会。

（六）大型游乐类旅游娱乐

大型游乐类旅游娱乐一般建立在大面积室内或室外固定场地以及大型设施设备上，并且与科学技术密切相关，给参与者带来刺激的快感。作为一种新兴的旅游资源，大型游乐类旅游娱乐深受各阶层游客，特别是青少年的喜爱。这类型的旅游娱乐项目主要有各类主题公园、大型游乐场、水上游乐园、儿童乐园等。

二、旅游线路设计中的旅游娱乐选择

（一）体现当地文化特色

我国少数民族地区结合当地民俗文化开发出的一些旅游娱乐项目，普遍受到了国内外游客的欢迎，特别是结合各种民族节日开发的旅游娱乐项目，已成为当地吸引游客的关键因素。例如，新疆维吾尔自治区（以下简称“新疆”）和静县巴音郭楞乡举办旅游文化那达慕大会，通过传统活动那达慕盛会将文化旅游与体育赛事活动相结合，充分挖掘那达慕系列活动背后的文化内涵和经济价值，提升当地旅游品牌知名度，从而促进当地经济发展。

（二）融入流行文化元素

旅游娱乐要想不断创新，始终吸引游客的目光，就必须与流行文化紧密结合，让旅游娱乐项目具有时代色彩，反映当代社会文化、人们生活的价值取向和旅游的主流趋势。例如，新疆克拉玛依市的“荒野之旅 探秘新疆”2024新疆特种旅游节，一个崭新的体育旅游品牌——“跟着赛事去旅行”正在崛起，体育和旅游在巍峨雪山、戈壁沙漠、河谷草原上激情碰撞，孕育出一场场令人心潮澎湃的旅游盛事，让大美新疆散发出更加璀璨夺目的光彩，“文化旅游节”的举办不仅提高了当地知名度，还扩大了当地文化的影响力。

（三）提高旅游娱乐业从业人员的文化素养

旅游娱乐业从业人员的文化素养、行为举止等对游客能否获得满意的娱乐效果具有举足轻重的作用。如果服务人员态度恶劣、行为粗俗，即使是再好玩的娱乐项目，也会使游客乘兴而来，败兴而归。因此，服务人员需要有较高的文化素养，了解自己所服务的娱乐项目的历史渊源和文化内涵，还需要掌握一般服务技能和各种特殊技能，如唱、舞、说、做等。

（四）把握旅游娱乐活动方向，杜绝不健康的内容

健康、文明、充满时代感和活力的旅游娱乐项目，可以充实游客的旅游活动内容，帮助游客进一步了解各地不同的风土人情，推动不同地区间的文化交流。针对旅游娱乐业的特点，突出其文化因素，弘扬优秀民族文化，杜绝不健康的娱乐活动，如色情和赌博等，促使旅游业走上一条健康的可持续发展之路。

【知识链接】

一滴水经过丽江

2018年3月，茅盾文学奖获得者阿来的散文《一滴水经过丽江》入选人教版八年级语文教材，文章通过描写一滴水的旅行，介绍了丽江的风土人情。

丽江市以此为契机，策划推出了“一滴水经过丽江”研学游产品。该研学游产品将课文中的丽江和旅游中的丽江有机结合，把课文中描写丽江的自然风光和丰富的历史人文资源串联起来转化为旅游产品。产品推出后，吸引了各地学子来到丽江，欣赏书本里的丽江文化、风情和美景。

丽江市以打造“一滴水经过丽江”中国最佳研学旅游目的地为目标，不断整合名人故居和文化遗产、遗迹及丰富的自然、生态资源等研学游资源，持续升级研学游产品，丰富研学游路线，提升研学游营地。目前，形成了生物多样性研学之旅、非遗研学之旅、红色研学之旅、星空研学之旅、冰川研学之旅等经典旅游线路；推出了中国科学院丽江植物园生物多样性研学基地，东巴谷、丽江千古情、玉水寨、白沙锦绣艺术院非遗文化研学基地，荒野之国、地中海研学营，雪山户外乐园、子一农场、丽江花卉园自然研学基地。

从项目推动到文产拉动、创新驱动、区域联动，丽江研学游全面激活了“历史+人文”“风貌+产业”的教科文商旅融合因子，涌现出“一滴水经过丽江”沉浸式旅游、体验不一样的茶马文化、红军长征过丽江指挥部纪念馆红色旅游、探秘自然的生物多样性等研学旅游课程。①

【本章小结】

旅游线路设计过程实际上就是对旅游活动六要素的选择和组合的过程，因此选择合适的食、住、行、游、购、娱项目，并进行合理的安排是旅游线路设计的关键。在进行旅游线路设计时需综合考虑各方面因素，根据目标游客群体的特点和旅游目的地的实际情况进行灵活安排和调整，以提供令游客满意的旅游体验。此外，旅游个性化需求的存在使得设计旅游线路变得困难重重，但若能掌握游客对旅游活动六要素的共性需求，在进行旅游线路设计时在满足基本要求的基础上，再根据不同游客群体的个性化需求进行调整和优化，就会提高旅游线路的质量和吸引力。旅游景区在旅游线路设计中占据关键地位，在选择旅游景区时，需要考虑多方面因素，如景区的知名度和美

---

① 丽江市推动“教科旅”引领示范：“一滴水”激起研学热潮［EB/OL］. 中华人民共和国文化和旅游部，2024-02-20.

誉度、独特的自然或人文景观、景区的可进入性和接待能力、旅游设施的完善程度等。同时，了解游客对景区的要求也不可或缺，游客通常期望景区具有较高的观赏价值、丰富的体验活动、良好的服务质量、合理的门票价格以及安全舒适的游览环境等。

【复习思考】

1. 如何打造自己家乡的美食品牌以及如何与旅游进行融合？
2. 结合实际，谈谈旅游饭店选址要考虑哪些因素？
3. 旅游线路设计中对旅游交通的要求有哪些？
4. 旅游购物在未来将呈现怎样的发展趋势？
5. 设计一个旅游娱乐项目需要考虑哪些因素？

【技能提升】

任意选择所在城市的一家4A级以上景区或重要旅游景点，分析其文创产品的发展现状及提升策略。

第三章

新疆红色文化概论

【本章导读】

红色文化是激发爱国热情、振奋民族精神的深厚滋养，是弘扬革命传统、传承中华文化的重要载体，红色文化通过蕴含爱国主义、理想信念、艰苦奋斗和集体主义等核心价值观，影响青少年的人生观和价值观。学习红色文化不仅能够增进青少年对国家和中国共产党的认同，增强其责任感和使命感，培养积极的人生态度和价值观念，还有助于青少年应对困难和挑战，鼓励其在新时代发挥先锋模范作用，为实现中华民族伟大复兴中国梦贡献自己的力量。

本章将全面而深入地探讨红色文化的定义、特征及其构成内容，并聚焦于新疆红色文化的独特内涵与重要意义。通过本章的学习，读者将全面理解红色文化作为中国特色社会主义文化重要组成部分的独特魅力和价值，明晰新疆红色文化在其中的特殊地位和作用，以及红色文化的本质和特征，全面把握其构成内容和多样形式。同时，还将对新疆红色文化的独特内涵和重要意义有更加深刻的认识和理解。这有助于读者在未来的学习和实践中，更好地传承和弘扬红色文化，为实现中华民族伟大复兴中国梦提供强大的精神力量。

第一节　红色文化的定义与特征

一、红色文化的定义

红色文化蕴含着丰富的革命精神和厚重的历史文化内涵，不仅是中华民族优良传统和宝贵精神财富的集中体现，也是中华人民共和国的坚实根基与鲜明底色，更是我国社会主义发展不可或缺的立国之本，对当今青年人具有重大的教育意义。① 红色文化是在中国共产党领导下，在长期的革命实践和社会主义建设中形成的一种特殊文化现象。它以革命文化和社会主义先进文化为主体，蕴含着丰富的革命历史、光辉的革命事迹和崇高的革命精神。红色文化不仅是中国革命历史不可或缺的一部分，更是中华民族在追求伟大复兴道路上重要的精神支柱。

我国的红色文化经历了一个复杂且深刻的演进历程，它在形成、发展、积淀与丰富创新的各阶段不断演进，并贯穿了在中国共产党坚强领导下的多个重要历史时期。从新民主主义革命的烽火岁月，到社会主义革命与建设的艰辛探索，再到建设中国特色社会主义的伟大实践，乃至未来共产主义最终实现的宏伟蓝图，红色文化始终是这一历史进程中不可或缺的精神支柱与文化瑰宝。②

红色文化的内容极为丰富多元，它不仅涵盖了物质文化与非物质文化的广泛范畴，还深入挖掘并展现了历史印证的价值功能、文明传承的深远意义、政治教育的导向作用以及经济开发的潜在价值等多重深层次的价值内涵。

本书在系统梳理并归纳前人关于红色文化研究成果的基础上，对红色文化的定义进行了全面而深入的界定，主要涵盖了以下几方面。

首先，红色文化是广大人民群众在中国共产党领导下，为追求中华民族的解放与自由，特别是在新中国社会主义三大改造的关键时期，通过整合、重组、吸收并优化古今中外先进文化成果，在马克思列宁主义科学理论的指引下，逐步形成的具有鲜明革命特色的文化形态。

其次，对红色文化的理解存在广义与狭义之分。广义的红色文化是指世界社会主义运动历史进程中人们的物质和精神力量所达到的程度、方式和成果；而狭义的红色文化是指中国共产党在领导中国人民实现民族的解放与自由以及建设社会主义现代化中国的历史实践过程中凝结而成的观念和意识

① 邵科妮，林贤明．红色文化融入高校思想政治教育的困境及其突破口［J］．农村经济与科技，2021，32（9）：334-336.

② 王慧．红色文化的传播生态和传播路径［J］．电影评介，2013（12）：103.

形态。

再次，红色文化作为一种宝贵的资源，既包括物质层面的遗物、遗址等革命历史遗存与纪念场所，也涵盖了非物质层面的井冈山精神、长征精神、延安精神等红色革命精神、传统、理念及文学艺术，这些元素共同构成了我国红色文化的独特魅力。

从次，红色资源是以红色革命道路、文化和精神为核心，融合了物态、事件、人物和精神等多方面的综合内容体系。它不仅记录了革命年代中的“人、物、事、魂”，即那些对革命产生深远影响的革命志士、革命烈士，他们使用的物品，生活或战斗过的革命旧址和遗址，以及具有重大意义的革命活动和历史事件，更体现了革命精神即红色精神的永恒价值。

最后，从文化的形态和形式来看，我国红色文化同样可分为广义与狭义两种。广义上，它涵盖了物质文明、精神文明、政治文明、社会文明、生态文明等各种文明形态；狭义上，则特指那些以文化形态展现，并体现社会主义、共产主义方向和目标的文明形态。①

二、红色文化的特征

红色文化源于中国共产党领导的革命斗争实践。在长期的革命战争中，中国共产党人和广大人民群众为了民族独立和人民解放，英勇奋斗、前赴后继，创造了可歌可泣的英雄事迹，也孕育了伟大的红色文化。红色文化是中国特色社会主义文化的重要组成部分。红色文化作为中国革命历史和社会主义建设时期形成的一种独特文化形态，其根本的特征是“红色”，这一色彩不仅象征着革命与热血，还蕴含着深厚的历史意义和文化价值。除此之外，红色文化在本质属性上彰显了其革命性与先进性、科学性与实践性、本土化与创新性，以及兼收并蓄与与时俱进的特征；而在表现形式上，它又鲜明地体现了政治性、历史性、群众性和艺术性的特征。这些特征共同构成了红色文化的独特魅力，使其在中国革命和建设的历史进程中发挥了重要作用，并继续在新时代焕发出新的光彩。以下是对红色文化几个核心特征的详细阐述。

---

① 陈俊．论网络时代红色文化意义拓展的本质与方法［J］．中国管理信息化，2013，16（19）：112-113.

（一）红色文化的本质属性特征

从本质属性特征来看，红色文化体现在革命性与先进性的和谐统一、科学性与实践性的紧密结合、本土化与创新性的相互促进，以及兼收并蓄与与时俱进的动态平衡上。这些特征共同构成了红色文化的深厚底蕴和鲜明特色。

1. 革命性与先进性相统一

革命性是红色文化的基石，它体现了中国人民在争取民族独立、人民解放和社会进步过程中的英勇斗争和不怕牺牲精神；先进性则表现在红色文化始终站在时代前沿，引领社会进步，推动历史发展。这种先进性不仅体现在思想理论上，也体现在实践行动中，例如，中国共产党始终坚持的先进理念和全心全意为人民服务的根本宗旨，都是红色文化先进性的具体体现。

2. 科学性与实践性相统一

科学性是指红色文化以马克思主义为指导，坚持实事求是的思想路线，追求真理，反对迷信和谬误；实践性则强调红色文化是在革命和建设的实践中形成的，它紧密联系实际，注重解决实际问题，具有鲜明的实践特色。

3. 本土化与创新性相统一

本土化是指红色文化在形成和发展过程中，深深根植于中国的土壤，融合了中国的传统文化和民族精神；创新性则体现在红色文化不断适应时代发展的需要，进行内容和形式的创新，保持其生机和活力。

4. 兼收并蓄与与时俱进相统一

兼收并蓄是指红色文化在形成过程中，不仅吸收了马克思主义的先进思想，还借鉴了人类文明的优秀成果，具有开放性和包容性；与时俱进则强调红色文化要紧跟时代步伐，不断适应新的历史条件和社会环境，保持其先进性和时代性。

（二）红色文化的表现形式特征

从表现形式角度来看，红色文化展现出鲜明的政治性、深厚的历史性、广泛的群众性以及独特的艺术性。红色文化成为连接过去与未来、引领社会进步、激发人民斗志的重要力量。

1. 鲜明的政治性

红色文化作为中国共产党领导下的文化产物，其政治立场鲜明，始终与党的奋斗目标和理想信念保持一致，是宣传党的路线、方针、政策的重要载体，通过红色文化的传播和弘扬，可以进一步增强人民群众对中国共产党的认同感和归属感。

2. 深厚的历史性

红色文化根植于中国革命和建设的深厚土壤之中，它记录并见证了中国人民在党的领导下，从苦难走向辉煌的历史进程，是连接过去与未来的文化桥梁，让后人能够从中汲取智慧和力量。

3. 广泛的群众性

红色文化源于人民群众的革命实践，它反映了广大人民群众的根本利益和愿望。因此，红色文化具有深厚的群众基础，能够激发人民群众的共鸣和认同感。通过红色文化的传播和弘扬，可以进一步增强人民群众的凝聚力和向心力。

4. 独特的艺术性

红色文化通过歌曲、戏剧、电影等多种艺术形式传播着革命理想和信念，激励着人们为实现中华民族伟大复兴而奋斗。这些艺术形式不仅具有高度的思想性，还展现了独特的艺术魅力，使得红色文化更加生动、形象，深入人心。

第二节 红色文化的构成内容

红色文化作为中国特色社会主义文化的重要组成部分，其构成内容丰富多样。从不同的角度进行分析，其涵盖的内容也不尽相同。

一、从红色文化的本质属性分析

根据红色文化的本质属性来分析，红色文化的构成内容主要包括基本内涵、价值功能和红色文化遗存。

（一）红色文化的基本内涵

红色文化主要是指中国共产党领导人民在革命、建设、改革进程中创造的以中国化马克思主义为核心的先进文化。它源于1921年中国共产党成立以来积淀的革命文化，是中国共产党和中国人民在反抗敌人压迫、争取民族独立的革命斗争实践中产生和形成的，蕴含着丰富的革命精神和历史文化内涵。

1. 革命精神

红色文化蕴含着丰富的革命精神，如马兰精神、南泥湾精神、延安精神、西柏坡精神等。这些精神是中国共产党人和广大人民群众在革命斗争中形成的宝贵精神财富，具有强大的凝聚力和感召力。

2. 革命传统

红色文化还包括中国共产党领导人民进行革命斗争的一系列优良传统和作风，如艰苦奋斗、密切联系群众、勇于自我批评等。这些传统和作风是红色文化的重要组成部分，体现了中国共产党人的崇高品质和优良作风，对于新时代党的建设和事业发展具有重要的指导意义，激励着后人继续发扬光荣传统，不断开创事业新局面。

3. 革命理念

红色文化体现了中国共产党人的革命理念，包括全心全意为人民服务的宗旨，“立党为公、执政为民”的执政理念等。这些理念不仅构成了中国共产党人的核心价值观和行动指南，同时也是红色文化不可或缺的深刻内涵，更是激励中国共产党人不断奋斗、矢志为人民服务的动力源泉。

4. 革命文学艺术

在革命战争年代，中国共产党人和广大文艺工作者以笔为枪，创作了大量反映革命斗争的文学艺术作品。这些作品不仅具有高度的艺术价值，更深刻地反映了革命斗争的艰辛历程和伟大胜利。它们通过生动形象且感人的情节，将革命精神传递给后人，使革命文学艺术成为红色文化的重要组成部分，激励着人们铭记历史、珍惜当下、展望未来。

（二）红色文化的价值功能

红色文化兼具历史印证、文明传承、政治教育及经济开发价值。它生动记录了中国革命历程，承载着深厚的历史文化信息和精神内涵，是培育民族精神、弘扬爱国主义的重要力量。同时，作为文化产业独特分支，红色文化还能促进经济发展，提升文化软实力，实现多重价值功能的和谐统一。

1. 历史印证价值功能

红色文化不仅深刻见证了“没有共产党就没有新中国”这一历史真理，还是中国革命历程的生动记录和宝贵遗产。它通过历史遗迹、文献资料、口述历史等形式，为我们提供了直观、真实的历史证据，使后人能够深刻理解并铭记那段波澜壮阔的奋斗岁月。

2. 文明传承价值功能

红色文化作为中华民族近现代史中不可或缺的一部分，承载着丰富的历史文化信息和深邃的精神内涵。了解红色文化，就是了解我们的过去，并从中汲取智慧和力量，以启迪和指导未来的发展。它对于培育新的民族精神，弘扬爱国主义和革命传统，具有不可替代的重要作用。

3. 政治教育价值功能

红色文化所倡导的崇高思想境界和革命道德情操，是社会主义核心价值观的重要组成部分。通过传播红色文化的理念，彰显其精神，可以激发人们的爱国热情，增强民族自豪感和凝聚力，使红色革命精神深入人心，成为推动社会进步和发展的重要力量。

4. 经济开发价值功能

在当今社会，文化产业已成为现代经济结构中的新兴增长点，而红色文化作为文化产业中的独特分支，具有很大的经济开发潜力。通过挖掘红色文化资源，开发红色旅游产品、红色文化创意产品等，不仅可以促进当地经济发展，还能提升文化软实力，实现经济效益和社会效益的双赢。

（三）红色文化遗存

红色文化遗存是指中国共产党领导全国人民群众进行革命活动时所留存下来的具有教育、纪念或者史料价值的遗址、遗迹和遗物。革命遗址是红色物质文化的重要组成部分，见证了中国人民革命斗争的艰苦岁月，是中国共产党领导人民群众进行革命的历史印记。每一处革命遗址都承载着一段难忘的历史，诉说着革命先辈们英勇奋斗的故事。

红色文化遗存是一种有形的革命文化遗产。通过遗址、遗迹和遗物这种有形的载体，真实地反映和还原了中国共产党领导的英勇卓绝的红色革命运动。

红色文化遗存具有不可移动性。红色文化遗存是特定时期、特定地点发生的红色革命活动的产物，其遗址、遗迹和遗物不可移动或者移动后其历史真实性和历史特定性会大打折扣，价值和意义会减损。

红色文化遗存蕴含着极高的革命文化价值，是中国红色革命文化的重要物质载体。这些遗存所代表的不畏强权、不屈不挠的革命精神，以及为底层人民群众谋幸福而甘愿牺牲的伟大情怀，激励着当代无数中国人民。它们促使我们更加热爱祖国、珍惜和平，并坚定信念，为建设更加美好的新中国而砥砺前行。①

二、从红色文化的表现形式分析

从红色文化的表现形式来分析，可以将红色文化划分为物质文化和非物质文化，其中物质文化的构成内容主要表现为遗物、遗址等革命历史遗存，纪念场所等；而非物质文化的构成内容主要表现为马兰精神、南泥湾精神、延安精神等红色革命精神。这两种文化表现形式相互补充，共同构建了红色文化的完整体系，成为我们进行爱国主义教育和革命传统教育的重要资源。

（一）物质文化

红色文化的物质层面主要体现在革命遗址、纪念馆、烈士陵园等实体形态上。这些物质载体，不仅是历史的见证，更是革命精神的传承。

1. 革命遗址

革命遗址是红色文化的物质文化的重要组成部分。这些遗址见证了革命斗争的艰苦岁月，是中国共产党领导人民群众进行革命的历史印记。从井冈山到延安，从瑞金到西柏坡，每一处革命遗址都承载着一段难忘的历史，诉说着革命先辈们英勇奋斗的故事。

2. 纪念馆

纪念馆是红色文化的另一个重要物质载体。它们以丰富的展品和生动的解说，向世人展示了革命历程中的关键事件和人物。在纪念馆中，人们可以近距离地接触革命历史的实物，感受那个时代的氛围，从而更加深刻地理解

① 解小平．抚州市红色文化遗存保护立法研究［J］．法制与社会，2020（32）：148-149.

红色文化的内涵。

3. 烈士陵园

烈士陵园是红色文化的物质文化中最为庄重的部分。这里安息着为革命事业英勇献身的烈士们，他们的牺牲精神是红色文化的核心。烈士陵园不仅是缅怀先烈的地方，更是进行爱国主义教育和革命传统教育的重要基地。

（二）非物质文化

红色文化的非物质文化则通过革命故事、革命歌曲、革命口号等形式得以传承。这些非物质文化元素，以更加灵活多样的方式，深入人心，影响着一代又一代人。

1. 革命故事

作为红色文化的非物质文化的重要组成部分，革命故事承载着深厚的历史底蕴与情感价值。这些故事以细腻的笔触、生动的情节和鲜活的人物形象，再现了革命历程中的精彩瞬间与感人场景。它们通过口口相传的民间传说、翔实严谨的书籍记载以及形象直观的影视作品等多种方式传播，深入人心，不仅激发了人们对革命先烈的无限敬仰之情，更激励着当代人为实现中华民族伟大复兴中国梦而不懈奋斗。

2. 革命歌曲

革命歌曲是红色文化的非物质文化中极具感染力和号召力的元素之一。这些歌曲旋律激昂、节奏明快，歌词振奋人心、充满力量，是革命精神最直接、最热烈的表达方式。从《义勇军进行曲》那激昂的旋律中，我们仿佛能听到革命先烈们不屈的呐喊；从《歌唱祖国》那深情的歌声里，我们深深感受到对祖国的热爱与自豪。每一首革命歌曲都凝聚着人民群众的爱国热情，成为激励人们勇往直前、不断前进的强大精神力量。

3. 革命口号

革命口号则是红色文化的非物质文化中简洁而有力的表达。这些口号以简练的语言，传达了革命的核心理念和奋斗目标。例如："星星之火，可以燎原"，这是毛泽东在革命低潮时期提出的重要论断，用以鼓舞士气，表明革命力量虽小，但有着广阔的发展前景和强大的生命力；"为人民服务"是毛泽东在张思德同志追悼会上提出的，后来成为中国共产党人的根本宗旨和行动指南；“解放思想，实事求是”是邓小平在改革开放初期提出的，强调要打破思想禁锢，从实际出发，探索符合中国国情的发展道路；“绿水青山就是金山银山”是习近平总书记提出的生态文明理念，强调了生态环境保护的重要性，指出良好的生态环境就是经济社会发展的宝贵财富。

第三节　新疆红色文化的内涵及意义

新疆红色文化，作为我国红色文化的一个重要分支，不仅承载着中国革命历史的厚重记忆，更融合了新疆这片广袤土地上多民族的文化特色，展现了新疆人民在中国共产党领导下，经历艰苦卓绝的革命斗争，为实现民族独立和人民解放所付出的巨大牺牲和不懈努力。新疆红色文化的内涵丰富而深刻，其意义也远远超出了文化的范畴，成为新疆各族人民共同的精神支柱和社会发展的动力源泉。

一、新疆红色文化资源

红色文化资源是红色文化中精神及其物质载体的总和，它包括革命遗址、革命文物以及它们所承载的革命历史、革命事迹和革命精神。新疆红色文化资源内涵丰富，底蕴深厚，14 个地（州、市）区域性明显。截至 2024 年 7 月，新疆有 12 家全国红色旅游经典景区（含兵团），12 家自治区红色旅游经典景区（含兵团），40 家服务党史学习教育红色旅游景区。① 这些景区分布在自治区各地，涵盖了丰富的红色旅游资源和历史文化背景。

新疆的红色文化旅游资源依据历史时期可划分为 3 个重要阶段：首先是近代时期，这一时期主要反映了新疆各族群众反抗帝国主义列强侵略的斗争历史，代表性资源包括乌鲁木齐的“一炮成功纪念地”以及重要历史人物林则徐等相关纪念地。其次是抗日战争时期至新疆和平解放时期，这一阶段的红色文化旅游资源丰富，涵盖了乌鲁木齐市烈士陵园、八路军驻新疆办事处

① 李莉．新疆擦亮红色文旅底色［EB/OL］．新疆维吾尔自治区农业农村厅，2024-07-01.

旧址、毛泽民故居、库车市林基路烈士纪念馆、中国工农红军西路军总支队旧址等，还有中国人民解放军进军新疆纪念碑和农十四师四十七团的中国人民解放军进军和田纪念碑等，这些都是重大历史事件的发生地和历史人物的纪念地。最后，自新疆和平解放至今，新疆红色文化旅游资源得到了不断的丰富和发展。

新疆，这片坐落于祖国西北边陲的辽阔土地，凭借其独特的地理位置和多元的文化背景，在党和国家的深切关怀与大力支持下，不仅稳固地担当起维护国家安全与稳定的重要角色，也生动展现了在中国共产党的领导下，新疆各族人民团结一心、共同发展的生动缩影。展望未来，新疆的红色文化旅游资源将继续在新时代发挥重要作用，它不仅承载着传承红色基因、弘扬革命精神的历史使命，还将成为促进民族团结、增强民族凝聚力的重要力量。

【知识链接】

新疆生产建设兵团成立70周年庆祝活动标志①

标志由数字“70”“石榴”“天山”“西长城”和字符组成。标志色调为中国红，寓意兵团人传承红色基因、赓续红色血脉，体现庆祝活动隆重热烈的喜庆氛围。数字“70”，寓意兵团70年的非凡历程，由飘扬的红旗和环状的半圆臂膀组成，充分体现各族职工群众牢记嘱托、铭记关怀、感恩奋进，共同把习近平总书记“建设美丽新疆、共圆祖国梦想”的殷殷嘱托变为美好现实。“石榴”寓意兵地一盘棋、兵地一家亲，各族职工群众像石榴籽一样紧紧抱在一起，休戚与共、荣辱与共、生死与共、命运与共，铸牢中华民族共同体意识。“天山”寓意兵团继承和发扬优良传统，屯垦天山南北，热爱祖国、无私奉献、艰苦创业、开拓进取，为推动新疆发展取得的丰功伟绩。“西长城”寓意兵团忠诚履行职责使命，在建设边疆、保卫边疆、巩固国防中发挥特殊作用，形成新时代维稳戍边新优势。嵌入数字“1954—2024”、汉英文字“新疆生产建设兵团成立70周年”，展示兵团不忘初心、牢记使命，以史

① 李道忠．新疆生产建设兵团成立70周年庆祝活动标志发布［EB/OL］．中国新疆网，2024-07-23.

为鉴、开创未来，忠诚履行职责使命、高质量推进中国式现代化兵团实践，为建设美丽新疆、实现新疆工作总目标作出更大贡献，在强国建设、民族复兴伟业中谱写崭新篇章。

图 3-1　新疆生产建设兵团成立 70 周年标志

图片来源：新疆生产建设兵团党委宣传部，2024 年 7 月 11 日发布。

党中央历来高度重视新疆的稳定和发展，将新疆工作放在全国发展大局中来谋划和推进，实施了一系列促进新疆经济发展、民族团结、社会稳定的重大举措。在这一过程中，新疆形成了许多具有时代特征、地域特色的红色文化旅游资源。这些资源不仅包括了反映新疆和平解放、社会主义建设和改革开放各个历史时期的重要遗址、纪念馆和博物馆，如新疆兵团军垦博物馆、克拉玛依一号井景区等，还涵盖了众多展现新疆各族人民在党的领导下艰苦奋斗、开拓进取的感人故事和英雄事迹。

这些红色文化旅游资源，不仅是对新疆历史变迁的生动记录，更是对新疆各族人民爱国情怀、民族团结精神的深刻诠释。它们以直观、形象的方式，向世人展示了新疆在党的领导下取得的辉煌成就，以及新疆各族人民对祖国的深厚感情和坚定信念。同时，这些资源也成了开展爱国主义教育、民族团结教育的重要载体，吸引着越来越多的游客前来参观学习，感受新疆的红色文化魅力，增强对祖国的认同感和自豪感。

二、新疆红色文化的内涵

新疆红色文化的内涵丰富而深远，不仅承载了新疆各族人民的历史记忆和精神财富，也是激励人们不断前进的强大动力。新疆红色文化的内涵主要体现在以下四方面。

（一）革命斗争与民族独立精神

新疆红色文化的起源可以追溯到20世纪初，当时中国的革命浪潮席卷全国，新疆也不例外。在这一时期，新疆的革命斗争呈现出多样化的形式，包括起义、游击战等。这些革命斗争的背后，是新疆人民对于民族独立、民主自由的追求。这些斗争的领袖和参与者，如库尔班·吐鲁木等，成为新疆红色文化的代表人物。他们的革命精神激励着新疆乃至全国的革命者，他们为中国的革命历程作出了重要贡献。

（二）红色历史文化的独特价值

新疆的红色历史文化具有永恒的价值和旺盛的生命力，不仅承载了中国共产党在新疆的伟大革命历史、革命事迹和革命精神，还见证了新疆各族人民在中国共产党的领导下团结奋斗、共同发展的历程。这些红色资源，如八路军驻新疆办事处纪念馆、新疆各族人民烈士纪念碑等，成为赓续共产党人精神谱系、承载光荣革命历史、宣传感人革命事迹和弘扬先进革命精神的重要载体。

（三）红色精神的多重体现

新疆红色文化中蕴含着多种革命精神，如“两弹一星”精神、马兰精神、胡杨精神、兵团精神和喀喇昆仑精神等。这些精神是新疆各族人民对马克思主义的坚定信仰、对中国共产党的拥护和信赖、对中国特色社会主义事业的美好憧憬的集中体现。

“两弹一星”精神：热爱祖国、无私奉献，自力更生、艰苦奋斗，大力协同、勇于登攀。彰显了热爱祖国、无私奉献的崇高情怀，体现了自力更生、艰苦奋斗的坚韧意志，以及大力协同、勇于登攀的科学探索精神。这一精神激励着人们为国家的强盛和科技的进步不懈奋斗。

马兰精神：艰苦奋斗干惊天动地事，无私奉献做隐姓埋名人。在茫茫戈壁上，马兰人以艰苦奋斗的姿态，干着惊天动地的伟大事业，他们无私奉献，甘愿隐姓埋名，默默为国家安全贡献力量。这种精神是对国家忠诚与责任感的最好诠释。

胡杨精神：艰苦奋斗、自强不息、扎根边疆、甘于奉献。胡杨树以其顽强的生命力，象征着艰苦奋斗、自强不息的精神，它们扎根边疆，甘于奉献，为荒漠带来生机，也成了新疆各族人民坚韧不拔、勇于担当精神的生动写照。

兵团精神：热爱祖国、无私奉献、艰苦创业、开拓进取。新疆生产建设兵团在长期屯垦戍边实践中，形成了“热爱祖国、无私奉献、艰苦创业、开拓进取”的宝贵精神。这种精神不仅推动了边疆地区的经济社会发展，也维护了国家的统一与安全。

喀喇昆仑精神：忠于祖国、热爱边防，励精图治、艰苦创业，扎根高原、建功边疆，顽强拼搏、牺牲奉献。在雪域高原上，喀喇昆仑的守卫者们忠于祖国、热爱边防，他们励精图治、艰苦创业，在极端恶劣的环境中扎根高原、建功边疆，展现出顽强拼搏、牺牲奉献的崇高品质。这种精神是新疆部队战胜恶劣自然环境，忠于祖国人民、自强不息、坚强奋斗、保卫边疆的新时代精神的高度提炼，也是保卫国家领土完整、维护边疆安宁的强大精神支柱。

这些精神不仅是新疆红色文化不可或缺的重要组成部分，更是激励着一代又一代新疆各族人民英勇无畏、奋勇向前的强大精神动力。它们如同璀璨星辰，照亮了新疆发展的道路，也照亮了各族人民心中对美好生活的向往与追求。

（四）红色文化的现实意义

新疆红色文化在今天仍然具有重要的现实意义。它不仅是对历史的回顾和纪念，更是对现实的启示和激励。通过挖掘和整理新疆红色文化资源，可以讲好红色故事、传承红色基因，让更多的人了解新疆的历史和现状，增强对祖国的认同感和自豪感。同时，红色文化也是铸牢中华民族共同体意识的精神力量和生动载体，对于促进民族团结、维护社会稳定具有不可估量的价值。

三、新疆红色文化的意义

新疆红色文化以其丰富的内涵和深远的意义，成为新疆地区不可或缺的文化瑰宝。它不仅是新疆各族人民共同的精神支柱，也是推动新疆社会稳定、经济发展和文化繁荣的重要力量。在未来的发展中，应该继续深入挖掘和传承新疆红色文化，让其在新的时代背景下焕发出更加绚丽的光彩。新疆红色文化的意义主要包括以下四方面。

（一）新疆红色文化是新疆各族人民共同的精神财富

这种精神财富不仅是历史的回忆，更是一种精神的激励和行动的指南。它深深根植于新疆各族人民的心中，激励着他们铭记历史，缅怀那些为革命事业英勇献身的先烈。这份精神财富不仅让人们铭记过去的苦难与奋斗，更促使人们珍惜当下和平稳定的生活，激发对未来的美好憧憬与不懈追求。

（二）新疆红色文化是社会稳定与长治久安的基石

传承和弘扬新疆红色文化，对于增强各族人民的国家认同感和民族自豪感具有不可替代的作用。它像一座桥梁，连接着过去与现在，也连接着不同民族之间的心灵。通过红色文化的熏陶，各族人民能够更加紧密地团结在一起，共同维护新疆的社会稳定，促进各民族的共同繁荣发展，为新疆的长治久安奠定坚实的基础。

（三）新疆红色文化是促进旅游业可持续发展的新引擎

随着红色旅游的兴起，越来越多的游客选择来到新疆参观革命遗址、纪念馆等红色景点，感受红色文化的熏陶与洗礼。革命遗址、纪念馆等红色景点不仅承载着厚重的历史记忆，也展现着独特的文化魅力。这不仅为新疆带来了可观的经济收益，也显著提升了其知名度与美誉度。通过科学规划与合理利用红色文化资源，可以推动新疆旅游产业的转型升级，为新疆经济发展注入新的活力。

（四）新疆红色文化还具有深远的教育意义

新疆红色文化是进行爱国主义教育和革命传统教育的重要载体。通过讲述革命先烈的英勇事迹和革命精神，可以激发青少年的爱国热情和社会责任感，帮助他们树立正确的价值观和人生观。这种教育不仅对于培养新一代青年人的道德品质与爱国情怀具有重要意义，也为实现中华民族伟大复兴中国梦提供了强大的精神支撑与智力支持。因此，我们应该深入挖掘并传承新疆红色文化的内涵与价值，让其在新的时代背景下焕发出更加绚丽的光彩。

【知识链接】

用好红色资源 培育时代新人
红色旅游助推铸魂育人行动计划（2023—2025年）①

当前，红色旅游已成为开展爱国主义教育和革命传统教育的生动课堂，成为展示中国革命、建设、改革、新时代伟大成就的有效方式，成为培育和践行社会主义核心价值观的重要举措。为深入贯彻落实党的二十大精神和习近平总书记关于“用心用情用力保护好、管理好、运用好红色资源”“传承红色基因、赓续红色血脉”“培育时代新人”等重要论述精神，全面实施“时代新人铸魂工程”，教育引导广大青少年厚植爱党爱国爱社会主义情感，特制定本行动计划。主要任务包括以下四方面：

一、实施红色文化课程建设

开展红色研学精品课程建设。文化和旅游部将以红色旅游资源为依托，面向新时代青少年，在全国推出一批导向明确、特色鲜明、内容丰富、形式活泼、具有新时代引领力的红色旅游研学项目；组织相关旅游类院校拍摄制作“探寻红色足迹，聆听红色故事”特色思政课实践教学课程。各地文化和旅游部门要会同教育部门遴选推出一批红色研学精品课程。各地团组织要充分发挥全国青少年学习实践习近平新时代中国特色社会主义思想工作联络点、全国青少年教育基地、少先队校外实践教育基地等阵地作用，依托“青年大学习”“红领巾爱学习”传播体系，打造“思想引领+红色旅游”的青少年研学课程，制作推出专题团课、队课。各地学校可择优遴选相关研学精品课程作为社会实践课程，供广大思政课教师用作教学案例、教学素材等，为广大思政课教师备好课、上好课提供资源支撑。

推动红色文化与日常教学有机融合。推动高校以深入挖掘各类课程中蕴含的红色文化为着力点，推动中小学校以语文、历史等教材中红色题材的课

① 文化和旅游部 教育部 共青团中央 全国妇联 中国关工委关于印发《用好红色资源 培育时代新人 红色旅游助推铸魂育人 行动计划（2023—2025年）》的通知［EB/OL］. 中华人民共和国文化和旅游部，2023-08-08.

文为基础，结合各地红色资源特点以及重大历史事件、重要历史人物等，将红色文化有机融入各类课程教学，在日常学习中发挥铸魂育人功能。

二、开展系列宣讲活动

组织专业宣讲员讲述红色故事。组织各类学校理论宣讲团、师生巡讲团、各级青年讲师团、巾帼宣讲团成员结合党的创新理论和红色旅游资源，深入基层一线开展“分众化、互动式、面对面”宣讲活动。各地文化和旅游系统相关单位围绕活动目标，以全国红色旅游五好讲解员、优秀红色讲解员等为示范带动，组成宣讲组，走进当地大中小学校开展主题宣讲。积极鼓励青少年走出校园，到红色旅游景区、爱国主义教育基地、革命历史类纪念设施、遗址等，现场聆听红色故事并深入交流。宣讲活动要按照青少年认知规律，结合青少年普遍关注的热点问题，创新运用红色故事、文物展示、道具展示等喜闻乐见的方式，配合使用视频、音频、PPT等多媒体素材，增强宣讲的亲和力、吸引力和感染力，不断激发青少年的情感共鸣。

组织青少年讲述红色故事。支持大中小学校利用思政课、党课、团课、主题党日、团日、班队会、课后服务等，积极引导和组织青少年讲述红色故事。鼓励各地红色旅游景区、爱国主义教育基地、革命历史类纪念设施、遗址等与大中小学校开展密切合作，联合培养“青少年红色讲解员”“红领巾讲解员”，让青少年用自己的语言讲述红色故事、阐述红色精神。

邀请先进典型代表讲述红色故事。充分发挥先进典型的引领示范作用，结合领导班子上讲台、先进人物进校园活动，邀请功勋模范人物、“时代楷模”“道德模范”“最美五老”“最美高校辅导员”“最美大学生”以及“向上向善好青年”“中国青年好网民”“三八红旗手”“中国巾帼好网民”等先进典型代表，进学校、进课堂、进网络、进景区，用真实感人的历史资料和亲身经历，让广大青少年学有榜样、行有示范。

三、举办红色旅游品牌活动

举办全国红色故事讲解员大赛。聚焦党的十八大以来，中国共产党带领全国各族人民在新时代取得的重大成就、形成的伟大精神，通过组织全国的红色讲解员参加各地选拔赛、全国初赛和决赛3个阶段的比赛，讲述中国共产党新时代取得的新成就、新面貌、新典型，挖掘推出一批感染人、教育人、激励人的新时代故事，推动引领全国红色讲解员讲好新时代红色故事。

举办全国大学生红色旅游创意策划大赛。以“红色导向，传承基因，不忘初心，面向未来”为宗旨，组织全国高校师生围绕红色旅游和红色文化进行选题创作，构建“红旅大赛”为龙头、各高校“大思政课”为基础、各地红色旅游景点为实践载体的大学生红色教育培养体系。鼓励各地高校组织学生积极参赛并创作一批红色旅游线路、红色旅游营销方案、红色旅游文创产品、红色精神微讲解、红色足迹微视频、红色故事微漫画等作品，引导大学生以实际行动为实现第二个百年奋斗目标、实现中华民族伟大复兴的中国梦奉献自己的智慧和力量。

四、提升红色教育服务水平

优化红色旅游产品供给。持续完善“建党百年红色旅游百条精品线路”，鼓励各地文化和旅游部门推出一批红色旅游研学精品线路，开发一批满足青少年需求的全国红色旅游文创精品，打造一批有助于提升青少年精神素养的全国红色旅游优秀演艺作品。推动红色旅游景区、爱国主义教育基地、革命历史类纪念设施、遗址等，不断完善红色旅游数字基础设施，合理运用大数据、增强现实、虚拟现实、人工智能等信息技术，打造一批沉浸式、体验式全国红色旅游实景课堂。

提升红色旅游服务水平。红色旅游景区、爱国主义教育基地、革命历史类纪念设施、遗址等要结合青少年研学特点，充分挖掘红色旅游资源价值内涵，丰富红色旅游形式，加强接待配套设施建设，强化安全管理服务，不断构建完善红色旅游研学保障体系。要为青少年学生开辟绿色通道、设立网上预约和开放日，提供便利支持；积极推行分层次多样化讲解服务，为青少年量身研发专属解说词，提供优质服务。

完善红色研学实践教学机制。充分发挥红色旅游体验式、现场式展示阐述红色历史的优势，坚持课堂教学与实践教学相统一，鼓励各地教育部门、共青团、妇联和关工委组织开展面向青少年的特色教育实践活动和红色主题研学实践，并纳入社会实践大课堂教学计划；组织“五老”及相关单位参与开展红色研学活动，重走红色路线；组织大中小学生在重要时间节点开展烈士祭扫，瞻仰参观红色旅游经典景区、爱国主义教育基地、革命历史类纪念设施、遗址等，开展读书、征文、演讲、展演、夏令营冬令营等形式多样的实践教育活动。各地教育部门要推动青少年学生家长充分利用节假日、休息日等闲暇时间带领和支持子女参观游览革命历史类、“大国重器”类和乡村振兴类红色旅游景点，帮助青少年感悟伟大成就，坚定历史自信。

【本章小结】

本章系统阐述了红色文化的定义、特征、构成内容及新疆红色文化的独特内涵与意义。红色文化作为中国共产党领导下的革命文化和社会主义先进文化的结晶，不仅承载着丰富的革命历史和光辉事迹，更蕴含着深厚的革命精神和时代价值。新疆红色文化作为我国红色文化的重要组成部分，不仅记录了中国革命在新疆的奋斗历程，还展现了多民族文化融合的独特魅力。

从本质属性来看，红色文化具有革命性与先进性、科学性与实践性、本土化与创新性、兼收并蓄与与时俱进等多重特征；从表现形式来看，红色文化又展现出鲜明的政治性、深厚的历史性、广泛的群众性以及独特的艺术性。这些特征共同构成了红色文化的独特魅力。从构成内容来看，红色文化既包括革命遗址、纪念馆等物质文化，也涵盖革命故事、歌曲、口号等非物质文化，两者相辅相成，共同构成了红色文化的完整体系。

新疆红色文化不仅丰富了中国红色文化的内涵，更对新疆地区的社会稳定、经济发展和文化繁荣产生了深远影响。它不仅是新疆各族人民共同的精神财富，也是进行爱国主义教育和革命传统教育的重要资源。通过传承和弘扬新疆红色文化，可以激发各族人民的爱国热情和社会责任感，推动新疆旅游业高质量发展，促进新疆地区社会稳定和长治久安。

【复习思考】

1. 请简述红色文化的定义，并阐述其核心特征是什么，如何理解这些特征在当代社会中的价值体现。

2. 红色文化的构成内容丰富多样，请列举并简要说明几个主要组成部分，以及它们在新疆红色文化中的具体体现。

3. 探讨新疆红色文化的独特内涵，并分析其在当代社会中的意义，特别是对促进民族团结、文化传承和旅游发展方面的作用。

4. 对比新疆红色文化与其他地区（井冈山、延安等地）红色文化的异同，并分析这种差异形成的历史背景和文化根源。

【技能提升】

基于你对新疆红色文化的理解，设计一条面向高校学生的环塔里木红色旅游线路，要求包含线路规划（至少包含三个关键红色文化景点）、活动安排（主题讲座、互动体验等）、预期教育效果及可行性分析等内容。

第四章

旅游线路设计实践项目

【本章导读】

本章聚焦于塔里木盆地周边多个地区的旅游线路设计实践项目，通过深入剖析库尔勒市、尉犁县、和静县、和硕县与博湖县、轮台县与铁门关市以及阿克苏地区的旅游线路设计，全面展示了如何将红色文化、自然风光与人文历史有机结合，打造独具特色的旅游体验。这些项目旨在通过精心设计的旅游线路，不但丰富游客的文化体验，更在潜移默化中传承红色基因，弘扬民族精神，增强爱国主义情感。

在库尔勒市，我们见证了从巴州博物馆到铁门关旅游景区的红色文化之旅，通过丰富的历史文物和互动体验，游客深刻感受巴州厚重的红色文化底蕴。尉犁县的旅游线路则串联了达西村、罗布人村寨等景点，展现了革命历史与民俗风情的完美融合。和静县的旅游线路以巩乃斯国家森林公园和巴音布鲁克草原的自然美景为背景，结合东归博物馆的红色文化，为游客提供了一场视觉与心灵的双重盛宴。和硕县与博湖县的线路设计，以马兰红山军博园为核心，结合和硕博物馆与博斯腾湖的自然风光，展现了红色旅游与自然生态的和谐共生。轮台县与铁门关市的旅游线路则通过塔里木胡杨林国家森林公园、西域都护府文化小镇和第二师渤海教导旅纪念馆，让游客在欣赏自然景观的同时，接受生动的革命传统教育。阿克苏地区的红色旅游线路设计，通过克孜尔尕哈烽燧、库车王府、刀郎部落和三五九旅屯垦纪念馆等景点的串联，为游客提供了一条既富有教育意义又充满趣味的红色文化之旅。

这些旅游线路设计项目不仅促进了当地文化旅游产业的发展，更为红色旅游与乡村振兴的深度融合提供了宝贵的实践经验和理论依据。通过本章的学习，读者将深入了解环塔里木盆地旅游线路设计的创新思路与实践成果，为未来的旅游线路设计与开发提供有益的参考和启示。

第一节　库尔勒市旅游线路设计项目

一、项目概述

（一）项目背景介绍

库尔勒市，坐落于新疆巴音郭楞蒙古自治州（以下简称“巴州”）的心脏地带，是该地区的政治、经济、文化中心，也是一片拥有独特自然风光与深厚文化底蕴的土地。在这片广袤的土地上，自然风光与人文景观交相辉映，尤为引人注目的是其丰富的红色旅游资源。这些资源不仅承载着中华民族近现代史上波澜壮阔的革命历程，更是无数革命先辈英勇奋斗、不懈努力的见证。① 随着国家对红色旅游发展的高度重视和大力支持，以及旅游市场的不断成熟和消费者需求的多元化，库尔勒市的红色旅游线路的开发显得尤为重要。红色旅游作为一种特殊的旅游形式，不仅能够让游客在欣赏美景的同时接受爱国主义教育和革命传统教育，还能够促进当地旅游业的转型升级，从而推动地方经济的高质量发展。

库尔勒市作为新疆乃至全国重要的红色旅游目的地之一，其红色旅游资源的开发具有得天独厚的优势。首先，库尔勒市拥有众多具有历史意义和教育价值的红色景点，这些景点分布广泛、类型多样，能够满足不同游客的需求。其次，库尔勒市的红色旅游资源与当地的自然风光和民族文化相互融合，形成了独特的旅游景观，为游客提供了更加丰富的旅游体验。最后，随着交通基础设施的不断完善和旅游服务质量的不断提升，库尔勒市已经具备了良好的旅游接待能力和服务水平，为红色旅游的发展提供了有力保障。因此，

① 何玲阳，柳淑瑛，孔宝兰．博物馆外宣多模态现状及对策研究：以巴音郭楞蒙古自治州博物馆为例［J］．昌吉学院学报，2024（3）：76-80.

开发库尔勒市的红色旅游线路，不仅能够传承红色基因、弘扬革命精神，还能够促进当地旅游业的繁荣发展，为地方经济注入新的活力。这对于推动库尔勒市乃至整个巴州的全面发展具有重要意义。

（二）项目设计目标

库尔勒市旅游线路设计的主要目的在于深入挖掘和整合当地丰富的红色旅游资源，通过科学合理的线路规划，将散落的红色景点串联起来，形成一条主题鲜明且内涵深刻的旅游线路。

通过实地参观与深度体验，库尔勒市的红色旅游线路引领游客穿越时空，亲身体验那些革命先辈们的英勇事迹，深切感悟他们的崇高精神。漫步在历史的足迹中，游客们不仅能亲眼见证那些决定国家命运的关键时刻，更能深刻感受到革命精神中蕴含的坚韧不拔与无私奉献。这种亲身体验，无疑会加深他们对红色文化的理解，使之从书本上的文字转化为内心深处的共鸣，进而实现红色基因在新时代的薪火相传。

库尔勒市旅游线路的价值远远超越了单纯的游览观光，其更像是一座桥梁，连接着过去与现在，让游客在享受自然风光的同时，还能接受一次深刻的思想教育和精神洗礼。线路的每一处设计都匠心独运，旨在通过多元化的展示方式和互动体验让革命精神深入人心，激发每一位游客的爱国热情与社会责任感。

库尔勒市丰富的红色旅游资源以其独特的魅力，成为吸引游客的强力磁石。随着游客数量的不断增长，当地的旅游业得以蓬勃发展，不仅带动了交通、住宿、餐饮等相关产业的发展，还为地方经济注入了新的活力与增长点。这种良性循环，不仅促进了库尔勒市的经济繁荣，还为其长远发展奠定了坚实的基础。

（三）项目设计意义

1. 文化意义：守护与传承的红色纽带

红色旅游线路的设计与实施，是对红色文化遗产的深情致敬与精心守护。这些线路如同一条条红色的纽带，将历史的记忆与现实的体验紧密相连，不仅确保了红色文化遗产的完整性和可持续性，还为其注入了新的生命力和时代价值。在游览过程中，游客不仅能够目睹那些承载着厚重历史的遗迹，更能通过讲解员的生动讲解，深入了解背后的故事与意义，从而加深对红色文化的理解与认同。这种文化的传承与弘扬，不仅丰富了当地的文化内涵，也促进了中华优秀传统文化的广泛传播。

红色旅游的推广还成为一个文化交流与融合的平台。来自五湖四海的游客，在共同探寻革命足迹的过程中，不仅增进了对库尔勒市乃至新疆地区历史文化的了解和认识，还促进了不同地域、不同民族之间的文化交流与融合。这种跨文化的互动与碰撞，不仅拓宽了游客的视野，也体现了文化的多样性和包容性，为构建和谐社会注入了正能量。

2. 教育意义：心灵的启迪与成长的阶梯

红色旅游线路的教育功能不容忽视。它不仅是一次简单的观光之旅，更是一次深刻的思想教育和精神洗礼。通过实地参观革命遗址、纪念馆等场所，游客能够直观地感受到革命先辈们为了国家和民族的独立、解放所付出的巨大牺牲和无私奉献。这种直观的教育方式，比任何文字或图片都更能触动人心，更能激发游客的爱国情感和社会责任感。

对青少年而言，红色旅游更是一次难得的成长机会。在游览过程中，他们不仅能够学习到丰富的历史知识，还能通过亲身体验和感悟，树立起正确的人生观、价值观、世界观。这种世界观、人生观、价值观的塑造，将对他们未来的成长和发展产生深远的影响，使他们成为有理想、有道德、有文化、有纪律的新时代好青年。

3. 经济意义：绿色发展的动力引擎

红色旅游作为一种特殊的旅游形式，其经济意义同样不可小觑。随着旅游市场的不断扩大和游客需求的日益多样化，红色旅游已成为推动地方经济发展的重要力量。通过发展红色旅游，库尔勒市不仅能够吸引更多的游客前来参观游览，还能带动当地交通、餐饮、住宿等相关产业的快速发展。这种产业链的延伸和拓展，不仅为当地居民提供了更多的就业机会和收入来源，还有助于促进当地产业结构的优化升级和经济的持续健康发展。①

红色旅游还符合绿色发展的理念。相比于一些高能耗、高污染的产业，

① 刘欣．区域旅游线路优化与旅游经济发展［J］．商场现代化，2007（17）：265.

红色旅游更加注重对自然资源和文化遗产的保护与利用。在推动经济发展的同时，也实现了生态环境的保护和改善，为子孙后代留下宝贵的财富。

（四）预期达到的教育效果

1. 深化爱国主义教育

红色旅游线路的核心在于其深厚的爱国主义情感。游客在实地参观革命遗址、纪念馆等场所时，将亲眼见证革命先辈们的英勇事迹和崇高精神，从而激发内心深处的爱国情感。这种直观、生动的教育方式，比任何书本知识都更能触动人心，使游客能深刻认识到今天的幸福生活来之不易，进而增强对国家的认同感和归属感。

2. 培养历史观与价值观

红色旅游线路的设计注重历史事实的呈现与解读，有助于游客形成正确的历史观。通过了解革命历史的发展脉络和关键节点，游客能够更加清晰地认识到历史的必然性和规律性，从而树立起尊重历史、敬畏历史的观念。同时，革命先辈们的高尚品德和崇高精神也将成为游客学习的楷模，引导他们在日常生活中树立正确的价值观。

3. 增强社会责任感与使命感

在红色旅游过程中，游客将深刻感受到革命先辈们为了国家和民族的独立和解放所付出的巨大牺牲和无私奉献。这种精神的震撼将激发游客内心的社会责任感与使命感，使他们意识到作为新时代的一员，应当肩负起传承红色基因、弘扬革命精神的责任，为国家的繁荣富强贡献自己的力量。

4. 促进青少年全面发展

对青少年而言，红色旅游更是一次难得的成长机会。通过参与红色旅游活动，青少年不仅能够学习到丰富的历史知识，还能够培养独立思考、团结协作等能力。同时，革命先辈们的光辉事迹和崇高精神也将成为他们成长道路上的灯塔，引导他们树立正确的世界观、人生观和价值观，为未来的发展奠定坚实的基础。

5. 推动文化自觉与自信

红色旅游线路的推广还有助于推动文化自觉与自信。在游览过程中，游客将深刻感受到中华优秀传统文化的博大精深和独特魅力，从而增强对民族文化的认同感和自豪感。这种文化自觉与自信将增强游客对传统文化的热爱和保护意识，从而推动中华优秀传统文化的传承与创新。

（五）预期达到的经济效益

1. 促进旅游收入增长

红色旅游线路的推广将吸引大量游客前来参观，直接带动库尔勒市的旅游收入增长。游客在游览过程中产生的门票、交通、住宿、餐饮等费用，将直接为当地经济作出贡献。红色旅游的发展将促进相关产业链的延伸，包括交通、住宿、餐饮、零售等多个行业。这将为当地居民提供更多的就业机会，提高居民收入水平，进而促进消费增长，形成良性循环。

2. 优化升级产业结构

随着红色旅游的兴起，库尔勒市的第三产业将得到进一步发展壮大，产业结构将更加合理，有助于提升整体经济的质量和效益。红色旅游的发展不仅局限于旅游业本身，还将带动农业、工业等相关产业的协同发展。例如，通过发展乡村旅游，将红色旅游资源与农业资源相结合，推出特色农产品和乡村旅游产品，进一步拓宽农民增收渠道。

3. 提升区域经济影响力

旅游线路的推广将提升库尔勒市在全国乃至全球的知名度，吸引更多游客和投资商前来考察和投资，为城市的发展注入新的活力。通过旅游线路的设计和推广，库尔勒市可以加强与周边地区的经济合作与交流，共同开发旅游资源，实现资源共享、优势互补，从而推动区域经济的协同发展。①

二、项目主要内容设计

（一）项目总体设计

本项目以库尔勒市作为集散地，科学、合理地设计出“三天两晚”旅游线路。具体线路为库尔勒市—巴州博物馆—“三馆一中心”—铁门关旅游景区—库尔勒市。库尔勒市旅游线路的具体行程见表 4-1。

---

① 成观雄．环塔里木地区非物质文化遗产旅游线路设计研究［D］．阿拉尔：塔里木大学，2015.

表 4-1　库尔勒市旅游线路简易行程

时间	行程	活动安排与景点	住宿
第一天	库尔勒市—巴州博物馆	乘车前往库尔勒市，游览巴州博物馆	库尔勒市
第二天	库尔勒市—“三馆一中心”	乘车前往“三馆一中心”	库尔勒市
第三天	库尔勒市—铁门关旅游景区	乘车前往铁门关旅游景区	库尔勒市

(二) 巴州博物馆

1. 背景介绍

(1) 巴州博物馆的历史背景

巴州博物馆是地方综合性博物馆，成立于 1990 年 3 月，隶属于巴音郭楞蒙古自治州文化和旅游局，旨在展示和传承巴州地区丰富的历史文化遗产。博物馆于 2007 年在库尔勒石化大道破土动工，作为巴州文化卫生发展年的一项重点工程，于 2008 年 10 月正式完工并交付使用。经过多年的发展，巴州博物馆在 2018 年 9 月被中国博物馆协会评为国家二级博物馆，并在 2020 年 11 月确定为国家 4A 级旅游景区。

(2) 巴州博物馆的地理位置

巴州博物馆是承载着巴州深厚历史文化的殿堂，坐落在风景秀丽、交通便捷的新疆维吾尔自治区巴音郭楞蒙古自治州库尔勒市石化大道的核心地段。其地理位置的选择不仅彰显了当地政府对文化事业的重视，也极大地方便了广大市民和远道而来的游客。

石化大道作为库尔勒市的主要交通干道之一，连接着城市的多个重要区域，交通网络四通八达。博物馆紧邻这条繁华大道，不仅拥有便捷的公共交通设施，如公交车和出租车停靠站，还便于自驾游客通过导航轻松找到。此外，周边商业配套设施完善，餐饮、住宿、购物等一应俱全，为游客提供了极大的便利。

巴州博物馆所处的位置还具有一定的地标性意义。它不仅是库尔勒市文化地图上的一个重要坐标，也是展示巴州地区悠久历史和灿烂文化的重要窗口。每当游客踏入这片土地，最先映入眼帘的便是这座气势恢宏、设计独特的博物馆，让人不禁对即将展开的历史文化之旅充满期待。

(3) 红色旅游中的独特地位

① 历史事件的深刻再现

巴州博物馆通过丰富的展览内容，特别是东归历史文化展厅，深刻再现了土尔扈特部东归的壮丽史诗。这一历史事件不仅是中华民族团结和爱国主义精神的光辉典范，也是红色旅游中不可或缺的重要组成部分。博物馆通过文物、图片、文字等多种方式，生动展示了土尔扈特人历经千辛万苦、最终回归祖国的感人故事，让游客在参观过程中深刻感受到爱国主义精神的伟大力量。

② 爱国主义教育的生动课堂

作为爱国主义教育基地，巴州博物馆在库尔勒市红色旅游发展中发挥着重要作用。它不仅是游客了解巴州地区历史文化的重要窗口，更是进行爱国主义教育的生动课堂。博物馆通过举办各种展览、讲座和活动，引导游客深入了解土尔扈特部东归的历史背景、过程和意义，激发人们的爱国主义情感和民族自豪感。同时，博物馆还注重与学校的合作，定期组织学生前来参观学习，让他们在参观过程中接受爱国主义教育，培养正确的历史观和价值观。

③ 文化传承与创新的平台

巴州博物馆在红色旅游中的独特地位还体现在其作为文化传承与创新的平台上。博物馆不仅致力于收集和展示历史文物，还注重通过现代科技手段对文物进行保护和展示。例如，利用数字化技术将文物进行三维扫描和虚拟展示，让游客可以在不接触文物的情况下近距离观赏其细节。此外，博物馆还积极开展文化创意产品的开发和销售，将传统文化元素与现代设计理念相结合，推出了一系列具有地方特色的文创产品，既满足了游客的购物需求，又促进了传统文化的传承与创新。

④ 旅游资源的独特亮点

在旅游线路设计中，巴州博物馆以其独特的历史文化内涵和丰富的展览内容成了一个重要的旅游资源亮点。它吸引了大量游客前来参观学习，不仅带动了当地旅游业的发展，也提升了巴州地区的知名度和美誉度。同时，博物馆还注重与其他旅游景点的联动发展，形成了多条具有特色的红色旅游线路，为游客提供了更加丰富多彩的旅游体验。

2. 巴州博物馆展示内容

巴州博物馆的展示内容涵盖了巴州地区从古至今的多个历史时期和文化领域，主要包括以下几方面。

①古代历史文物：展示了巴州地区各个历史时期的珍贵文物，如青铜器、陶瓷器、纺织品、干尸等。这些文物不仅反映了古代巴州地区先民的生活习俗和生产状况，也是研究古代文明和历史文化的重要资料。

②地方史陈列：按照年代顺序展示了先秦至清代的地方史出土文物，包括石器、铜器、铁器、陶器、金银器、骨角器、玉器、钱币、刻石、文书等。这些文物为游客勾勒出一幅幅生动的历史画卷，让人仿佛穿越时空，回到那个遥远的年代。

③特色文化展区：如巴州历史文化展、楼兰历史文化展和东归历史文化展等。这些展区通过丰富的文物和生动的展览形式，展现了巴州地区独特的文化魅力。特别是楼兰历史文化展，通过展示楼兰古城的遗址和出土文物，让游客感受这个古老文明的神秘与辉煌。

3. 巴州博物馆的历史意义

巴州博物馆是一座连接过去与现在的桥梁，具有以下几方面的历史意义。第一，博物馆内的文物和展览内容都是历史的真实见证，它们印证了巴州地区悠久而丰富的历史文化。这些文物不仅记录了古代巴州地区先民的生活和生产情况，也反映了该地区在不同历史时期的社会经济状况和文化发展水平。第二，博物馆作为文化传承的重要载体，承担着保护和传承巴州地区文化遗产的重任。通过展示和宣传这些文化遗产，博物馆让更多的人了解和认识到巴州文化的独特性和价值，从而增强对本土文化的认同感和自豪感。第三，博物馆还是文化交流的重要平台。它吸引了来自不同地区的游客和学者前来参观和交流，促进了不同文化之间的互动与交融。同时，博物馆也通过举办各种展览和活动，加强了与其他博物馆和文化机构的合作与交流。

4. 教育价值

博物馆通过陈列展览和讲解服务等形式，向公众普及历史知识，提高人们的文化素养。特别是对学生群体来说，博物馆是他们了解家乡历史、培养爱国情怀的重要场所。通过展示巴州地区历史上的重要事件和人物，激发游客的爱国情怀。此外，博物馆还通过举办各种教育和实践活动，如讲座、研讨会、手工制作等，提高了游客的综合素质和实践能力。这些活动不仅丰富了游客的文化生活，也促进了他们的全面发展。

5. 设计思路

巴州博物馆旅游线路的设计思路紧密围绕其红色教育功能，通过精心策划的展览内容、互动体验及与其他红色景点的联动，打造一条具有深刻教育意义和丰富体验感的红色旅游线路。

（1）明确主题，突出特色

旅游线路以“巴州多元历史与文化遗产之旅”为主题，突出巴州博物馆的特色。巴州博物馆作为线路的核心，应充分利用其丰富的红色馆藏资源，如历史文物、影像资料、图文解说等，展现巴州地区乃至全国的国防历史和科研成就。

（2）互动环节丰富多样

提供专业的讲解导览服务，由讲解员带领游客参观展览并讲解相关知识，加深游客对国防历史和科研精神的理解；在互动体验区设置互动问答环节，通过问答形式考察游客对国防历史和科研知识的了解程度，增加趣味性和互动性；定期举办与国防历史和科研精神相关的主题活动，如讲座、研讨会、纪念仪式等。邀请军事专家、科研学者及老战士为游客讲述历史故事和科研经验，进一步激发游客的爱国情感和民族自豪感。

6. 巴州博物馆参观流程规划

巴州博物馆的游览线路如表 4–2 所示：

表 4–2　巴州博物馆游览线路安排表

时间	参观地点	参观内容	详细内容
10：00—10：30	博物馆入口	游客从博物馆的正门进入，可以领取一份导览图或使用电子导览设备	跟随讲解员进行导览，了解巴州博物馆的基本情况和参观路线
10：30—11：30	巴州历史文化展	展示巴州的历史文化，包括地理位置、历史发展脉络和重要的历史事件	通过丰富的文物和图文资料，让游客初步了解巴州作为“丝绸之路”重要枢纽的地位

续表

时间	参观地点	参观内容	详细内容
11：30—12：30	楼兰历史文化展	展示楼兰古国的历史文物、如石器、陶器、纺织品和干尸等。	特别关注小河墓地出土的干尸、木尸，以及各类精美文物，揭示楼兰古国的神秘面纱；在二层设置文物修复互动体验区，游客可以参与并了解文物修复的过程
12：30—13：30	东归历史文化展	展示土尔扈特部东归的历史事件和过程，包括东归路线图、英雄人物介绍和重要战役	通过巨型油画《东归英雄图》和详细的图文资料，生动再现土尔扈特部东归的悲壮史诗
13：30—14：00	博物馆出口或休息区	在休息区，游客既能选购纪念品，也能利用博物馆提供的设施进行更深入的学习与探索	在完成巴州博物馆的参观后，游客可根据个人喜好自由安排活动，比如拍照留念，或在博物馆内的纪念品商店挑选一些心仪的纪念品，作为此次旅行的珍贵记忆

注意事项：①以上时间安排仅为参考，具体执行时可根据实际情况进行调整。建议提前与游客沟通好参观时间，并提醒他们按时集合，以便保证活动顺利进行。② 在游览过程中，请尊重当地的文化习俗，保持环境整洁，爱护文物古迹，不要触摸或损坏文物，并提醒游客保持安静。③注意个人安全，遵守馆内规定，特别是在参与互动体验时。

(三)“三馆一中心”

1. 背景介绍

库尔勒市的“三馆一中心”指的是位于库尔勒市南市区天鹅河与鸿雁河交汇处的综合性建筑群，它是库尔勒市的地标性建筑，具体包括：①图书馆，为市民提供丰富的图书资源和安静阅读环境，是库尔勒市重要的文化设施之一；②文化馆，承担着传承和弘扬库尔勒市乃至巴州的文化艺术的重要任务，经常举办各类文化活动和展览；③展览馆，用于展示各类艺术品、科技成果、历史文物等，是游客了解和学习新知识、新文化的重要窗口；④市民服务中心，集政务服务、公共服务、商业服务等多种功能于一体，为游客和市民提供便捷的一站式服务。“三馆一中心”是库尔勒市重要的政治、经济、文化和商务中心之一。此外，该区域还以其完善的交通系统、大型商业中心、城市公园等多元公共配套设施，为库尔勒市的发展注入了新的活力。

2. 设计思路

（1）第一站：图书馆——知识的宝库，历史的追溯

图书馆是知识的海洋，收藏着丰富的书籍、期刊、电子资源等，是市民学习、阅读、研究的重要场所。游客参观图书馆的各个区域，如借阅区、电子阅览室、儿童阅读区等，感受浓厚的文化氛围。游客可以参与图书馆举办的读书会、讲座或展览，深入了解当地的文化底蕴和学术动态。图书馆不仅是知识的海洋，更是历史的见证者。在讲解员的引领下，游客将走进“库尔勒市历史文化专区”，通过珍贵的历史文献、地方志及古籍资料，深入了解库尔勒市从古至今的发展历程，感受这座城市的历史厚重感。参与“历史文献寻宝”活动，游客需根据讲解员的提示，在图书馆内寻找并阅读特定历史时期的文献，通过解谜的方式，加深对库尔勒市历史文化的理解。

（2）第二站：文化馆——艺术的殿堂，文化的传承

游客可以观看文化馆内正在进行的文艺演出或展览，了解当地的文化艺术特色和民间传统。如果有机会，可以参与文化馆组织的文化体验活动，如手工艺制作、传统音乐学习等，亲身体验文化的魅力。文化馆是展示库尔勒市多元文化艺术的窗口。在讲解员的细致讲解下，游客将欣赏到具有地方特色的民族歌舞、传统手工艺表演等，感受库尔勒市文化的多样性和独特魅力。参加“非遗文化体验区”互动展览，游客可亲手尝试制作库尔勒特有的手工艺品，如民族服饰、刺绣等，在互动中体验传统文化的魅力，加深对文化传承重要性的认识。

（3）第三站：展览馆——科技的展示，历史的见证

展览馆主要用于展示各类艺术品、历史文物、科技成果等，是游客了解当地社会发展和文化变迁的重要窗口。游客可以参观当前正在展出的展览，了解展览的主题和内容，感受不同领域的文化魅力和创新成果。游客可以与讲解员交流，深入了解展品背后的故事和意义。展览馆利用现代科技手段，生动再现库尔勒市的历史变迁和城市发展。在讲解员的带领下，游客将参观“库尔勒市记忆”主题展览，通过多媒体展示、虚拟现实体验等方式，身临其境地感受库尔勒市的过去与现在。参加“时光隧道”互动体验活动，游客仿

佛穿越时空，亲历库尔勒市历史上的重要时刻，与历史人物互动，加深对库尔勒市历史文化的理解和记忆。

（4）第四站：市民服务中心——服务的平台，教育的延伸

市民服务中心是政府为市民提供各类公共服务的场所，包括政务办理、信息咨询、社区活动等。游客参观市民服务中心的各个服务窗口，了解政府为市民提供的各类服务项目和流程。游客可以参与服务中心组织的社区服务活动，如志愿者招募、公益讲座等，感受社区的温暖和关怀。同时，也可以在此处咨询旅游相关信息，为接下来的行程做好准备。市民服务中心不仅是政府服务市民的窗口，也是开展公共教育和社区文化活动的重要场所。在讲解员的介绍下，游客将了解市民服务中心如何为市民提供便捷、高效的服务，同时参与中心举办的各类文化讲座、公益活动等，感受库尔勒市城市文化的温度和社会责任感。参加“库尔勒市文化沙龙”活动，邀请当地文化名人、学者与游客面对面交流，分享库尔勒市的历史故事、民俗风情等，让游客在轻松愉快的氛围中，更加深入地了解和热爱这座城市。

3.“三馆一中心”参观活动具体安排

库尔勒市“三馆一中心”参观活动具体安排如表4-3所示：

表4-3 库尔勒市“三馆一中心”游览线路安排表

参观时间	参观地点	参观内容
10：00—11：00	库尔勒市图书馆	发放图书馆参观指南，介绍图书馆基本概况、藏书特色、服务设施，带领游客参观主要阅览室、特色藏书区等
11：00—11：20	—	短暂休息，游客可自由交流或提问
11：20—13：00	库尔勒市文化馆	发放文化馆参观指南，介绍文化馆基本概况、文化活动、非物质文化遗产展示，参观文化展览，体验地方特色文化活动（手工艺展示、民俗表演等，具体根据文化馆安排）
13：00—15：00	—	午餐时间，可自由安排午餐（或提供午餐建议）

续表

参观时间	参观地点	参观内容
15：00—16：00	库尔勒市展览馆	发放展览馆参观指南，介绍展览馆基本概况、当前展览主题及亮点，带领游客参观展览，详细讲解展品背后的故事
16：00—17：00	—	对参观活动进行总结及拍照留念
17：30—18：00	市民服务中心周边	游客可根据个人兴趣在市民服务中心周边自由探索，体验当地生活

注意事项：①以上时间安排仅供参考，具体活动流程、参观内容和时间安排可能会根据实际情况进行调整。②集合点、午餐安排等具体细节也需提前通知游客。

（四）铁门关旅游景区

1. 背景介绍

铁门关旅游景区位于新疆维吾尔自治区巴音郭楞蒙古自治州首府库尔勒市北郊8公里处，扼孔雀河上游陡峭峡谷的出口，曾是南北疆交通的天险要冲，是古代“丝绸之路”的中道咽喉。这里地理位置独特，依山傍水，孔雀河河水从峡谷蜿蜒流过，形成了壮观的自然景观。铁门关旅游景区的自然景观以峡谷、水库、香梨园等为代表，峡谷幽深狭长，阳光洒下，光影交错，美不胜收；水库则碧波荡漾，与周围的山色相映成趣，构成了一幅动人的山水画卷。

铁门关旅游景区不仅拥有丰富的自然景观，还融合了丰富的红色文化元素。作为古代“丝绸之路”的重要节点，铁门关见证了历史的沧桑和变迁，也留下了许多可歌可泣的红色故事。景区内的革命历史纪念馆、十八团渠纪念碑等红色旅游景点，通过实物展示、图文介绍、互动体验等方式，生动再现了革命先辈的英勇事迹和革命精神，让游客在欣赏自然风光的同时，也能接受到深刻的红色文化教育。铁门关旅游景区充分整合了自然景观和人文景观，形成了集历史文化底蕴和壮美自然风光于一体的旅游胜地。游客可以在这里游览峡谷、观赏水库、品尝香梨，同时还能参观革命历史纪念馆、十八团渠纪念碑等红色景点，感受历史的厚重和文化的魅力。

在旅游开发的过程中，铁门关旅游景区高度重视生态环境的保护。通过实施严格的环保措施，加强生态修复和绿化建设，景区的生态环境得到了有效改善。同时，景区还积极开展环保宣传教育活动，增强游客的环保意识，共同守护这片美丽的自然风光。

铁门关旅游景区在传承和弘扬红色文化方面做了大量工作。通过建设革命历史纪念馆、纪念碑等红色旅游景点，挖掘和整理红色文化资源，游客在游览过程中了解历史、缅怀先烈、传承精神。同时，景区还通过举办红色文化活动、开展红色教育等方式，进一步激发游客的爱国主义情感。

2. 设计思路

(1) 线路概述

本条旅游线路以铁门关旅游景区的自然景观为背景，深度融合红色文化元素，让游客在欣赏壮美自然风光的同时，深入了解红色历史，感受革命精神，并强调生态保护的重要性。通过精心设计的游览线路和丰富的体验活动，引导游客成为红色文化的传播者和生态保护的践行者。

(2) 线路规划

①第一站：铁门关峡谷入口

在景区入口，除了领取导览图和观看简介视频外，增设“绿色启程”仪式。游客们将佩戴特制的生态徽章，寓意着他们即将踏上一段既探索自然美景又传承红色文化的绿色之旅。同时，通过 VR 技术（virtual reality，虚拟现实）和 AR（augmented reality，增强现实）技术模拟展示铁门关峡谷四季变换的壮丽景色，以及历史上作为战略要地的变迁，为游客提供沉浸式的初步体验。

生态环保宣传栏不仅展示生态保护的重要性，还设有互动问答区。游客可参与答题赢取环保小礼品，增强参与感和环保意识。此外，入口处设立“生态许愿墙”，鼓励游客写下自己对生态保护的承诺或愿望，共同营造爱护自然的良好氛围。

②第二站：革命历史纪念馆参观

纪念馆内除了常规的实物展示和图文介绍外，增设多媒体互动体验区。通过虚拟现实技术重现革命战争场景，游客身临其境地感受革命先辈的艰难困苦与英勇无畏。同时，设置“红色故事分享角”，邀请当地老红军或其后代讲述真实经历，使红色文化更加生动感人。

特别推出“红色记忆寻宝”活动。游客根据线索在纪念馆内寻找与特定历史事件相关的展品，完成任务后可获得纪念馆定制纪念品，增加参观的趣味性和教育意义。生态环保主题展览则结合当地实际，展示当地在绿色发展、生态保护方面的成功案例，如植树造林、水土保持项目等，引导游客思考如何通过个人行动对环境保护做出贡献。

③第三站：十八团渠纪念碑瞻仰

在讲解十八团渠的历史背景和建设过程时，融入更多关于军民团结、艰苦奋斗的感人故事，强调这一工程不仅是农业生产的命脉，也是人与自然和谐共生的典范。通过播放纪录片或现场访谈，游客深刻体会先辈们在艰苦条件下对美好生活的向往和不懈追求。

在纪念碑前举行的纪念仪式中，增加环保宣誓环节，游客与导游、当地居民一同宣誓，承诺将红色精神与生态保护理念传承下去。此外，设立“绿色心愿树”，游客可将写有环保心愿的卡片挂在树上，寓意着对未来绿色家园的美好祝愿。

④第四站：孔雀河水库及周边景观游览

游船游览过程中，除设置生态观察点以外，还开展“生态摄影大赛”，鼓励游客捕捉水库及周边的自然美景和生态瞬间，其拍摄的优秀作品将在景区内展出并颁发奖项。同时，邀请生态专家在游船上开设“水上课堂”，讲解水库生态系统、水资源保护等专业知识。

红色文化长廊不仅展示与水库建设相关的红色故事，还设置互动展览区，通过现代科技手段，如触摸屏、AR 技术等，游客与历史人物“对话”，让游客可以深入了解背后的历史意义和时代价值。

⑤第五站：香梨园生态体验

在香梨园生态体验中，除果树认养、采摘等活动外，增加“生态果园小侦探”游戏，游客需寻找并识别果园内的有益昆虫和植物，了解它们在生态系统中的作用。同时，组织“绿色种植工作坊”，由果农传授生态种植技术，鼓励游客亲手实践，体验生态农业的乐趣。

红色文化宣传点与香梨园的生态体验相结合，通过讲述军民共建果园的故事，展现红色精神在推动地方经济发展、改善生态环境方面的积极作用。此外，设立“红色+绿色”主题市集，售卖当地特色农产品和红色文化创意产品，既促进地方经济发展，又传播红色文化和生态理念。

3. 活动安排

（1）游览铁门关旅游景区，欣赏自然风光

在景区入口，为每位游客提供详尽的导览图和景区地图，并安排专业的导游进行简短的欢迎仪式和景区概况介绍，包括铁门关旅游景区的自然风光特色、主要景点分布等。沿着精心设计的徒步路线，游客将穿越铁门关峡谷，沿途欣赏孔雀河的潺潺流水、峡谷的险峻峭壁以及丰富的植被景观。导游会适时停下脚步，为游客讲解沿途的自然景观和生态知识，增强游客对自然美的感知和生态保护的意识。游客将乘坐游船游览孔雀河水库，感受湖光山色的宁静与壮美。在游船上，设置专门的观景平台和生态解说点，让游客近距离观察水库的生态环境和生物多样性，同时了解水库在防洪、灌溉、供水等方面的重要作用。

（2）了解铁门关旅游景区的构成与保护知识

在徒步过程中或游船游览时，导游将详细介绍铁门关旅游景区的构成，包括峡谷、水库、山林、农田等自然和人文景观，以及它们之间的生态联系和相互作用。通过设立生态知识讲解点、发放生态保护手册等方式，向游客普及铁门关旅游景区的生态保护知识。讲解内容可涵盖生物多样性保护、水土保持、水资源管理、垃圾分类与回收等方面，引导游客认识到保护自然环境的重要性。

（3）参观景区红色文化展示区，了解当地的红色历史和革命传统

组织游客前往铁门关旅游景区的红色文化展示区，通过参观纪念馆、展览馆、纪念碑等场所，深入了解当地的红色历史和革命传统。展示区将通过实物展示、图文介绍、影像资料等多种形式，生动再现革命先辈的英勇事迹和革命精神。在展示区内或户外合适场地，邀请当地老红军或其后代、研究学者等人士为游客分享红色故事和革命历史，让游客更加深入地了解那段光辉岁月，感受革命精神的伟大力量。

(4) 组织环保主题活动，引导游客参与景区生态保护

在景区内组织垃圾清理行动，邀请游客参与其中。游客将被分为若干小组，配备垃圾袋、手套等清洁工具，在导游或志愿者的带领下，对景区内的垃圾进行清理和分类回收。通过实际行动，游客亲身体验到生态保护的重要性和紧迫性。在景区内设置生态宣传展板，发放宣传资料，向游客普及生态环保知识。同时，组织生态知识问答、环保知识竞赛等互动活动，激发游客对生态保护的兴趣和热情。通过这些活动，引导游客将生态保护理念内化于心、外化于行，成为生态保护的积极践行者和传播者。

三、项目总结与展望

(一) 项目设计的特色

1. 历史文化的深度挖掘与展示

这条旅游线路深刻挖掘了巴州及周边地区丰富的历史文化资源，特别是红色革命历史。从巴州博物馆的深厚历史底蕴，到“三馆一中心”对文化、艺术、规划及民俗的综合性展示，再到铁门关旅游景区对红色文化与自然风光的完美结合，共同构建了一个全方位、多层次的历史文化展示体系。

2. 教育与实践的紧密结合

库尔勒市旅游线路设计不仅注重知识的传递，更强调教育的实践性和互动性。游客在参观过程中，可以通过参与互动问答、手工制作、徒步探险等多种方式，亲身体验和感受红色文化的魅力，从而在潜移默化中接受革命传统教育和生态环保教育。

3. 自然风光与人文景观的和谐共生

这条线路巧妙地将自然风光与人文景观相结合，使游客在欣赏壮美山川以及感受自然风光的同时，也能深入了解红色历史和革命传统。铁门关旅游景区的峡谷、水库等自然景观与革命历史纪念馆、纪念碑等人文景观相互映衬，共同构成了一幅美丽的画卷。

(二) 项目设计的亮点

1. 独特的建筑设计与文化氛围

巴州博物馆以长城烽燧和蒙古金刚舍利佛塔为设计灵感，展现了独特的

建筑风格和文化氛围。而“三馆一中心”则通过现代建筑设计融合传统文化元素，营造出浓厚的艺术氛围。铁门关旅游景区则通过仿古建筑形式重现了古代关隘的雄伟壮观，让游客仿佛穿越时空回到历史长河之中。

2. 丰富的展览内容与活动形式

线路中的各个景区都拥有丰富的展览内容和多样化的活动形式。无论是巴州博物馆的巴州历史文化展、楼兰历史文化展以及东归历史文化展，还是“三馆一中心”的美术展览、规划展示和民俗文化体验，抑或是铁门关旅游景区的革命历史纪念馆参观、峡谷徒步探险等，都能让游客在参观过程中获得丰富的知识和深刻的体验。

3. 红色文化与生态环保的有机结合

这条线路在传承红色文化的同时，也注重生态环保的宣传和教育。通过组织垃圾清理行动、生态知识讲座等活动形式，引导游客关注生态保护、践行绿色旅游理念。这种将红色文化与生态环保相结合的做法不仅提升了游客的环保意识，也为景区的可持续发展注入了新的活力。

（三）项目设计评估

1. 红色文化共融：多维教育体系构建

巴州博物馆、“三馆一中心”与铁门关旅游景区通过各自独特的资源和展示方式，共同构建了一个全面、多维的红色教育体系。巴州博物馆以其丰富的文物藏品和专业的展览策划，深入挖掘和展示了红色历史的深厚底蕴；“三馆一中心”则通过整合多种资源，如图书馆、文化馆、展览馆等，为游客提供了更加广泛和深入的学习平台；而铁门关旅游景区则将红色文化与自然景观、历史遗迹紧密结合，让游客在游览中感受红色文化的魅力。

库尔勒市旅游线路的教育效果体现在以下三方面：第一，通过多样化的展示方式和教育活动，如展览、讲座、互动体验等，游客能够全面了解红色历史，深刻感受革命精神；第二，库尔勒市旅游线路的设计注重游客的参与，通过实践活动、研学旅行等形式，让游客在亲身体验中加深对红色文化的理解和认同；第三，该旅游线路的设计还注重与学校教育相结合，为青少年提供了重要的课外学习机会，帮助他们树立正确的人生观、价值观、世界观。

2. 红色旅游新蓝海：品质体验与区域联动的市场潜力

随着红色旅游的兴起及人们对红色文化关注度的显著提升，越来越多的游客倾向于选择这些红色旅游线路。尤其对热爱历史文化的游客而言，这些线路不仅提供了别具一格的旅游体验，还蕴含着丰富的学习机会，因此极具吸引力。红色旅游线路具有较强的区域联动效应。库尔勒市作为红色文化资源丰富的地区，通过整合优势资源，打造红色旅游品牌，可以吸引更多游客前来游览。同时，这些线路还可以与周边地区的旅游线路进行联动，形成更加完善的旅游网络，进一步提升其市场竞争力。

随着旅游市场的不断发展和旅游消费的升级，游客对旅游产品的品质和体验要求也越来越高。库尔勒市旅游线路在注重红色文化传承的同时，也注重提升旅游产品的品质和体验。通过改善旅游设施、优化旅游服务、创新旅游产品等方式，不断提升游客的满意度和忠诚度，进一步拓展市场空间。

库尔勒市旅游线路在教育效果和市场潜力方面均表现出色。未来，随着红色旅游的持续发展和旅游市场的不断壮大，该旅游线路将有望成为当地旅游业的重要组成部分，为游客提供更加丰富且深刻的红色文化学习体验。

（四）项目设计展望

1. 深度融合与协同发展

随着旅游市场的不断成熟和游客需求的日益多样化，红色旅游将不再局限于单一的历史遗迹参观，而是与其他旅游形式如生态旅游、文化旅游等深度融合。这种融合将打破传统界限，创造出更具多元化、综合性的旅游产品。巴州博物馆、“三馆一中心”与铁门关旅游景区作为区域内的核心旅游景点，将进一步加强合作，共同开发精品红色旅游线路。通过资源共享和优势互补，不仅能够丰富旅游内容，还能提升整体旅游产品的吸引力和竞争力。例如，可以设计一条结合红色文化与自然风光的徒步旅游线路，让游客在领略自然风光的同时，深入了解红色历史。

2. 科技赋能与智慧旅游

科技的不断进步为红色旅游带来了新的发展机遇。利用大数据、云计算、人工智能等现代信息技术，可以显著提升旅游服务的智能化水平。通过智能导览系统、在线预约购票、虚拟现实体验等科技手段，游客可以享受到更加便捷、个性化的旅游体验。例如，在巴州博物馆和铁门关旅游景区引入 VR 技术和 AR 技术，让游客仿佛置身于历史事件之中，获得更加沉浸式的参观体验。同时，智慧旅游还能帮助旅游景区更好地管理游客流量，优化资源配置，提升运营效率。

3. 完善旅游线路设计的相关建议

（1）优化旅游线路设计

为了提升游客的游览体验，需要根据游客的需求和兴趣点科学规划旅游线路。旅游线路设计应注重合理性和连贯性，确保游客能够顺畅地从一个旅游景点转移到另一个旅游景点。同时，加强旅游景区之间的交通接驳和导览服务也至关重要。通过增设公共交通工具、优化交通路线、提供多语种导览服务等措施，可以提高游客的出行便利性和游览效率。

（2）提升服务质量

服务质量是提升旅游品质的关键因素之一。为了提升服务质量，需要加强旅游从业人员的培训和管理。通过定期举办培训班、考核评估等方式，提高从业人员的专业素养和服务意识。此外，完善旅游基础设施及相关配套设施也是必不可少的。例如，在景区内增设休息区、卫生间等公共设施，提供餐饮、购物等配套服务，以满足游客的多样化和个性化需求。

（3）丰富旅游产品

为了满足不同游客的需求，需要开发多样化的旅游产品。除了传统的红色旅游线路外，还可以推出“红色研学游”“红色文化体验游”等新型旅游产品。这些产品可以通过组织专题讲座、模拟演练、互动体验等方式，让游客更加深入地了解红色文化。同时，加强与周边地区的合作也是丰富旅游产品的重要手段之一。通过共同打造跨区域的红色旅游线路产品，可以吸引更多游客前来参观游览。

（4）加强宣传推广

宣传推广是提升红色旅游知名度和影响力的关键。为了进一步强化宣传推广的效果，应充分利用多元化的渠道和创新的推广方式，全方位提升红色旅游的吸引力。例如，通过网络平台发布旅游信息、制作宣传视频和海报、在主流媒体上投放广告等方式提高知名度；同时举办红色旅游节庆活动、文化展览等吸引游客参与的活动也是有效的推广手段之一。这些活动不仅能够展示红色文化的魅力，还能增强游客的参与感和体验感。

4. 红色旅游的重要作用

（1）推动地方经济发展

红色旅游在推动地方经济发展方面具有重要作用。作为一种特殊的旅游形式，红色旅游能够带动当地餐饮、住宿、交通等相关产业的发展，从而增加就业机会和居民收入。通过发展红色旅游可以促进地方经济结构的优化和转型升级，从而推动当地经济社会的高质量发展。例如，巴州博物馆、“三馆一中心”与铁门关旅游景区的开发和运营不仅为当地创造了大量的就业机会，还带动了周边地区相关产业的发展，为地方经济发展注入了新的活力。

（2）传承红色文化

红色旅游是传承和弘扬红色文化的重要途径之一。参观红色景点、了解红色历史、体验红色文化等活动可以让更多的人了解和认识红色文化的重要性。这些活动不仅有助于增强人们的爱国情感和民族自豪感，还能促进社会主义核心价值观的培育和践行。在红色旅游的过程中，游客能够亲自了解革命先烈们的英勇事迹和崇高精神，从而更加珍惜今天的幸福生活并努力为实现中华民族伟大复兴的中国梦贡献自己的力量。

【复习思考】

1. 请分析巴州博物馆、“三馆一中心”与铁门关旅游景区在红色教育资源上的互补性。如何通过这些场所的联合，形成更加全面、多维的红色教育体系？

2. 结合当前教育趋势和游客需求，提出几项创新性的教育活动或项目，以提升旅游线路的教育效果。

3. 探讨这些红色旅游线路在可持续发展方面可能面临的挑战和机遇，并提出相应的解决方案。

4. 分析这些红色旅游线路在文化传承方面的重要作用，并提出如何在传承中实现创新的建议。

5. 分析库尔勒市旅游线路设计的优势和劣势，并评估当前市场上类似红色旅游线路的竞争格局。

【技能提升】

请简述在设计红色旅游线路时，如何平衡红色文化的深入挖掘与旅游线路的趣味性。并举例说明如何利用现代科技手段（VR 技术和 AR 技术）来增强游客的参观体验。

第二节　尉犁县旅游线路设计项目

一、项目概述

（一）项目背景介绍

尉犁县在新疆红色旅游领域的地位十分显著，其深厚的历史底蕴与红色文化的交融，共同构筑了这一地区的独特魅力。尉犁县位于新疆中部，巴州腹地，是古代“丝绸之路”中道必经之地，承载着丰富的历史文化遗产。其历史悠久，见证了多个朝代的兴衰更迭。尤其是作为“丝绸之路”的重要节点，其地理位置重要，战略价值不可忽视。早在东汉时期，班超平定西域，使得焉耆、尉犁等地区重新统一于汉朝，结束了当地长期处于分裂和混乱的状态，维护了国家的统一和安全。在近现代，尉犁县人民积极参与抗日救亡运动和解放战争，为新中国的成立贡献了力量。这些历史事件不仅为尉犁县留下了宝贵的精神财富，也为红色旅游的发展奠定了坚实的基础。

尉犁县在红色文化的传承与发展方面做出了巨大努力。特别是达西村，作为中国农村改革发展的典范和红色旅游的重要景点，其发展历程和成功经验被广泛传播和学习。达西村党委和政府带领各族群众不懈奋斗，总结出“一个馕掰开大家分着吃”“36 条黄金法则”等典型经验，形成了独特的红色旅游文化。这些文化元素不仅丰富了红色旅游的内涵，也提升了尉犁县红色旅游的吸引力和影响力。

近些年来，尉犁县凭借其得天独厚的红色文化资源，积极投身于红色旅游产业的蓬勃发展之中。通过一系列综合施策，包括硬件设施的全面升级、文化内涵的深度挖掘、服务质量的显著提升以及对外宣传的强力推进，尉犁县成功塑造了一系列备受瞩目的红色旅游景区。其中，达西村以其独特的历史韵味和深厚的文化内涵脱颖而出，不仅荣获“新疆维吾尔自治区新时代爱国主义教育基地”的殊荣，还在全国范围内赢得了广泛的认可与赞誉，成为红色旅游领域的璀璨明珠。

（二）项目设计目标

尉犁县拥有着丰富的红色资源，通过设计达西村、罗布人村寨及孔雀河烽燧群长城国家文化公园等景点的旅游线路，旨在深度挖掘与传承红色文化精髓。该旅游线路以尉犁县历史脉络为线索，让游客重温当地波澜壮阔的革命岁月，接受红色精神的崇高洗礼，从而激发起游客内心深处浓厚的爱国情怀。同时该旅游线路将尉犁县壮丽的自然风光与深厚的人文底蕴融为一体，为游客呈现了一场视觉与心灵的双重盛宴，极大地提升了旅游体验的丰富度。

尉犁县旅游线路是一条集文化遗产保护、经济发展促进与民族团结巩固于一体的综合性旅游路线，不仅深入挖掘并生动展现革命历史，让游客在追寻红色足迹中感受精神洗礼，而且致力于红色文化的传承与发扬。同时，作为乡村振兴的催化剂，带动了地方经济的蓬勃发展，为农民增收开辟了新路径，助力乡村面貌焕然一新。在促进民族团结方面，该旅游线路不仅搭建起了文化交流与互动的桥梁，加深了各民族之间的理解和包容，还进一步巩固和强化了中华民族共同体意识，促进了各民族间的和谐共处。该旅游线路不仅是尉犁县的一张亮丽名片，更是连接过去与未来、文化与经济、民族与国家的坚实桥梁。

二、项目主要内容设计

（一）项目总体设计

本线路旨在引领游客穿越尉犁县的历史长河，从红色革命的激情岁月到神秘莫测的罗布人文化，再到见证千年历史的孔雀河烽燧群长城国家文化公园，开启一场集红色教育、民俗探索与自然奇观于一体的深度旅行。该线路行程天数共三天两晚，确保游客可以充分体验每一站的文化精髓与自然美景。

1. 第一天，红色记忆传承之旅

尉犁县旅游线路以达西村展览馆为起点，这里不仅是尉犁县发展的缩影，更是红色精神传承的圣地。通过参观村史馆、党史馆等，游客将深入了解达西村在党的领导下取得的辉煌成就，感受革命先辈的坚定信念和无私奉献。传习馆、科普馆、航空航天馆的设立，更是为游客提供了拓宽视野、增长知识的平台。

2. 第二天，罗布人文化探秘

线路将带领游客走进罗布人村寨，这个被誉为“活着的罗布淖尔文化”的瑰宝之地。游客将置身于广袤的胡杨林中，感受大自然的鬼斧神工；走进罗布人的传统民居，体验他们独特的生活方式和民俗风情；在罗布淖尔博物馆里，揭开罗布人神秘面纱的一角，深入了解这个古老民族的历史文化和生态智慧。

3. 第三天，历史与自然的交响

线路将游客引向孔雀河烽燧群长城国家文化公园，这里是古代军事防御体系与自然风光的完美融合。在这里，游客将亲眼见证古代“丝绸之路”的繁荣与辉煌，感受长城文化的博大精深；同时，也能在孔雀河畔欣赏到壮丽的自然风光，体验人与自然的和谐共生。通过参观丝绸之路·长城文化博物馆和烽燧群遗址，游客将深刻体会历史与自然的双重魅力，感受中华文明的源远流长。

总之，该线路不仅是一场视觉与心灵的盛宴，更是一次深刻的文化体验和心灵洗礼，让游客在享受美景的同时，也能感受到尉犁县独特的红色文化、民俗风情和自然魅力，从而更加热爱这片土地和这片土地上的人民。尉犁县旅游线路行程的具体安排如表 4-4 所示：

表 4-4 尉犁县红色旅游线路行程安排

日期	时间	行程安排	活动详情
第一天	10：00—10：15	集合出发	前往达西村展览馆
	10：15—13：00	参观达西村展览馆	参观村史馆、党史馆，了解达西村的发展历程与辉煌成就
	13：00—15：00	享用午餐	在达西村品尝当地特色午餐
	15：00—20：30	游览达西村风情街、产业园等	游览达西村风情街、产业园等，感受民俗文化和乡村风情
	20：30—22：30	晚餐及入住休息	享用晚餐及入住达西村或周边酒店，准备第二天的行程
第二天	9：00—9：40	前往罗布人村寨	早餐后驱车前往罗布人村寨，欣赏沿途自然风光
	9：40-20：00	探秘罗布人村寨	漫步胡杨林，参观罗布人传统民居，探访罗布淖尔博物馆，品尝特色美食
	20：00—22：00	篝火晚会	参加罗布人村寨的篝火晚会，体验民族文化，夜晚入住沙漠帐篷（季节适宜的情况下）
第三天	9：00—9：30	孔雀河烽燧群长城国家文化公园	早餐后出发前往孔雀河烽燧群长城国家文化公园
	9：30—13：30	参观博物馆	参观丝绸之路·长城文化博物馆，了解古代“丝绸之路”与长城文化
	13：30—15：00	享用午餐	在公园内或附近餐厅享用午餐
	15：00—17：30	探访烽燧群遗址	实地探访烽燧群遗址，漫步孔雀河畔
	17：30—19：00	结束旅程	结束旅程，返回库尔勒梨城机场

（二）达西村展览馆

1. 背景介绍

（1）地理区位与产业概览

达西村位于新疆巴音郭楞蒙古自治州尉犁县城边西侧，是一个近郊村庄，行政上隶属于尉犁县兴平乡。其地理位置优越，距离尉犁县城最远的一侧仅有 2 公里左右，交通便捷，218 国道穿境而过，成为达西村与周边县、乡友好往来的重要通道。此外，达西村向北通往巴州首府库尔勒市，距离市区 50 公里，距离库尔勒机场和火车站分别仅45公里和55公里。

达西村行政面积68平方千米，耕地总面积为6.2平方千米。在维吾尔语中，“达西”意为“盐碱地”，表明该地区曾面临土壤盐碱化的挑战。然而，经过当地人的努力，这些盐碱地已得到有效治理和利用。作为新疆的一部分，达西村属于典型的温带大陆性气候，具有干旱少雨、日照时间长、昼夜温差大等特点。这些气候条件对当地农业的发展产生了一定影响，但也为特色农产品的种植提供了有利条件。

达西村在农业方面取得了显著成就。棉花是该村的支柱产业之一，棉花种植面积和产量均保持在较高水平。此外，林果业也是达西村的重要产业之一，全村果园面积广大，人均占有果园面积较多，为村民带来了可观的收入。同时，畜牧业也得到大力发展，牛羊育肥养殖户众多，畜牧业收入成为村民收入的重要组成部分。近年来，达西村依托其独特的地理位置和丰富的自然资源，大力发展乡村旅游。目前，达西风情园道路两侧和周边巷道共有36家风情园，基本形成了“吃、住、行、游、购、娱”为一体的乡村旅游发展模式。这种模式的推广不仅促进了当地经济的发展，还提升了达西村的知名度和美誉度。

（2）历史概况

达西村的发展历史是一首从贫困到富裕、从落后到先进的壮丽史诗。这里的人们祖祖辈辈与贫困交织在一起，达西村曾经是一个盐碱村、空壳村、“三靠村”（吃粮靠返销、生产靠贷款、生活靠救济）。在改革开放前，达西村的基础设施落后，村民生活条件艰苦，村庄发展停滞不前。

其发展的关键转折在改革开放后至20世纪末。1980年，村党支部书记沙吾尔·芒力克带领村民进行农村改革，挖渠开道，发展生产，走上脱贫致富的道路。这一时期，达西村开始实施“包干到户”和“家庭联产承包责任制”，极大地激发了村民的生产积极性。1998年，农村电网“两改一同价”（农网建设改造、农村用电体制改革以及实现城乡用电同网同价）工程的实施，为达西村发展经济注入了动力。动力电的到来使得村民能够打机井、开垦荒地，投资建设面粉厂、砖厂、蔬菜大棚和集贸市场，集体经济不断壮大。村民的生活水平逐渐提高，村庄面貌开始发生变化。

21 世纪初至今，达西村快速崛起。2009 年，时任中共中央政治局常委、中央书记处书记、国家副主席的习近平来到达西村看望各族群众，给予村民极大的鼓舞和动力。2014 年，时任国家主席的习近平给达西村全体村民回信，对他们的生活和发展表示关心与肯定，并勉励他们继续发挥自身优势，勇于担当、积极作为，为家乡的发展贡献自己的力量。这封回信不仅体现了党和国家对边疆地区民众的深切关怀，也极大地鼓舞了达西村村民们的士气。2016 年，达西村被评定为国家 3A 级旅游景区，借助丰富的红色资源和文化活动，吸引了大量游客前来观光、研学，旅游经济成为新的增长点。2017 年，达西村获“2017 中国名村影响力排行榜（300 佳）”荣誉。2019 年，达西村入选“中国美丽休闲乡村”和“全国乡村治理示范村”名单。

从经济发展上看，达西村的经济持续增长，村民收入不断提高，村集体经济实力显著增强。例如，2007 年达西村实现村集体经济总收入 3000 万元，集体纯收入 102 万元①；2020 年达西村农牧民年人均纯收入达 34852 元，村集体收入达 112 万元。② 在产业发展上，达西村在保持棉花这一支柱产业发展的同时，高度重视林果业生产和畜牧业发展。此外，还积极拓宽二、三产业领域，兴办集体加工业和电商平台等新兴产业。村庄的产业结构不断优化升级，村民的就业渠道更加多元化。

“口袋里要鼓囊囊，精神上要亮堂堂”不仅是达西村的村训，更是村民们追求美好生活的生动写照。这句话寓意着村民们不仅希望物质生活富足，更渴望精神上的充实和明亮。在村党支部的领导下，达西村充分发挥自身优势，不断探索适合本村的发展之路，实现了经济的持续稳定增长和村民收入的稳步提升。总的来说，达西村的发展历史是在党的领导下，依靠村民自身努力和外部支持共同创造的辉煌篇章。从贫困落后到富裕先进再到全面发展成为乡村振兴的典范，达西村的发展历程充分展示了中国特色社会主义制度的优越性和乡村振兴战略的巨大潜力。

---

① 尉犁兴平乡达西村：落实十七大精神 把新农村建设推向新阶段［EB/OL］. 新疆文明网，2010-11-22.

② 新疆尉犁县达西村 盐碱地蝶变“南疆第一村”［EB/OL］. 中国农村网，2024-11-12.

（3）达西村展览馆介绍

达西村展览馆位于尉犁县城以西 2 公里处，紧邻 218 国道，交通便利。该展览馆作为免费开放的国家 3A 级旅游景区，是尉犁县重要的红色教育基地和文化展示窗口。达西村展览馆以达西村为基础，全面记录了尉犁县的发展历程和达西村的发展史。达西村是我国农村改革发展的一个缩影和成功典范，其发展历程和所取得的成就，对于广大党员干部和群众具有深远的教育意义。除了达西村展览馆外，达西村还规划了多个其他展馆，共同构成了“五馆三区两街一园”的布局。“五馆”是指除了上述的达西村展览馆外，还包括党史馆、传习馆、科普馆、航空航天馆等。其中，科普馆面积 515 平方米，改建于 2021 年 6 月，分为宇宙探索、人与健康、生态环保、智慧生活、公共安全 5 大展区，以及农民艺术中心、儿童阅览室、儿童活动室等 3 个功能性活动室。“三区”是指采摘区、民宿区、研学区，为游客提供丰富的乡村旅游体验。“两街”包括商业街、风情街，展示达西村的地方特色和民俗文化。“一园”指的是中华文化园，展现中华文化的多样性和包容性，进一步丰富达西村的旅游和文化内涵。

（4）展览内容

村史馆：详细介绍达西村从过去到现在的巨大变化，展示村民们在党的领导下，通过艰苦奋斗实现小康生活的历程。馆内通过文字、图片、实物等多种形式，生动再现达西村的发展历程和村民们的奋斗精神。

党史馆：重点展示中国共产党在尉犁县和达西村的革命历史，以及党在当地的领导地位和重要作用。馆内陈列了大量珍贵的历史文物和文献资料，让游客能够深入了解党的光辉历程和伟大成就。

传习馆：作为传承和弘扬中华优秀传统文化的场所，传习馆通过举办各种传统文化活动和展览，让游客在参与中感受传统文化的魅力。

科普馆：利用现代科技手段，向游客普及科学知识，提高科学素养。馆内设有多个互动体验区，让游客在轻松愉快的氛围中学习科学知识。

航空航天馆：作为特色展区，航空航天馆展示了中国航空航天事业的辉煌成就和发展历程。通过模型展示、VR 体验等方式，游客可以近距离感受航空航天的魅力。

（5）达西精神

达西精神与红色文化紧密相连，代表了中国共产党领导下的艰苦奋斗历程和取得的辉煌成就。在尉犁县等地，达西村展览馆等红色场馆成为传承红色基因、弘扬革命精神的重要阵地。通过参观这些场馆，人们可以深切体会到中国共产党的初心和使命，以及各族群众在党的领导下共同奋斗、建设幸福家园的历程。“爱国、勤劳、团结、进取、感恩”的品质是达西精神的核心内容，鼓励人们热爱祖国、勤劳致富、团结互助、积极进取，并常怀感恩之心。总的来说，达西精神是一种具有深刻内涵和广泛影响力的精神理念，代表了中国共产党领导下的红色文化和革命精神以及民族团结、社会和谐、个人品质与道德风范等多方面的优秀品质。这种精神不仅在新疆地区得到了广泛传承和弘扬，也在全国范围内产生了深远的影响。

2. 设计思路

达西村旅游线路设计着重围绕展览馆的教育功能，旨在通过精心规划的参观路线，全面而深刻地展现达西村的历史变迁与丰富的红色文化底蕴。具体设计思路如下。

主题明确，线索清晰：确立以“历史变迁”与“红色文化”为核心的双线主题，确保整个参观路线逻辑清晰，层次分明；通过时间轴或故事线串联起达西村从过去到现在的重大事件和人物，使游客能够系统地了解其发展脉络。

教育性与趣味性并重：在展现历史与文化的同时，注重内容的趣味性和教育性；利用多媒体展示、实物陈列、图文解说等多种形式，使历史信息生动化、具象化，激发游客的学习兴趣。

强化互动体验：设计一系列互动环节，如模拟历史场景再现（盐碱地治理）、红色故事分享会（邀请当地老人或学者讲述亲身经历或传说故事）、VR/AR 技术重现历史瞬间、达西村集体经济产业游览等，让游客不再仅仅是旁观者，而成为历史的参与者，增强游客的沉浸感和记忆点。

3. 活动安排

上午参观达西村展览馆（10：00—13：00），午间休息（13：00—15：00），下午参观“三区两街一园”（15：00—20：30），具体安排如表 4-5 所示：

表 4-5　达西村游览线路安排表

时间	活动内容	详细说明
10：00—10：15	入馆导览	游客抵达展览馆，由专业讲解员在入口处迎接并进行简短的欢迎致辞，介绍展览馆概况
10：15—10：45	历史变迁	详细讲解达西村从古代到近代的重大历史事件、社会变迁和经济发展，展示关键时期的物品
10：45-11：15	红色故事	通过实物、雕塑、影像资料等展示达西村人民参与革命斗争的英勇事迹，讲述红色故事
11：15—11：45	自由浏览	提供短暂休息时间，游客可以自由参观
11：45-12：15	互动体验	利用虚拟现实技术体验重要历史时刻
12：15—13：00	分享会	邀请当地村民或专家举办简短分享会，观看相关影视资料，增加互动性和教育深度
13：00-15：00	集合就餐	展区门口集合，驱车前往餐厅吃饭
15：00—16：00	采摘区体验	前往采摘区体验采摘乐趣，了解当地农业特色
16：00—17：00	民宿区参观	了解当地民居风格，体验乡村生活
17：00—18：00	研学区活动	在研学区组织农业知识讲座、手工制作等活动，增强游客的参与感和学习体验
18：00—19：00	中华文化园参观	参观中华文化园，了解中华文化的博大精深
19：00—20：30	商业街与风情街游览	游客自行安排晚上时间，游览商业街和风情街，品尝当地美食，购买特色纪念品
20：30	回酒店就餐及休息	参观结束后，回酒店就餐及休息

注意事项：① 以上时间安排仅为参考方案，具体执行时可根据实际情况进行调整。同时，建议提前与游客沟通好参观时间，并提醒他们按时集合，以保障活动顺利进行。② 根据天气状况，提前提醒游客准备防晒等物品。③ 提醒游客保持安静，尊重展品，不要触摸或损坏文物。④ 注意个人安全，遵守馆内规定，特别是在参与互动体验活动时。

（三）罗布人村寨

1. 背景介绍

（1）地理区位

罗布人村寨位于新疆巴音郭楞蒙古自治州尉犁县墩阔坦乡，地处塔克拉玛干沙漠的东边缘，与罗布泊接壤。罗布人村寨景区为国家4A级旅游景区，位于尉犁县墩阔坦乡境内，距县城28公里。① 罗布人村寨周边自然景观丰富多样。中国最大的内陆河——塔里木河从景区穿行而过，为这片沙漠之地带来了生机与活力。河流一侧是绵延起伏的塔克拉玛干沙漠，作为中国最大的沙漠，同时也是世界第二大流动沙漠，其沙丘形态各异，线条流畅优美，构成了沙漠中一道独特的风景线。此外，罗布人村寨内还有神女湖，湖水清澈，与沙漠形成鲜明对比，更添一份神秘与美丽。胡杨林也是村寨的一大特色，金秋时节，胡杨林金黄一片，成为游客争相观赏的景观。

（2）历史概况

罗布人的历史可以追溯到北魏时期，距今已有近1600年的历史。他们是维吾尔族的一个分支，长期生活在沙漠中的河流和湖泊中的绿洲上。罗布人村寨作为罗布人生活的重要场所，见证了罗布人历史的变迁和发展。

罗布人的起源可以追溯到远古时期，他们生活在罗布泊及其周边地区。罗布泊作为塔里木河的尾闾湖，为罗布人提供了丰富的水资源和生存环境。早期的罗布人以狩猎、捕鱼为生，他们依赖罗布泊的湖泊和河流资源，过着逐水、草而居的生活。罗布人善于使用舟船捕鱼，狩猎鸟、兽，并将猎物拿到市集上交换日常所需用品。

在夏商周时代，罗布泊地区诞生了小河氏族和太阳氏族等部落，这些部落逐渐发展壮大，形成了早期的文明。在汉朝时期，楼兰成为“丝绸之路”上的重要节点，吸引了大量的商人和使节前来贸易和交流。楼兰古国因此繁荣一时，人口过万，经济发达，农业和手工业都得到了显著发展。

随着中原王朝对西域的控制加强，西域长史府在楼兰地区设立，进一步促进了楼兰与中原地区的交流和融合。然而，随着中原王朝的更迭和西域局

① 罗布人村寨秘境之旅［EB/OL］. 中华人民共和国文化和旅游部，2022-07-20.

势的变化，楼兰古国也经历了多次兴衰和变迁。近代以来，由于气候变化和人类活动的影响，罗布泊逐渐干涸，失去了往日的生机。罗布人的生存环境也因此发生了巨大变化，他们不得不离开罗布泊地区，寻找新的生存空间。随着生存环境的改变，罗布人的生活方式也随之发生了巨大的变化。他们不再以狩猎、捕鱼为生，而是逐渐转向农耕和放牧。同时，罗布人也开始接受现代教育，学习新的知识和技能，逐渐融入现代社会。

尽管罗布人的生活方式发生了巨大变化，但他们仍然保留着独特的文化传统和习俗。例如，罗布人的民间歌舞、服饰、饮食等都具有浓郁的民族特色。为了保护和传承这些文化遗产，政府和社会各界采取了一系列措施，如建立罗布人村寨、举办文化节庆活动等。罗布人村寨不仅保留了罗布人的传统建筑和生活方式，还通过展示罗布人的文化习俗和历史传承，吸引了大量游客前来参观和旅游。随着旅游业的兴起，罗布人村寨也成了当地重要的旅游景点之一。通过发展旅游经济，罗布人的生活水平得到了显著提高，同时也为保护和传承罗布人的文化遗产提供了有力的支持。

(3) 景区介绍

罗布人村寨景区以罗布人文化为灵魂，以生态建设为基础，以综合资源开发为目标，以民俗文化、探险旅游为特色，是一个集沙漠、胡杨、河流、湖泊于一体，自然景色各异、生态环境优美的旅游区。罗布人村寨景区分为八大功能区，分别为罗布人民俗文化区、沙漠旅游探险区、“神女湖”旅游区、沙雕艺术园、沙漠植物园、野生动物园、“丝绸之路”民族园和塔里木河探险旅游区。其主要景点包括罗布人民俗展馆、阿不旦广场、狩猎人家、打鱼人家大漠驿站、神女湖、长寿茶园、罗布人婚房等。罗布人村寨内还修建了塔河吊桥、接待木屋、罗布人茶园、休闲长廊、罗布人民居，以及游客中心、商务中心、奥尔德克纪念馆，复制了太阳墓、兴地岩画命运转轮遗迹等。在游玩体验上，罗布人村寨内还设立了滑沙、拍照、游湖、骆驼骑乘、沙漠越野车、动力三角翼等项目。并且移动、联通通信公司建立了通信塔，其信号可覆盖罗布人村寨景区，为游客的参观游览带来了便捷。

2. 设计思路

自然景观与人文特色融合：将罗布人村寨内的胡杨林、塔里木河等自然景观与罗布人的传统居住区、文化遗址等人文景观巧妙串联起来，形成一条既能欣赏自然风光又能深入了解罗布人文化的旅游线路；同时通过设计沿途的解说和展示，游客在欣赏美景的同时，能够沉浸在罗布人悠久的历史和丰富的文化中，感受其独特的民族风情。

文化传承：通过组织文化体验活动，如学习罗布方言、参与传统手工艺制作等，让游客在亲身参与中感受罗布人文化的魅力，同时促进这一传统文化的传承与发展。在旅游线路设计中明确标注罗布人村寨的文化禁忌，提醒游客在游览过程中尊重当地人的风俗习惯和文化传统。

3. 活动安排

上午体验人文风俗（09：00—13：00），下午游览自然风光（15：00—19：00），傍晚参加篝火晚会（20：00—22：00），具体安排如表4-6所示：

表4-6 罗布人村寨游览线路安排表

时间	活动内容	详细说明
09：00—09：40	出发前往罗布人村寨	在达西村内吃完早饭后，游客前往指定地点集合，乘坐车辆前往罗布人村寨，车程约40分钟
09：40-10：00	办理入园手续	抵达罗布人村寨后，游客在游客服务中心办理入园手续，并了解景区概况及游览路线
10：00—12：00	游览罗布人村寨	开始游览罗布人村寨，首先参观罗布人的传统居住区，深入了解他们的生活方式、建筑特色及文化习俗
12：00—13：30	享用午餐	在景区内的餐馆享用午餐，品尝罗布人特色美食，如烤鱼、烤羊肉等，体验当地风味
13：30—15：30	继续游览罗布人村寨	继续在罗布人村寨景区内游览，参与文化体验活动，更深入地感受罗布人的文化氛围
15：30—17：00	游览自然景观	前往神女湖、塔里木河等自然景观区域，欣赏湖光山色，感受大自然的壮丽与宁静
17：00—19：00	自由活动	在景区内自由活动，或者根据个人兴趣选择参与划船、沙漠越野等活动
19：00—20：00	集合就餐	集合后返回酒店，享用晚餐
20：00—22：00	晚会	举行落日拍照打卡活动，随后参与篝火晚会或音乐节，享受欢乐的夜晚时光

续表

时间	活动内容	详细说明
22：00	沙漠露营	在沙漠中露营，远离城市的喧嚣，欣赏漫天星海，享受大自然的宁静与美好

注意事项：①关注天气状况。罗布人村寨位于沙漠边缘，紫外线强烈，气温较高，游客需做好防晒和防暑措施，如佩戴遮阳帽、涂抹防晒霜、携带水壶等。在出发前，游客应关注当地的天气预报和景区公告，了解天气变化和景区开放情况，以便及时调整行程计划。②尊重当地文化。在游览过程中，游客应尊重罗布人的文化和习俗，不随意触碰或破坏当地的文化遗产。③安全第一。在参与水上活动或徒步游览时，游客应注意安全，遵守景区规定，不擅自离开指定区域或进行危险行为。④环保出行。在游览过程中，游客应保持景区环境整洁，不乱扔垃圾或破坏植被，共同维护罗布人村寨的生态环境。

（四）孔雀河烽燧群长城国家文化公园

1. 背景介绍

（1）地理区位

孔雀河烽燧群长城国家文化公园位于新疆巴州尉犁县，孔雀河烽燧群位于尉犁县孔雀河北岸的荒漠地带，是唐代时期“丝绸之路”楼兰道上的重要军事设施。

（2）历史概况

孔雀河烽燧群，是汉至晋代古军事建筑。这些烽燧群始建于汉代，是汉晋时期楼兰地区军事防御、情报通信的重要军事设施。尽管新疆的长城没有连绵的墙体，却以烽燧、戍堡、驿站、城塞等形式呈现，同样在历史长河中发挥了维护边疆安定、保障丝路畅通的重要作用。这些烽燧群不仅是军事防御的设施，更是古代“丝绸之路”文化交流的见证。

（3）公园概况

2023 年 12 月 29 日，孔雀河烽燧群长城国家文化公园盛大开园，该园由丝绸之路·长城文化博物馆、图书馆、文化中心、游乐场组成。其中，丝绸之路·长城文化博物馆是核心部分，总建筑面积 5000 平方米，展陈面积 2520

平方米，馆藏文物600余件（组）。①

博物馆内部展陈设计共分为“众志成城”“同心共筑”“传承文明”“伟大复兴”“命运与共”5个部分。其中，“众志成城”展厅由长城本体、时间体系、空间体系和新疆长城4个部分组成；“同心共筑”展厅由屯田水利开发、汉代对西域的治理、多元一体的中华文化，以及长城内外历代人民休戚与共的生活组成；“传承文明”展厅介绍了国家对长城的保护和考古发现，以及克亚克库都克烽燧的发掘模拟场景；“伟大复兴”“命运与共”展厅主要展示了从古丝路、新丝路到构建人类命运共同体的历程和展望。展现了“和平合作、开放包容、互学互鉴、互利共赢”的丝路精神。通过文物展示、场景再现、沉浸式体验等方式，生动讲述了伟大长城的历史文脉，充分展现了以烽燧为代表的新疆长城的独特魅力。此外，博物馆还融入了现代化、数字化场景，让游客能够沉浸式体验从山海关到西域地区不同的长城景观，感受万里长城的魅力。

国家文化公园的建设是发掘、利用和保护丰富文物和文化资源的重要举措，旨在推动中华优秀传统文化创造性转化和创新性发展，传承革命文化，发展先进文化。对尉犁县而言，孔雀河烽燧群长城国家文化公园的建设不仅提升了当地的文化软实力，还促进了文化旅游产业的发展，为当地经济注入了新的活力。

（4）烽燧状况

孔雀河烽燧群落坐落在“丝绸之路”西域东部楼兰古道上，具体位于新疆维吾尔自治区巴音郭楞蒙古自治州尉犁县境内，沿孔雀河干涸的河道及山坡地带延伸。这些烽燧始建于汉代，起始于尉犁县营盘古城以北的营盘烽燧，向西延伸，依次排列着脱西克吐尔、脱西克吐尔西、克亚克库都克、卡勒塔、库木什、沙鲁瓦克、阿克吾尔地克、萨其该、孙基、亚克仑以及苏盖提等，共计11座烽燧，具体情况如表4-7所示。整个烽燧群东西跨度达150000米，是古楼兰道以西地区一组性质明确、布局严谨且分布广泛的军事通讯体系。②

---

① 新文. 新疆尉犁丝绸之路·长城文化博物馆开馆［EB/OL］. 国家文物局，2024-01-02.

② 娜仁高娃. 汉代西域烽燧功能探析：以楼兰道孔雀河烽燧群为中心［J］. 文物鉴定与鉴赏，2021（13）：77-79.

在构筑方式上，这些烽燧与敦煌汉长城的烽燧相似，主要采用土坯层间夹杂胡杨木、芦苇及红柳枝等材料构筑，而少数烽燧是通过夯土版筑的方法建造而成。① 据考古调查，孔雀河沿岸的多数烽燧遭受了不同程度的风化侵蚀，部分烽燧的形态已退化为土墩状。②

表 4-7 孔雀河烽燧群一览表③

序号	烽燧名称	地理位置
1	脱西克烽燧	营盘古城西约 18500 米，孔雀河北岸 200 米的戈壁滩上
2	脱西克西烽燧	营盘古城西约 45000 米的戈壁滩上
3	克亚克库都克烽燧	尉犁县境内的孔雀河北岸戈壁滩上
4	卡勒塔烽燧	尉犁县阿克苏甫农场东南约 10000 米
5	库木什烽燧	尉犁县阿克苏甫农场沙鲁瓦克村东部的戈壁滩上
6	沙鲁瓦克烽燧	尉犁县阿克苏甫农场沙鲁瓦克村
7	阿克吾尔地克烽燧	尉犁县阿克苏甫农场沙鲁瓦克村境内，邻孔雀河北岸
8	萨其该烽燧	尉犁县阿克苏甫农场东北约 11000 米的孔雀河北岸
9	孙基烽燧	尉犁县县城东北约 40000 米的戈壁滩上
10	亚克仑烽燧	尉犁县新丰乡喀拉洪村东北约 14000 米
11	苏盖提烽燧	尉犁县西尼尔乡政府东北约 20000 米的戈壁荒漠中

孔雀河烽燧群落作为“丝绸之路”东段楼兰古道上的珍贵文物遗迹，是新疆地区现存的、布局明确且相互联结的重要长城遗迹之一。它们向东连接玉门关与阳关，向西则通向西域都护府治所乌垒城，在历史上扮演了关键角色，不仅为打击匈奴、确保丝绸之路畅通无阻与西域地区稳定、保障边防安全及国家统一作出了贡献，而且构成了古代中央政权在西域设立的军事防御

① 达吾力江·叶尔哈力克．汉武边塞与西域屯田：轮台、渠犁屯田考古发现初论［J］．历史研究，2018（6）：154-166.

② 新疆维吾尔自治区文物局．新疆文化遗产：全国重点文物保护单位［M］．北京：文物出版社，2015：45.

③ 娜仁高娃．汉代西域烽燧功能探析：以楼兰道孔雀河烽燧群为中心［J］．文物鉴定与鉴赏，2021（13）：77-79.

体系的一部分。① 此外，孔雀河烽燧还兼具屯田管理与邮驿服务功能，是边疆拓展、民族交融与文化交流的历史象征。②

2. 设计思路

（1）主题定位

本旅游线路旨在打造一条集历史文化探索、自然景观欣赏与红色教育体验于一体的深度游线路，以“长城魂·烽燧韵——探寻孔雀河畔的千年守望”为主题，通过长城文化与孔雀河烽燧群的独特融合，展现中华民族坚韧不拔、自强不息的民族精神。

（2）理念阐述

文化沉浸：精心策划游览路径，例如，让游客穿越古老的城门，漫步于坚固的城墙之上，仿佛瞬间跨越千年，亲身体验古代军事防御体系的宏伟与精妙；设置互动体验项目，如模拟守城战、复原古代市集，更是让游客沉浸在浓厚的历史氛围中，深刻感受长城作为中华民族不屈不挠精神的象征，领略其背后的壮丽与智慧。

教育启迪：长城之旅不仅是视觉的盛宴，更是心灵的洗礼。通过导游或讲解员深入浅出地剖析长城文化的精神内核，包括其建造技术、军事战略意义，以及对中国乃至世界历史进程的深远影响。这样的教育活动旨在激发游客的爱国情怀，增强其文化认同感和自豪感，同时促进对传统文化价值的深入思考和传承。

生态和谐：在游览过程中融入生态保护意识，引导游客尊重自然，欣赏孔雀河周边的生态美景，实现文化旅游与生态保护的和谐共生。

3. 活动安排

上午驱车前往孔雀河烽燧群长城国家文化公园（09：00—13：30），中午在公园附近就餐（13：30—15：00），下午烽燧群游览（15：00—17：30），返程（17：30—19：00），孔雀河烽燧群长城国家文化公园的具体安排如表4-8所示：

---

① 田海峰．新疆克亚克库都克烽燧遗址考古百年［J］．大众考古，2020（2）：80-82.

② 李文瑛．实证多元一体格局 拓展边疆考古纵深：“十三五”时期新疆重要考古收获［J］．文物天地，2021（7）：4-7.

表 4-8 孔雀河烽燧群长城国家文化公园游览线路安排表

时间	活动内容	详细说明
09：00—11：30	早餐后出发	在酒店享用早餐后，驱车前往孔雀河烽燧群长城国家文化公园，车程约 2 小时 30 分钟
11：30—11：45	启程仪式	在博物馆入口举行简短而庄重的启程仪式，介绍游览注意事项
11：45—13：30	参观游览	跟随导游在长城文化博物馆游览参观
13：30—15：00	午餐时间	在公园附近的餐厅就餐，享用当地特色美食或自选餐食
15：00—17：30	烽燧群游览与活动	驱车穿越烽燧群，沿途设置文化打卡点，鼓励游客用镜头捕捉烽燧群的自然风光与人文情怀；结合烽燧群的地形特点，设计团队挑战赛、寻宝游戏等活动，增强与游客的互动
17：30—19：00	前往库尔勒梨城机场	驱车前往库尔勒梨城机场，途中通过问卷调查、意见箱等方式收集游客反馈，为后续优化线路设计、提升游客满意度做好信息搜集

注意事项：①以上时间安排为参考方案，具体执行时可根据实际情况进行调整。同时，建议提前与游客沟通好参观时间，并提醒他们按时集合，以确保活动顺利进行。②根据天气状况，提前提醒游客准备防晒等物品。③提醒游客保持安静，尊重展品，不要触摸或损坏文物。

三、项目总结与展望

（一）项目设计的特色与亮点

尉犁县旅游线路设计项目充分融合了丰富的红色资源与独特的自然风光，形成了其鲜明的特色与亮点。首先，作为古代“丝绸之路”的重要节点，尉犁县承载着深厚的历史文化遗产和红色革命精神。线路设计紧扣达西村、罗布人村寨及孔雀河烽燧群长城国家文化公园等红色文化和区域特色景点，将其作为尉犁县红色旅游品牌代表，深入挖掘这一地区的红色文化和区域文化的精髓。其次，项目注重互动体验与教育意义，通过多媒体展示、VR 体验、文化分享会等形式，让游客在参与中深刻理解红色文化和历史内涵。同时，注重旅游产品的创新与体验升级，将红色教育与文化探索、自然观光、民俗体验深度融合，打造多维度、沉浸式的旅游体验，让每一位游客都能成为尉犁县红色旅游故事的传播者和见证者。最后，项目深度挖掘红色文化资源，通过达西村展览馆、罗布人村寨及孔雀河烽燧群长城国家文化公园等景点的精心规划，使游客在游览过程中既能重温革命岁月，又能体验独特的民俗风情和自然美景。

（二）项目设计评估

尉犁县旅游线路设计项目在多方面取得了显著成效。首先，项目成功打造了集教育、休闲、观光于一体的综合性旅游品牌，显著提升了尉犁县的知名度和美誉度。其次，项目有效促进了当地红色文化的传承与创新发展，让红色精神在新时代焕发出更加璀璨的光芒。再次，项目带动了地方经济的多元化发展，为当地居民创造了更多就业机会，实现了经济效益与社会效益的双赢。最后，项目还促进了民族团结与文化交流，增强了各民族之间的文化认同感和归属感，为构建中华民族共同体作出了积极贡献。

（三）项目设计展望

未来，随着红色旅游的开发与创新，尉犁县致力于将该线路打造成连接过去与未来的桥梁，让游客在穿越时空的旅程中，深刻感受尉犁县厚重的历史底蕴和蓬勃的发展活力。同时，引入更多科技元素和互动体验，如虚拟现实技术重现历史场景、智能导览系统提供个性化服务，以及线上线下相结合的互动活动等，让旅游体验更加丰富多元、生动有趣。此外，待线路成熟后，还可以与当地社区和居民建立更加紧密的合作关系，共同保护和传承这些宝贵的文化遗产和自然资源。通过社区参与、文化节庆、教育合作等方式，激发居民对本土文化的自豪感和保护意识，促进文化的活态传承和可持续发展。最终，通过旅游业的繁荣发展，尉犁县将实现经济、社会、文化的全面进步，为当地居民创造更加美好的生活条件和发展机遇。

【复习思考】

1. 请分析尉犁县红色旅游线路中最具代表性的几个景点或活动，并阐述它们如何体现了红色旅游的独特性和教育意义。

2. 根据当前红色旅游市场的趋势和消费者偏好，分析尉犁县红色旅游线路的市场定位和目标客群。

3. 探讨如何通过创新营销策略、合作推广等方式，进一步挖掘和拓展尉犁县红色旅游的市场潜力。

4. 预测未来几年内尉犁县红色旅游可能面临的机遇和挑战，如政策变化、技术进步、市场竞争加剧等。

【技能提升】

请设计一份问卷调查或访谈提纲，收集游客对尉犁县红色旅游线路教育效果的反馈。分析这些反馈数据，评估线路在传播红色文化、增强爱国情怀、促进历史认知等方面的成效。

第三节 和静县旅游线路设计项目

一、项目概述

(一) 项目背景介绍

新疆和静县，作为“丝绸之路经济带”上的重要节点，自然风光旖旎，且蕴藏着丰富的红色旅游资源。这里有集教育、纪念、观光于一体的综合性爱国主义教育基地；还有一座以东归文化、察吾乎文化为主题的综合性博物馆，该博物馆详细记录了土尔扈特部万里东归的壮举及其对稳固我国西北边疆、维护祖国统一的巨大贡献。此外，巴音布鲁克草原作为土尔扈特部的重要聚居地，承载着丰富的历史与文化传统，其中不乏与民族团结、爱国主义等红色主题相关的故事和事迹。这些资源不仅见证了中华民族的历史变迁，更是爱国主义教育和革命传统教育的重要载体。近年来，随着红色旅游的兴起，和静县凭借其独特的红色文化遗址和自然景观，逐渐成为国内外游客探寻红色记忆、体验革命精神的重要目的地。和静县作为新疆红色旅游的重要组成部分，其独特的地理位置和历史背景为红色旅游线路的设计提供了丰富的素材。特别是土尔扈特部东归的历史事件，不仅是和静县乃至新疆红色文化的重要组成部分，更是中华民族历史上的壮举。

本项目旨在深入挖掘和静县的红色旅游资源，设计一条集教育性、体验性、可持续性于一体的红色旅游线路，以促进当地旅游业的发展，同时弘扬革命精神，传承红色基因。通过本章的线路设计，期望让游客在游览过程中深刻感受和静县红色文化的魅力，推动当地旅游业发展，实现经济效益与社会效益的双赢。

（二）项目设计目标

本项目的设计目标是通过精心策划和静县旅游线路，将和静县的红色文化资源与自然景观有机融合，打造具有鲜明特色的红色旅游品牌。目的是借助红色旅游这一载体，让更多人了解并传承红色文化，感受革命先烈的英勇无畏的精神，增强民族自豪感和爱国情怀。同时，该项目还可以促进地方经济多元化发展，提升旅游品质。本线路设计面向广大游客，特别是学生群体、党员干部及旅游爱好者。通过实地探访红色遗址、聆听红色故事、参与互动体验，游客能够在轻松愉快的氛围中接受爱国主义教育和革命传统教育。

本项目设计的具体目标包括：第一，提升游客对和静县红色历史的认知与理解，增强爱国主义情感。引领游客穿越时光长廊，深刻领悟和静县的红色印迹，不仅唤起其对过往岁月的敬仰，更在心灵深处播撒浓厚的爱国主义情怀。让游客漫步于这片红色热土，见证信念的力量，感受爱国之心的炽热与不朽。第二，促进当地经济发展，激发地域经济活力。通过对红色旅游资源的开发建设，逐步挖掘和展示红色旅游资源，带动住宿、餐饮、交通等相关产业的繁荣，让和静县每一处角落都充满发展的强劲动力。第三，保护并传承红色文化遗产，传扬革命精神火种。守护红色文化瑰宝，保护珍贵的文化遗产，让每一段红色故事生动呈现，激发新时代的热血与梦想，实现红色旅游的可持续发展。第四，提升和静县作为红色旅游目的地的知名度和影响力，增强其作为旅游目的地的非凡魅力。无论是追寻革命先辈的足迹，还是沉浸于红色文化的深邃内涵，和静县都将成为国内外游客不可错过的学习之地与心灵归宿。

二、项目主要内容设计

（一）项目总体设计

本项目将围绕“库尔勒市—东归博物馆—巩乃斯国家森林公园—巴音布鲁克草原—库尔勒市”这一主线，设计一条丰富多彩的旅游线路，行程共3天。首先，游客将从东归博物馆启程，通过馆内丰富的展览和专业的讲解，了解蒙古族土尔扈特部东归的壮丽史诗，感受其深厚的爱国情怀和民族凝聚力。其次，游客将前往巩乃斯国家森林公园，在绿意盎然的自然环境中，体验大自然的鬼斧神工，同时了解当地生态保护与红色文化相结合的发展理念。最后，游客抵达巴音布鲁克草原，在这片广袤无垠的草原上，不仅可以领略到草原的壮美风光，还能通过参与草原文化活动，进一步加深对和静县红色文化和民族风情的认识与理解。整条线路将红色文化与自然风光紧密结合，为游客带来一次难忘的旅游体验。和静县旅游线路具体安排如表4-9所示：

表4-9　和静县旅游线路设计的内容

时期	项目及时间	详细内容
行前	出发前准备	行前注意事项说明：4~6人为一组，每组指派一个组长
		准备行装，了解和静县及沿途景点的天气情况，预订酒店，规划行程细节，确保交通工具准备就绪
行中	第一天	东归博物馆——追溯东归壮举，弘扬民族团结魂
	第二天	巩乃斯国家森林公园——探秘绿色宝库，感悟自然与红色文化交融
	第三天	巴音布鲁克草原——驰骋草原情怀，追寻红色足迹
行后	成果展示	结束三天的行程，进行成果展示
	总结	回顾整个行程，分享旅游照片和体验，整理旅行笔记，为下次出游做好准备

（二）东归博物馆

1. 背景介绍

（1）历史背景与地理位置

和静县东归博物馆位于新疆和静县东归大道685号，1990年7月11日，经和静县人民政府批准成立。自成立以来，东归博物馆始终致力于传承和弘扬土尔扈特部东归的历史文化，通过不断收集、整理和研究，逐渐形成了丰富的馆藏资源。博物馆不仅收藏了大量与东归历史相关的文物、图片和文献资料，还通过举办各类展览和活动，向公众展示这段波澜壮阔的历史。经过多年发展，东归博物馆已成为巴州境内第一座以东归文化、察吾乎文化为主题的综合性博物馆，并在国内外享有较高的声誉。

（2）主要展示内容与历史意义

东归博物馆的展馆面积为1006.4平方米，馆内收藏了丰富的文物，共有1153件馆藏文物，其中包含434件民俗文物和719件出土文物，其中一级文物2件，二级9件，三级156件。博物馆通过多个展厅展示东归历史、民俗文化、出土文物、非物质文化遗产、书法摄影作品和艺术作品等，旨在传承和发扬东归精神。东归博物馆以土尔扈特部东归的历史为主线，通过丰富的文物、图片、文字及多媒体展示手段，全面再现了东归途中的艰难险阻和回归后的生活变迁。博物馆的展示内容不仅涵盖了东归历史的详细过程，还深入挖掘了其中蕴含的爱国主义精神和民族团结精神。这些展示内容对于传承和弘扬中华优秀传统文化，以及增强民族自豪感和凝聚力具有重要意义。

（3）教育价值

和静县东归博物馆还承担着重要的教育功能，被命名为“自治区国防教育示范基地”，荣获“2016—2020年度自治区科普教育基地”称号。该博物馆通过举办各种教育活动，激发游客尤其是青少年的爱国情怀。和静县东归博物馆不仅是一个文化教育基地，也是重要的旅游景点，吸引了大量游客前来参观学习，成了传播东归历史和文化的重要窗口。作为红色旅游的重要景点，东归博物馆的教育价值不言而喻。通过参观博物馆，游客可以深入了解土尔扈特部东归的历史过程，感受中华民族不屈不挠、勇于抗争的精神风貌。同时，博物馆还通过互动体验等方式，让游客在参观中接受爱国主义教育，增强其民族责任感和使命感。

2. 设计思路

（1）强调红色教育功能

在设计东归博物馆红色旅游线路时，首要突出其红色教育功能。通过深入挖掘东归历史中的红色元素，如爱国主义精神、民族团结精神等，将其融入旅游线路设计中，使游客在参观过程中接受深刻的思想教育和精神洗礼。

（2）全面展现国防历史

尽管东归历史主要聚焦于民族的迁徙与回归，但从中能提炼出丰富的国防历史内涵。例如，讲述土尔扈特部在迁徙途中克服自然与人为的重重困难，生动展现他们坚韧不拔、勇于挑战的精神风貌。同时，将这段历史与当代国防建设相结合，进行适度拓展与延伸，帮助游客在领略历史的同时，全面而深刻地理解我国国防历史的丰富内涵。

（3）安排互动环节

为增强游客的参与感和体验感，可以在东归博物馆内设置互动环节。例如，模拟东归途中的历史场景，让游客亲身体验土尔扈特部东归的艰辛；播放相关纪录片或短片，以直观方式呈现东归历史；还可以设置互动问答、角色扮演等环节，进一步提升游客的参与度和兴趣。

3. 活动安排

东归博物馆的具体游览线路安排如表 4-10 所示：

表 4-10 东归博物馆游览线路安排表

时间	活动安排	活动内容
09：00—11：00	抵达东归博物馆	乘坐大巴车从库尔勒市出发，前往和静县东归博物馆
11：00—11：10	入馆导览	跟随讲解员进行导览，了解博物馆的基本情况和参观路线
11：10—12：30	参观东归历史展厅	深入了解土尔扈特部东归的历史背景、过程及其重要意义；博物馆内现有藏品丰富、珍贵文物众多，通过展览和解说，感受这一历史事件的波澜壮阔
12：30—13：00	拍照及短暂休息	在博物馆拍照留念，或在休息区稍作停留，补充体力，为后续参观做好准备
13：00—14：00	参观民俗文化展厅	了解各民族民俗文物的收集、整理与陈列情况，领略各民族民俗文化的独特魅力和深厚底蕴，感受中华民族多元一体的文化格局

续表

时间	活动安排	活动内容
14：00—16：00	午餐时间	离开博物馆，前往附近餐馆享用午餐，可品尝当地特色美食，体验新疆风味
16：00—17：30	互动体验	参与互动体验项目，如模拟历史场景、观看纪录片、参与教育活动、观看文物修复展示等
17：30—18：30	自由活动与购买纪念品	根据个人兴趣自由活动，可选择在周边散步欣赏当地风光，或在博物馆纪念品商店挑选纪念品，作为此次旅行的美好回忆
18：30—19：30	晚餐时间	结束东归博物馆的参观行程，在附近餐厅用餐
19：30—22：00	结束行程	可根据个人兴趣在和静县自由探索、体验当地生活，或返回住宿地

注意事项：①以上时间安排为参考方案，具体执行时可根据实际情况调整。建议提前与游客沟通好参观时间，并提醒其按时集合，确保活动顺利进行。②提醒游客保持安静，尊重展品，不要触摸或损坏文物。③注意个人安全，遵守馆内规定，特别是在参与互动体验项目时。

（三）巩乃斯国家森林公园

1. 背景介绍

巩乃斯国家森林公园，位于新疆巴音郭楞蒙古自治州和静县西北部的天山山脉腹地。公园具有“高、凉、野、奇、特、秀”六大特色，拥有黄金河、银河、石头滩、振兴桥、天险、揽月、刀背山、温泉疗养区等 8 个景区，涵盖 68 处景点景物，其中主要景点景物 42 个。著名景点有班禅沟、伊开结楞沟、洪加里克瀑布、仙女湖、铁木斯台沟等，是广大游客消夏避暑、观光游览、休闲放松及探险探秘的理想之地。这里山川壮丽、草原辽阔、森林茂密，是新疆乃至全国不可多得的生态旅游胜地。公园以其独特的地理位置和丰富的自然资源，集雪山、森林、草原、湖泊于一体，四季景色各异，夏季的草原花海和秋季的金色林海尤为迷人。在红色文化传承方面，巩乃斯国家森林公园承载着丰富的革命历史记忆，是旅游线路中不可或缺的一环，让游客在享受自然美景的同时，也能感受到历史的厚重与革命精神的传承。

游览巩乃斯国家森林公园时，游客可以徒步穿越原始森林，感受自然的宁静与神秘；登上雪山远眺，领略“天苍苍，野茫茫，风吹草低见牛羊”的壮丽景象；探访高山湖泊，享受湖光山色带来的心灵洗涤。此外，公园内还设有专门的红色文化区域，通过雕塑、纪念碑、纪念馆等形式，生动再现当地革命斗争的历史场景，让游客在欣赏美景的同时接受深刻的红色教育。

2. 设计思路

巩乃斯国家森林公园旅游线路旨在将自然风光与红色文化紧密结合，使游客在游览过程中既能领略大自然的鬼斧神工，又能深刻感受革命先烈的英勇事迹和崇高精神。该旅游线路的具体设计思路如下。

开篇引导：在公园入口设置“红色之旅”导览图，简要介绍当天行程安排及各个景点的红色文化内涵，激发游客的兴趣与期待。

自然风光铺垫：带领游客前往公园内的自然风光区，如草原、湖泊等，以优美的自然景观吸引游客注意力，为后续的红色文化体验做铺垫。

红色文化深入探索：进入红色文化区域，通过讲解员的生动讲解和互动展览，详细介绍巩乃斯地区的革命历史、英雄人物和重要事件。可设置 VR 体验区，让游客身临其境地感受当年的战斗场景，增强代入感和教育效果。

互动体验与感悟分享：在参观过程中穿插互动环节，如红色故事演讲比赛等，鼓励游客积极参与，深化对红色文化的理解和感悟。最后，组织集体感悟分享会，让游客分享所见所感，进一步巩固学习成果。

在设计巩乃斯国家森林公园旅游线路时，不仅要注重红色文化的传承与弘扬，还需充分利用公园内的自然风光资源，实现红色旅游与自然旅游的有机融合。通过精心规划游览路线和丰富多样的互动体验方式，游客可以在欣赏美景的同时接受红色教育，感受革命精神的洗礼。同时，还要注重游客的参与感和体验感，增加互动环节和趣味活动，让游客在轻松愉快的氛围中深入了解巩乃斯地区的历史文化和红色记忆。

3. 活动安排

巩乃斯国家森林公园具体游览线路安排如表 4-11 所示：

表 4-11 巩乃斯国家森林公园游览线路安排表

时间	活动安排	活动内容
10：00—10：30	抵达景区，办理入园手续	建议提前预订门票以减少排队时间；入园时请携带好个人证件，以便快速办理入园手续
10：30—12：00	游览草原观光区	从公园入口出发，沿着木质栈道深入草原腹地，沿途可观赏到成群的牛羊、五彩斑斓的野花以及远处连绵的雪山。在特定区域，游客还可以体验骑马、射箭等草原传统活动
12：00—14：00	游览湖泊景区	游览景区内的湖泊（如仙女湖），沉浸于湖光山色之中，感受宁静的湖泊美景
14：00—15：30	午餐及休息	在景区内的餐厅或野餐区享用午餐，并稍作休息，为下午的游览活动补充体力
15：30—16：30	游览班禅沟景区	参观班禅沟，欣赏其独特的自然风光和人文景观。班禅沟内漫山遍野的野花和独特的松树，将给游客留下深刻印象
16：30—17：30	互动体验与感悟分享	组织红色故事演讲比赛及集体感悟分享会，让游客分享游览过程中的所见所感
17：30—18：30	游览其他特色景点	根据个人兴趣和时间安排，可选择游览洪加里克瀑布或阿尔先温泉等特色景点（洪加里克瀑布以雄伟壮观著称，阿尔先温泉则因独特的医疗功效而闻名）
18：30—19：00	自由活动及购物	在景区内自由活动，游客可参观当地的民族文化展览，了解民族文化和历史；也可以购买一些当地的特色纪念品，如民族工艺品、土特产等
19：00—22：00	返回住处或继续其他活动	结束当日游览，返回住处休息；如果时间允许，也可以选择在景区周边继续其他活动，如观看当地民俗表演等

注意事项：①以上时间安排为参考方案，具体执行时可根据实际情况调整。建议提前与游客沟通好参观时间，并提醒其按时集合，确保活动顺利进行。②根据天气状况，提前提醒游客准备防晒等物品。③注意个人安全，尤其在参与互动体验活动时。

（四）巴音布鲁克草原

1. 背景介绍

巴音布鲁克草原，曾经被称为“裕勒都斯草原”“珠勒都斯草原”“尤鲁都斯草原”，位于新疆巴州和静县西北、天山山脉中部的山间盆地。巴音布鲁克草原总面积23835平方千米，是中国仅次于内蒙古呼伦贝尔大草原的第二大草原，也是集山丘、盆地、草原、湿地于一体的生态旅游景区。这里四周雪山环抱，草原辽阔无垠，河流蜿蜒，湖泊星罗棋布，尤其是开都河与巴音布鲁克河交汇形成的“九曲十八弯”景观，更是令人叹为观止。2013年，巴音布鲁克草原作为“新疆·天山”世界自然遗产组成部分，被批准列入《世界遗产名录》。2016年10月，巴音布鲁克草原创建成为国家5A级旅游景区。①

巴音布鲁克草原地势平坦，水草丰盛，是典型的禾草草甸草原，也是新疆最重要的畜牧业基地之一。其属温带大陆性干旱气候，夏季凉爽短暂，冬季寒冷漫长；降雨集中在6~8月份，降雪集中于1~3月份；水源补给以冰雪融水和降雨混合为主，部分地区有地下水补给。巴音布鲁克景区共有野生维管束植物62科、254属、704种，各类脊椎动物145种，是中国最大的天鹅保护区。② 巴音布鲁克草原景区以大小尤尔都斯盆地的高山草甸草原和高寒沼泽草甸生态景观、开都河上游河曲和沼泽湿地为景观主体，拥有雪山、峡谷、盆地、草原、河曲、湿地等生态景观，以及蒙古族风情、东归文化、草原文化等人文特色，其主要景点有“九曲十八弯”、土尔扈特民俗文化村、天鹅湖、草原之恋、巴润库热等。

虽然巴音布鲁克草原以自然风光著称，但其背后也蕴藏着丰富的红色文化资源。历史上，这里是多民族聚居地，见证了各族人民共同抵御外侮、追求民族解放和团结进步的斗争历程。挖掘和整理这些历史片段，设计一系列与自然景观相融合的红色旅游项目，让游客在欣赏美景的同时，感受革命先辈的英勇事迹和爱国情怀。

---

① 景区介绍［EB/OL］. 巴音布鲁克景区官网，2024-12-26.

② 景区介绍［EB/OL］. 巴音布鲁克景区官网，2024-12-26.

2. 设计思路

（1）启程：倡导绿色出行

从和静县城出发，乘坐电动巴士等低碳环保交通工具前往巴音布鲁克草原，沿途播放草原生态保护与红色历史的宣传视频，激发游客的环保意识与探索兴趣。

（2）自然探索：草原风光与生态教育

巴音布鲁克草原作为宝贵的自然资源，其旅游开发与生态保护必须并重。在设计红色旅游线路时，应通过科学规划和管理，最大限度减少旅游活动对生态环境的影响，实现旅游与生态的和谐共生。同时，借助红色旅游的力量，提升公众对生态保护重要性的认识，推动可持续发展。

（3）红色印记：革命传统教育

参观景区内的红色文化展示区，通过图文、实物、多媒体等形式，生动再现当地革命先烈的英勇事迹和革命传统，让游客在了解历史的过程中，深刻感悟当下幸福生活的来之不易。

（4）互动体验：环保主题活动

组织游客参与垃圾清理、生态宣传等实践活动，以实际行动助力草原生态保护。同时，设置互动环节，如环保知识问答、手工制作环保纪念品等，提高游客的参与度和环保意识。

（5）心灵洗礼：观赏“九曲十八弯”日落

在行程尾声，安排游客前往“九曲十八弯”观赏日落，将自然美景与红色精神深度融合，让游客在宁静与壮美中接受心灵洗礼，留存难忘回忆。

3. 活动安排

巴音布鲁克草原之旅涵盖自由游览、互动体验以及民俗文化村探访等活动，旨在让游客领略草原自然风光，增强生态保护意识。巴音布鲁克草原具体游览线路如表 4-12 所示：

表 4-12 巴音布鲁克草原游览线路安排表

时间	活动安排	活动内容
09：00—11：30	出发前往巴音布鲁克	从住宿地出发，沿指定路线前往巴音布鲁克草原，途中可欣赏沿途风景
11：30—12：00	抵达景区游客中心	抵达巴音布鲁克景区游客服务中心，办理自驾游或区间车游览手续，了解景区游览须知
12：00—13：00	游览天鹅家园	参观天鹅湖景区，这里是野生天鹅的栖息地，游客可以近距离观赏天鹅，感受大自然的和谐之美
13：00—14：00	草原之恋观景点	前往草原之恋观景点，全方位领略巴音布鲁克草原的壮美风光，观赏雪山群峰、湿地湖群，体验草原风情
14：00—15：30	午餐与休息	在游客服务中心附近或景区内的餐馆享用午餐，稍作休息，为下午的游览补充体力
15：30—16：30	游览九曲十八弯	乘坐区间车或自驾前往九曲十八弯观景台，这里是巴音布鲁克草原的标志性景观，游客可以俯瞰蜿蜒曲折的开都河在草原上形成的优美弯道，感受大自然的鬼斧神工
16：30—17：30	探访土尔扈特民俗文化村	前往土尔扈特民俗文化村，了解土尔扈特部的历史文化和生活习俗，感受浓郁的民族风情
17：30—18：30	草原互动体验	学习蒙古包搭建，或者体验马术基础技巧（需提前预约，适合对草原文化感兴趣的游客）；或组织游客参与垃圾清理、生态宣传和环保知识问答等活动
18：30—19：30	返回游客中心	结束一天的游览，返回游客中心
19：30—22：00	晚餐与休息	在景区附近或住宿地享用晚餐，休息调整，为第二天的行程做准备

注意事项：①巴音布鲁克草原海拔较高，早晚温差大，请游客注意携带保暖衣物。②游览过程中请遵守景区规定，不随意破坏自然环境和文物古迹。③注意安全，不在危险区域游玩或攀爬。④保护环境，不乱扔垃圾，共同维护景区环境整洁。⑤尊重当地风俗习惯，与当地居民友好相处。

三、项目总结与展望

（一）项目设计的特色与亮点

在和静县旅游线路设计中，通过深入挖掘当地丰富的红色文化资源，精心规划了一系列具有鲜明特色和亮点的旅游线路。首先，主题鲜明、内涵丰富是该线路设计的核心特色。该线路通过串联起和静县内的重要革命遗址、纪念馆及历史事件发生地，不仅展现了革命先辈的英勇事迹，还深刻诠释了红色文化的精神内涵，让游客在游览中接受爱国主义教育，增强民族自豪感和历史使命感。其次，体验式学习成为另一大亮点。通过设计一系列丰富多样的互动体验环节，如学习如何亲手搭建传统的蒙古包、亲身体验马术的魅力与技巧，旨在让游客能够全方位、身临其境地沉浸于广袤草原的独特风情之中，从而获得更加深刻而难忘的旅行体验。最后，文化融合与生态保护也是本次设计的重要特色。在设计旅游线路时，注重将红色文化与当地自然风光、民俗文化相结合，打造了一条既具有教育意义又富有观赏性的旅游线路。同时，坚持绿色旅游理念，确保旅游活动对自然环境的影响最小化，实现红色旅游与生态保护的和谐共生。

（二）项目设计评估

从教育效果来看，和静县旅游线路取得了显著成效。游客在游览过程中，不仅增长了历史知识，更深刻理解了红色文化的价值和意义，爱国主义情感得到了有效激发。通过问卷调查和游客反馈，我们了解到大多数游客对线路设计表示满意，认为其内容丰富、形式多样，具有很强的教育性和吸引力。

市场潜力方面，随着国家对红色旅游的大力推广和人们对文化旅游需求的日益增长，和静县红色旅游市场展现出广阔的发展前景。独特的地理位置、丰富的红色资源以及精心设计的旅游线路，使得和静县成为红色旅游的新热点。未来，通过加大宣传力度、完善基础设施、提升服务质量等措施，和静县红色旅游市场有望进一步得到拓展。

（三）项目设计展望

展望未来，和静县红色旅游将朝着更高质量、更可持续的方向发展。为了进一步优化线路设计以及全面提升旅游体验品质，特从以下四方面进行展望：

1. 强化社区参与与文化传承

在和静县旅游线路设计的未来发展中，强化社区参与是一个不可忽视的环节。社区是红色文化传承的重要载体。通过组织当地居民参与旅游服务、文化展示和故事讲述，不仅能够丰富旅游体验，还能加深游客对当地文化和历史的理解。同时，这种参与机制也有助于提升当地居民的自豪感和归属感，促进红色文化的活态传承。

2. 促进旅游与教育深度融合

为了进一步提升红色旅游的教育价值，应积极探索旅游与教育的深度融合模式。可以与当地学校、教育机构合作，将红色旅游线路纳入学生课外实践活动或研学旅行计划中，让学生在实地参观中接受生动的爱国主义教育。同时，也可以开发一系列红色旅游教育课程，结合线上线下的教学资源，为不同年龄段的游客提供个性化的学习体验。

3. 加强区域合作与品牌打造

和静县红色旅游的发展不应孤立进行，而应加强与周边地区乃至全国范围内的合作与交流。通过共同策划跨区域旅游线路，联合举办红色文化活动等方式，实现资源共享、优势互补，共同打造具有影响力的红色旅游品牌。此外，还可以借助互联网和新媒体平台，加大宣传推广力度，提高和静县旅游线路的知名度和美誉度。

4. 注重可持续发展与环境保护

在推动和静县红色旅游发展的过程中，必须始终坚持可持续发展的原则，注重环境保护与生态平衡。应科学规划旅游人员容量，避免过度开发及旅游活动对自然环境造成破坏。同时，加强旅游设施的建设和管理，推广绿色旅游理念，鼓励游客采取低碳、环保的旅游方式。此外，还应加强对红色文化遗产的保护和修缮工作，确保其得到妥善保存和传承。

【复习思考】

1. 如何增强旅游线路的互动性和体验性?
2. 如何促进旅游与当地社区的融合发展?
3. 如何平衡红色旅游开发与环境保护的关系?

4. 如何提升和静县红色旅游品牌的国际影响力?

【技能提升】

设计一份详细的红色旅游线路宣传手册。

任务要求：基于本项目中提供的和静县旅游线路设计内容，设计一份面向潜在游客的红色旅游线路宣传手册。手册应包括但不限于以下内容：

①封面设计：具有吸引力的标题、图片和简介。

②线路概述：简要介绍整个旅游线路的主题、亮点和推荐理由。

③日程安排：详细列出每日的行程安排，包括时间、地点、主要活动、建议穿着与携带物品等。

④景点介绍：对每个主要景点进行详细介绍，包括历史背景、特色景观、文化价值等。

⑤服务信息：提供交通指南、住宿推荐、餐饮选择、紧急联系方式等实用信息。

⑥文化体验：强调线路中的红色文化、民族文化体验活动，鼓励游客参与互动学习。

⑦安全须知：列出旅游过程中的安全注意事项，提醒游客做好个人防护。

⑧技能要求：手册设计需注重信息的准确性、完整性和可读性，同时考虑美观性和实用性，以便吸引并指导游客顺利完成旅行。

完成手册后，提交电子版或纸质版草案，并准备简短的设计说明，阐述设计理念、目标受众及预期效果。

第四节　和硕县、博湖县旅游线路设计项目

一、项目概述

（一）项目背景介绍

和硕县与博湖县，均坐落于新疆巴音郭楞蒙古自治州这片广袤而神秘的

土地上。这两地不仅自然风光旖旎，更因其丰富的红色历史遗迹和深厚的文化底蕴，成为新疆红色旅游与文化旅游资源的重要富集区。和硕县与博湖县，如同两颗璀璨的明珠，镶嵌在巴音郭楞蒙古自治州的版图上，散发着独特的光芒。

和硕县，一个充满历史厚重感的地方，其红色旅游资源尤为丰富。这里曾是我国20世纪60年代核试验基地的研究中心之一，许多国防将领和核试验科学家曾在此留下工作与生活的足迹。他们的奋斗历程和卓越贡献，为和硕县赋予了独特的红色文化内涵。而博湖县则以其秀美的自然风光和丰富的水资源而著称：博斯腾湖，作为我国最大的内陆淡水吞吐湖，为博湖县带来了无尽的生机与活力；大河口旅游景区、金沙滩、银沙滩等自然景观，如同博湖县的绿色名片，吸引着无数游客前来观光游览。

在当今社会，红色旅游已经成为一种重要的旅游形式，不仅能够让人们领略到自然风光的秀美，更能够让人们感受到革命历史的厚重和红色文化的魅力。因此，深入挖掘和整合和硕县、博湖县两地的红色旅游资源与自然景观，设计一条集教育性、体验性、观赏性于一体的旅游线路，对于促进当地旅游业的发展、传承红色文化、弘扬民族精神具有重要意义。

本项目正是在这样的背景下应运而生。通过本项目的实施，我们将和硕县、博湖县两地的红色旅游资源与自然景观有机地结合起来，打造一条独具特色的旅游线路。此举以期进一步推动当地旅游业的发展，为当地经济的繁荣和社会的进步做出积极的贡献。在具体实施过程中，注重线路的规划和设计，确保游客能够充分体验到和硕县、博湖县两地的红色文化和自然风光；精心选择具有代表性的红色旅游景点和自然景观，为游客提供一次难忘的红色之旅。同时，注重线路的宣传和推广，提高线路的知名度和影响力，吸引更多的游客前来体验。

（二）项目设计目标

本项目旨在通过深入挖掘和整合和硕县、博湖县两地的红色旅游资源与自然景观，设计一条集教育性、体验性、观赏性于一体的旅游线路。该线路不仅要展现两地的独特自然风光，更要凸显其深厚的红色文化底蕴，使游客在游览过程中既能领略自然之美，又能感受革命历史的厚重与红色文化的魅力。通过本项目的实施，期望达到以下三个具体目标：

1. 传承红色文化，弘扬民族精神

本项目旨在通过深入挖掘和展示和硕县、博湖县的红色文化资源，以马兰红山军博园为核心，传承和弘扬红色文化。红色文化是中国共产党领导人民在革命和战争时期形成的重要文化遗产，蕴含着丰富的革命精神和民族精神。通过实地参观、讲解互动等多种形式，游客可以深入了解革命历史，感受红色文化的独特魅力。这将有助于增强游客的爱国主义情怀和民族自豪感，从而进一步传承和弘扬红色文化。

2. 提升游客体验，丰富旅游内涵

本项目致力于提升游客的旅游体验，使他们在旅游过程中能够获得更多的乐趣和收获。同时，丰富旅游内涵，即增加旅游产品的文化、教育、娱乐等元素，使旅游不仅是一种休闲方式，更是一种全面的体验和学习过程。项目将红色旅游与自然景观紧密结合，为游客提供多样化、全方位的旅游体验。通过合理的线路安排和景点组合，确保游客在整个旅程中都能保持高度的兴趣和参与度。同时，注重提升旅游服务的质量和水平，以满足游客的个性化需求，提升游客的整体满意度。

3. 注重生态环保，促进可持续发展

本项目在实施过程中注重环境保护和生态平衡，确保旅游活动不会对当地自然资源和生态环境造成破坏，以此促进可持续发展，实现经济、社会和环境的协调发展，推动旅游业的长期繁荣。在项目设计和实施过程中，严格遵守环保法规，采取有效措施减少旅游活动对环境的压力。如推广低碳旅游方式、加强景区环境管理等。同时，注重提升公众的环保意识和参与度，共同推动旅游业的高质量、可持续发展。

二、项目主要内容设计

（一）项目总体设计

本项目的旅游线路：库尔勒市—马兰红山军博园—和硕县博物馆—博斯腾湖大河口景区—库尔勒市，共 3 天的行程。和硕县、博湖县旅游线路的具体安排如表 4-13 所示：

表 4-13 和硕县、博湖县旅游线路设计内容

时期	项目及天数	详细内容
行前	出发前准备	行前注意事项说明：4~6 人为一组，每组指派一个组长
		准备行装，了解和硕县、博湖县及沿途景点的天气情况，预订酒店，规划行程细节，确保交通工具准备就绪
行中	第一天	马兰红山军博园——重温红色记忆，传承马兰精神
	第二天	和硕县博物馆——探寻历史瑰宝，领略文化风情
	第三天	博斯腾湖大河口景区——体验西海风情，探秘生态绿洲
行后	成果展示	结束三天的行程，进行相关成果展示
	总结	回顾整个行程，分享旅游照片和体验，整理旅行笔记，为下次出游做好准备

（二）马兰红山军博园

1. 背景介绍

（1）历史背景

20 世纪五六十年代是极不寻常的时期。当时，面对严峻的国际形势，为抵制帝国主义的武力威胁和核讹诈，在 50 年代中期，以毛泽东同志为核心的第一代党中央领导集体，根据当时的国际形势，为了保卫国家安全、维护世界和平，高瞻远瞩，果断作出了独立自主研制“两弹一星”的战略决策。大批优秀的科技工作者，包括许多在国外已经有杰出成就的科学家，以身许国，怀着对新中国的满腔热爱，响应党和国家的召唤，义无反顾地投身到这一神圣而伟大的事业中来。他们和参与“两弹一星”研制工作的广大干部、工人、解放军指战员一起，在当时国家经济、技术基础薄弱和工作条件十分艰苦的情况下，自力更生、发愤图强，完全依靠自己的力量，用较少的投入和较短的时间，突破了原子弹、氢弹、导弹和人造地球卫星等尖端技术，取得了举世瞩目的辉煌成就。①

“两弹一星”——最初是指原子弹、导弹和人造卫星。“两弹”中的一弹是原子弹，后来演变为原子弹和氢弹的合称“核弹”；另一弹是导弹；“一

① 钱江．走近共和国“两弹一星”元勋们［J］．党史博览，2003（5）：30—32.

星”是人造地球卫星。1960年11月5日，中国仿制的第一枚近程导弹发射成功。1964年10月16日15时，我国第一颗原子弹爆炸成功，中国成为世界上第5个拥有原子弹的国家。1967年6月17日上午8时，我国第一颗氢弹空爆试验成功。1970年4月24日21时，我国第一颗人造地球卫星“东方红一号”发射成功，中国成为第5个发射人造卫星的国家。中国的“两弹一星”是20世纪下半叶中华民族创建的辉煌伟业。

“两弹一星”精神，即热爱祖国、无私奉献，自力更生、艰苦奋斗，大力协同、勇于登攀的精神，是中华人民共和国众多宝贵精神财富之一。它象征着在资源匮乏、条件艰苦的环境下，科研人员依然坚持科学技术开发与研究的崇高精神，也是我国科教兴国战略的重要开端。对中国而言，“两弹一星”是在非常艰苦且没有外援的环境下取得的成果。“两弹一星”精神象征着中华民族在社会主义制度下，自力更生、集中力量进行科学技术研究与开发的坚韧不拔的精神，以及创造“科技奇迹”的态度与过程。这一精神融合了“爱国主义”“集体主义”“社会主义”与“科学精神”等多重元素，可延伸至“科技创新”“知识经济”等多个领域，是中国人民在20世纪为中华民族创造的新的宝贵精神财富。在旅游线路设计中，必须继续发扬光大这一伟大精神，使其成为全国各族人民在现代化建设道路上奋勇开拓的巨大推动力量。

【知识链接】

“两弹一星”与中国航天科技的崛起及青年使命

中华人民共和国成立后，在20世纪50年代至60年代面对帝国主义的武力威胁和大国的核讹诈下，于1956年在周恩来、陈毅、李富春、聂荣臻的主持下，制定了《1956—1967年科学技术发展远景规划纲要》。

而毛泽东则在1958年先后表示“我们也要搞人造卫星！”“搞一点原子弹、氢弹、洲际导弹，我看有十年工夫是完全可能的。”① 即便当时中国开发上述技术的环境还十分落后和艰苦，但不少科学家从此开始投入这些开发

① 唐国东，华强，等．翱翔太空：中国载人航天之路［M］．上海：上海交通大学出版社，2012：332.

计划。

邓小平说过："如果60年代以来中国没有原子弹、氢弹，没有发射卫星，中国就不能叫有重要影响的大国，就没有现在这样的国际地位。这些东西反映一个民族的能力，也是一个民族、一个国家兴旺发达的标志。"①

2022年5月2日习近平给中国航天科技集团空间站建造青年团队回信，向航天战线全体青年致以节日的祝贺，并向他们提出殷切期望。强调建设航天强国要靠一代代人接续奋斗。希望广大航天青年弘扬"两弹一星"精神、载人航天精神，勇于创新突破，在逐梦太空的征途上发出青春的夺目光彩，为我国航天事业实现高水平科技自立自强再立新功。

马兰红山军博园是我国20世纪60年代核试验基地的研究中心之一及部队指挥中心。这里曾是中国人民解放军第二十一训练基地研究所（也称"国防科委第21研究所"）的所在地，是"两弹一星"诞生地之一，也是马兰精神的发源地。同时，这里还是中国"科学家精神教育基地"和"中国华侨国际文化交流基地"，以及自治区"关心下一代党史国史教育基地"。

1959年，马兰部队进驻和硕县，开启大规模国防建设，马兰逐步成为我国重要的核试验指挥中心与研究基地，孕育了伟大的"两弹一星"精神和马兰精神。为支持核试验基地建设，当地牧民先后搬迁7次，为"两弹一星"研究创造了有利条件。

1964年10月，我国第一颗原子弹试爆成功后，中央军委总参谋部、国防科委和核试验基地经过研究决定，将二十一所从北京迁至核试验基地。1965年，红山开始动工修建新的二十一所，至1966年秋基本建成。在物资极其匮乏、缺乏大型建设设备的情况下，依靠全国力量，基本以人工方式建成了司令部机关楼、办公大楼、科研楼、防化实验楼、家属宿舍楼、将军楼、俱乐部、军人服务社、学校、幼儿园、医院、工厂厂房等上百栋建筑，面积达45000平方米。

在红山的21年里，二十一所为中国的核事业建立了丰功伟绩，担负着对

① 邓小平．邓小平文选：第三卷［M］．北京：人民出版社，1993：279.

核武器设计的合理性进行控制、取样、测试、分析与验证的任务，并为核武器的改进、发展以及核武器的使用、效应和安全防护提供系统而可靠的数据。这里走出了“两弹”元勋程开甲、邓稼先等10位院士和29位将军，为中国打造精干有效的核力量作出了巨大贡献。

【知识链接】

核武器研制中的功勋人物

1999年9月18日，在庆祝中华人民共和国成立50周年之际，党中央、国务院、中央军委决定，对当年为研制“两弹一星”作出突出贡献的23位科技专家予以表彰，并授予于敏、王大珩、王希季、朱光亚、孙家栋、任新民、吴自良、陈芳允、陈能宽、杨嘉墀、周光召、钱学森、屠守锷、黄纬禄、程开甲、彭桓武“两弹一星功勋奖章”，追授王淦昌、邓稼先、赵九章、姚桐斌、钱骥、钱三强、郭永怀“两弹一星功勋奖章”（以上排名按姓氏笔画为序）。①

于敏（1926年8月16日至2019年1月16日），出生于河北省宁河县（现天津市宁河区）芦台镇。核物理学家，中国科学院学部委员。1960年年底起从事核武器理论研究，在氢弹原理突破中解决了热核武器物理中一系列关键问题。2015年被评为“感动中国年度人物”。

王大珩（1915年2月26日至2011年7月21日），光学专家，中国光学界的主要学术奠基人、开拓者和组织领导者，开拓并推动了中国国防光学工程事业。

王希季（1921年7月26日—），卫星和卫星返回技术专家，生于云南昆明。在美国弗吉尼亚理工学院获硕士学位。任航天工业部总工程师，返回式卫星总设计师。

王淦昌（1907年5月28日至1998年12月10日），江苏常熟人，核物理学家，中国惯性约束核聚变研究的奠基者。曾任中国原子能研究院院长，是

① 细数共和国“两弹一星”元勋：过半已陨落［EB/OL］. 北方网，2009-11-07.

中国核武器研制的主要科学技术领导人之一。

邓稼先（1924年6月25日至1986年7月29日），安徽怀宁人，理论物理学家、核物理学家，在原子弹、氢弹研究中领导了爆轰物理、流体力学、状态方程、中子输运等基础理论研究。

朱光亚（1924年12月25日至2011年2月26日），核物理学家，湖北武汉人。1957年后从事核反应堆研究工作。1994年中国工程院成立，朱光亚出任工程院首任院长。

任新民（1915年12月5日至2017年2月12日），安徽宁国人，航天技术和火箭发动机专家，中国导弹与航天事业开创人之一，曾任卫星工程总设计师。

孙家栋（1929年4月8日—），辽宁复县人，长期领导中国人造卫星事业，担任中国探月工程总设计师。20世纪60年代，孙家栋受命为卫星计划技术总负责人。

杨嘉墀（1919年7月16日至2006年6月11日），江苏吴江人，空间自动控制学家，中国航天科技和自动控制专家，自动检测学的奠基者。领导和参加了卫星总体及自动控制系统研制。

吴自良（1917年12月25日至2008年5月24日），生于浙江浦江县，材料科学家。1948年获美国卡内基理工大学（今卡内基梅隆大学）理学博士学位。在分离铀235同位素方面作出了突出贡献。

陈芳允（1916年4月3日至2000年4月29日），浙江黄岩人，无线电电子学家。1964年—1965年，提出方案并参与研制出原子弹爆炸测试仪器，并为人造卫星上天作出了贡献。

陈能宽（1923年4月28日至2016年5月27日），生于湖南慈利县，金属物理学、材料科学、工程物理学家。1960年以后从事原子弹、氢弹及核武器的发展研制。

周光召（1929年5月15日至2024年8月17日），湖南长沙人，理论物理、粒子物理学家。20世纪60年代初开始核武器的理论研究工作，曾任中国科学院院长。

赵九章（1907年10月15日至1968年10月26日），河南开封人，气象学家、地球物理学家、空间物理学家和教育家。曾任中国科学院卫星设计研究院院长，是中国地球物理和空间物理的开拓者，人造卫星事业的倡导者、组织者和奠基人之一。

姚桐斌（1922年9月3日至1968年6月8日），江苏无锡人，冶金学、航天材料专家，火箭材料及工艺技术专家，中国导弹与航天材料、工艺技术研究所的主要创建者、领导者。

钱三强（1913年10月16日至1992年6月28日），浙江湖州人，原子核物理学家，中国原子能事业的主要奠基人和组织领导者之一。曾任中国科学院原子能研究所研究员、所长，在研究铀核三裂变中取得了突破性成果。

钱学森（1911年12月11日至2009年10月31日），浙江杭州人，著名航天科学家，中国科学院、中国工程院资深院士。中国航天事业奠基人，被誉为“中国导弹之父”“中国火箭之父”“导弹之王”，2007年被评为“感动中国年度人物”。

钱骥（1917年12月27日至1983年8月18日），江苏金坛人。地球物理与空间物理学家、气象学家、航天专家，中国空间技术的开拓者，中国地球物理学科的主要创业者，也是中国人造卫星事业的先驱和奠基人。

郭永怀（1909年4月4日至1968年12月5日），山东荣成人，著名力学家、应用数学家、空气动力学家。中国科学技术大学化学物理系首任系主任，近代力学事业的奠基人之一，在力学、应用数学和航空事业方面有卓越贡献。

黄纬禄（1916年12月18日至2011年11月23日），安徽省芜湖市人，自动控制和导弹技术专家，中国导弹与航天技术的主要开拓者之一。曾任中国液体战略导弹控制系统的总设计师。

屠守锷（1917年12月5日至2012年12月15日），浙江湖州人，火箭技术和结构强度专家。曾任地空导弹型号的副总设计师，远程洲际导弹和长征二号运载火箭的总设计师。

程开甲（1918年8月3日至2018年11月17日），江苏吴江人，著名理论物理学家、核武器技术专家。中国第一颗原子弹研制的开拓者之一，核武器试验事业的创始人之一，核试验总体技术的设计者。

彭桓武（1915年10月6日至2007年2月28日），吉林长春人，理论物理学家。1940 年获英国爱丁堡大学哲学博士学位，曾参与并领导了中国的原子弹、氢弹研制计划。

（2）地理位置

马兰红山军博园位于新疆巴州和硕县乃仁克尔乡境内，占地面积 37.46 平方公里，具体地址为和硕县 288 县道东 50 米。和硕县地处新疆中部，北倚天山，南濒博斯腾湖，是进出巴州和南疆的门户，交通便利。

（3）文化价值

马兰红山军博园作为全国唯一以“两弹一星”研发为主题的军事纪念地，承载着厚重的历史和独特的红色精神，是爱国主义教育的重要阵地。2011 年，它被中华人民共和国国家发展和改革委员会列入国家红色旅游经典景区第二批名录，每年吸引大量游客前来参观学习。园内的“马兰魂”大型雕塑、将军楼、防空洞等景点，以及展览馆内丰富的实物和图片资料，让游客能够身临其境地感受当年核试验基地的艰苦创业历程和伟大成就。马兰红山军博园不仅是旅游景点，更是进行爱国主义教育和红色文化传承的重要场所。通过参观学习，人们可以缅怀老一辈科学家和军人官兵的丰功伟绩，弘扬“两弹一星”精神，激励当代人不断前进。

此外，军博园通过举办各种活动增强游客的互动性和教育意义，吸引了众多疆内外游客感受红色岁月，成为节假日热门的红色旅游景点之一。和硕县还打造了“功勋马兰·多彩和硕”文化旅游品牌，推出穿红军装、吃忆苦思甜饭、唱红军歌、演红军剧等系列互动活动，发挥红色旅游拉动效应，促进“引客入硕”，扩大文旅消费内需，推动当地红色旅游高质量发展。

（4）主要展示内容

马兰红山军博园作为我国 20 世纪 60 年代核试验基地的研究中心场所之一和部队指挥中心，主要展示内容涵盖丰富的历史遗迹、文物、图片和资料，具体包括：①历史遗迹。园区内保存了诸多重要的居所和工作场馆，如原基地司令部大楼、政治部大楼、将军住宅楼、警卫连营房、部队电影院、基地第三招待所等，这些建筑至今仍保持了原主体风貌，是历史的见证。②文物与实物。展览馆内陈列着大量珍贵的文物和实物，如中国第一颗原子弹和氢弹的1∶1模型、野外地质测绘仪器、配电箱和系统控制仪器、化验室烧瓶和生化实验容器等，这些实物生动地展现了我国核试验的实际过程。③图片与资料。园区内还展示了大量历史图片和资料，记录了老一辈科学家和军人官兵在马兰基地的艰苦创业历程和伟大成就，让游客更直观地了解这段历史。

(5) 历史意义

马兰红山军博园的历史意义重大，主要体现在以下几方面。①“两弹一星”研发的军事纪念地：作为我国“两弹一星”研发的重要场所，它见证了我国核武器事业从无到有、从小到大的发展历程，是我国国防科技事业的重要里程碑。②老一辈科学家和军人官兵的奋斗精神：这里曾留下诸多国防将领和核试验科学家工作与生活的足迹，他们隐姓埋名、无私奉献、艰苦奋斗的精神是中华民族的宝贵财富。③国家安全和国际地位的提升：马兰基地的成功建设和核试验的顺利进行，极大地提升了我国的国家安全能力和国际地位，为我国在国际事务中发挥更大作用奠定了坚实基础。

(6) 教育价值

马兰红山军博园作为爱国主义教育基地和红色旅游景点，其教育价值不言而喻，主要体现在以下三方面。①传承红色基因：通过参观学习，游客可以缅怀老一辈科学家和军人官兵的丰功伟绩，传承他们无私奉献、艰苦奋斗的红色基因。②增强民族自豪感：了解我国核武器事业的发展历程和伟大成就，能够增强民族自豪感和自信心，激励当代人为实现中华民族伟大复兴的中国梦而努力奋斗。③培养爱国情怀：园区内的展览和讲解让游客深刻感受到先辈们为了国家和民族的利益所付出的巨大牺牲和贡献，从而激发爱国情怀和社会责任感。

2. 设计思路

马兰红山军博园的旅游线路设计以“重温红色记忆·传承马兰精神”为主题，紧密结合其红色教育功能，精心规划参观路线并设计丰富的互动体验活动。此举旨在让游客在参观过程中深刻感受我国国防科技的发展历程、科研精神的伟大内涵，激发爱国情怀和民族自豪感。同时，互动环节的设计将增强游客的参与感和体验感，使旅游体验更加深入、难忘。

3. 活动安排

马兰红山军博园的具体游览线路如表 4-14 所示：

表 4-14 马兰红山军博园游览线路安排表

时间	活动安排	活动内容
09：00—11：30	离开出发地	从库尔勒市集合出发，前往马兰红山军博园
11：30—12：00	途中休息	在途中的休息区稍作停留，享用午餐或简单休息
12：00—13：00	抵达马兰红山军博园	抵达马兰红山军博园，购票入园，开始游览
13：00—14：00	博物馆参观	参观博物馆，了解马兰部队的历史文化遗迹，品味革命年代的峥嵘岁月；组织观看《东方巨响》《两弹一星》等相关纪录片或宣传片，直观感受那段峥嵘岁月中的奋斗与牺牲
14：00—15：30	将军楼参观	游览 20 世纪 50 年代将军们住过的将军楼，感受历史氛围；设置 VR 体验区，让游客“走进”将军楼，沉浸式体验老一辈科学家和将领的生活和工作状态
15：30—16：30	防空洞穿越	穿越长达 300 米深邃迂回的人工防空隧洞（三线指挥部），体验核试验的神秘与艰辛；互动环节：设置科普讲解站，邀请专家现场讲解科研设施的工作原理和历史意义，提升游客的科学素养
16：30—17：30	蛙鸣山登顶	登顶蛙鸣山，欣赏山顶形似青蛙的石头，俯瞰周围景色
17：30—18：30	龙山桥游览	参观电视剧《有个地方叫马兰》的拍摄场景龙山桥，感受影视作品的真实场景
18：30—19：00	参观“马兰魂”大型雕塑	纪念雕塑及广场参观马兰花大型雕塑，了解雕塑背后的故事和意义；互动环节：组织集体默哀或献花仪式，表达对老一辈科学家和军人官兵的敬仰与缅怀
19：00—19：30	开展小组讨论	围绕“两弹一星”精神展开主题讨论，引导游客思考其在新时代的意义与价值
19：30—	返回出发地	结束游览，乘车返回和硕县；晚餐可自行品尝当地的特色美食

注意事项：①以上时间仅为参考，具体行程安排可根据实际情况或个人兴趣进行调整。②在游览过程中，请尊重当地的文化习俗，保持环境整洁，

爱护文物古迹。③根据天气状况，提前提醒游客准备防晒物品等。④注意个人安全，尤其是在穿越防空洞和登顶蛙鸣山时。

（三）和硕县博物馆

1. 背景介绍

（1）地理位置

和硕县博物馆位于新疆巴州和硕县特吾里克镇，具体地址在清水河北路与花园路交汇处，靠近解放路、金沙滩路等主要道路，交通便利。博物馆不仅地理位置优越，还紧邻葡萄公园等自然景观，为游客提供了丰富的游览体验。

（2）馆藏特色

和硕县博物馆作为文物系统国有博物馆，其馆藏丰富多样，具有显著的地方特色和历史价值。博物馆总建筑面积为 2842.81 平方米，展厅总面积约 2542 平方米，2020 年 4 月 30 日展陈提升后，分为“历史文物陈列”“自然与民族风情陈列”“峥嵘和硕，未央中国”3 个展厅。

①历史文物陈列：展示了和硕因地理和人文的多样性，保存的汉唐至清代屯田遗址、烽燧和古城址等历史古迹，以及石器、陶器、金属器、纺织品、木器和玉器等文物瑰宝。这些历史文化遗产以丰富的内涵和科学价值，清晰地昭示：在我国统一多民族历史发展进程中，包括和硕在内的新疆各族人民与全国人民共同开拓了中国的辽阔疆土，共同创造了灿烂的中华文化，共同缔造了多元一体的中华民族大家庭，共同书写了悠久的中国历史。

②自然与民族风情陈列：系统展现了和硕县自古以来就是多民族集聚的地区，各民族经过诞育、分化、交融，形成了血浓于水、休戚与共的关系。目前，和硕县共有 33 个民族在此生活，各民族均为开发、建设、保卫家乡作出了重要贡献。和硕县非物质文化遗产资源品类众多，在巴州乃至全疆具有重要而独特的地位。全县共有非物质文化遗产名录项目 87 项，其中“祖拉节”“萨吾尔登舞”“蒙古族服饰”“蒙古族祭敖包”“赛骆驼”为自治区级项目，自治州级项目 82 项，县级项目 82 项。此展厅从各民族的住房、服饰、生活用品及风俗习惯等方面，系统展现了和硕少数民族绚丽多彩的民族民俗风情。

③峥嵘和硕，未央中国：“峥嵘”有“非凡”“不平凡”之意；“未央”意为“无灾无祸、长寿平安”，标题蕴含“非凡的和硕，平安中国”的意境，既体现了和硕为国尽忠的豪情，又暗示了这里铸就的“国之重器”护佑着祖国的尊严与安宁。展览以红山核武器试验指挥中心旧址为主要依据，以马兰基地的创建、和硕县军民共建和民族团结为主要内容，是和硕博物馆区别于全疆其他县市博物馆的特色展阵。①

（3）在红色文化传承中的作用

和硕县博物馆在红色文化传承中发挥着举足轻重的作用。作为民族团结进步教育基地和党史学习教育基地，博物馆通过丰富的展览内容和生动的讲解服务，让游客在参观过程中深刻感受红色文化的魅力和力量。

①教育功能：博物馆为高校师生、党员干部及广大游客提供了一个学习红色文化、接受爱国主义教育的重要平台。通过参观，人们能够深入了解中国共产党的奋斗历程和和硕县的历史变迁，增强民族自豪感和爱国情怀。

②传承使命：博物馆致力于传承和弘扬红色文化，通过举办各类主题展览、讲座和活动，让红色基因代代相传。同时，博物馆还积极与周边学校、社区合作，开展形式多样的红色教育活动，为培养新时代接班人贡献力量。

2. 设计思路

以“探寻历史瑰宝，领略和硕文化魅力”为主题，结合和硕县博物馆的馆藏特色，设计一条深入了解当地历史文化和红色记忆的旅游线路。线路强调教育意义，通过讲解员的讲解和互动展览，引导游客深入了解和硕的历史和文化。博物馆尤其注重红色文化的传承与展示，通过实物、图片、文字等多种形式，再现和硕县在抗日战争时期和社会主义建设时期的英勇事迹和光辉历程。特别是讲述了和硕县与轮台县各族人民共同捐赠战斗机“轮台—和硕号”的感人故事，彰显了民族团结和爱国主义精神。

3. 活动安排

和硕县博物馆作为和硕县、博湖县红色旅游线路中的重要节点，凭借独特的地理位置、丰富的馆藏特色及在红色文化传承中的重要作用成为游客深

---

① 和硕县文化体育广播电视和旅游局．和硕县博物馆简介［EB/OL］．和硕县人民政府网站，2024-10-26.

入了解和硕县历史文化、自然风光和红色记忆的重要窗口。参观流程规划，包括入馆导览、重点展览讲解、互动体验等。和硕博物馆的具体游览线路如表 4-15 所示：

表 4-15　和硕县博物馆游览线路安排表

时间	活动安排	活动内容
09：00—09：30	离开出发地	从和硕县出发，前往和硕县博物馆
09：30—10：00	抵达和硕县博物馆	抵达博物馆，领取导览图或租借语音导览设备
10：00—11：00	历史文物陈列厅	参观历史文物陈列厅，了解汉唐至清代和硕县的历史变迁，欣赏石器、陶器、金属器等文物瑰宝
11：00—12：30	自然与民俗风情厅	前往自然与民俗风情厅，感受和硕县独特的自然风光和民俗风情，了解当地的文化传统和生活习俗
12：30—14：00	峥嵘和硕，未央中国	通过文物和史料，了解和硕县的历史沿革、独特文化、在中国历史中的地位，以及现代成就
14：00—15：30	午餐休息	在博物馆附近餐厅用餐或在指定休息区休息
15：30—17：00	其他临时展览厅	根据博物馆展览安排，参观临时展览厅，了解最新的文化或历史展览内容
17：00—18：00	互动体验区	参与博物馆互动体验项目，如虚拟现实体验、手工艺品制作等，增加游览的趣味性和参与感
18：00—18：30	博物馆纪念品商店	前往纪念品商店，选购具有和硕特色的纪念品或文创产品，留存旅行纪念
18：30—	前往博湖县	结束游览，乘车前往博湖县博斯腾湖大酒店，享用晚餐并品尝当地美食（如博湖鱼宴等）

注意事项：①以上时间仅为参考，具体行程安排可根据实际情况或个人兴趣进行调整。②提醒游客保持安静，尊重展品，切勿触摸或损坏文物。③注意个人安全，遵守馆内规定，尤其是在参与互动体验环节时。

（四）博斯腾湖大河口景区

1. 背景介绍

博斯腾湖作为中国最大的内陆淡水湖之一，位于巴州博湖县境内。大河口旅游景区，也称为“西海渔村”，是镶嵌在博斯腾湖西岸的一颗璀璨明珠，也是国家AAAAA级旅游景区。景区凭借湿地景观、苇荡莲塘、民族风情、民俗活动、节庆赛事等核心旅游资源，打造成集湿地观光、生态休闲、民俗体验、文化探索等为一体的“博斯腾”文化体验目的地。大河口旅游景区不仅是自然景观的展示地，还是文化体验的场所，致力于成为“新疆的戏水乐园、全疆人民的休闲度假村”。此外，大河口旅游景区还提供了丰富的游览项目，包括餐饮广场、西海第一锅、渔舟唱晚、渔趣风情、观鱼轩、内陆渔港码头、水上舞台、西海长廊、湿地木栈道、姜太公垂钓园、西域娱乐城、蒙古大营、望海亭、西海沙浪娱乐区等，旨在为游客提供丰富的体验和娱乐活动。

这里还是美食爱好者的天堂。鲜美的鱼类和独特的烤全羊，以及各种美味的水果和饮品，让游客在享受美景的同时也能品尝到地道的新疆美食。大河口旅游景区以其独特的自然风光和丰富的文化体验，成为新疆乃至西北地区最大的渔业生产基地，更吸引着探险家、历史爱好者和美食家纷至沓来。

2. 地理位置

博斯腾湖位于新疆维吾尔自治区的巴音郭楞蒙古自治州天山南麓、焉耆盆地东南部的博湖县境内（东经86°40′~87°25′，北纬41°56′~42°14′），是中国最大的内陆淡水吞吐湖，水域面积广阔，拥有丰富的自然和人文旅游资源。大河口旅游景区位于新疆巴州博湖县博斯腾湖西岸。

3. 自然景观

博斯腾湖的自然景观极丰富多样，主要包括以下几方面。①湖泊风光：博斯腾湖水域面积广阔，湖水清澈，湖面波光粼粼，与周围的山峦、草原相映成趣，构成了一幅美丽的自然画卷。②芦苇荡与睡莲：湖区周围生长着广袤的芦苇，是中国重要的芦苇生产基地；此外，博斯腾湖还拥有我国最大的野生睡莲群，每到夏季，万亩睡莲竞相开放，与清澈的湖水和芦苇荡共同构成了一幅独特的生态景观。③红海滩：位于博斯腾湖西岸的红海滩是景区的一大特色。每到夏季，滩涂上大片盐生植物红藻疯长，形成了一片鲜艳夺目的“红色海洋”，为游客提供了独特的视觉体验。

4. 红色文化资源

大河口作为博斯腾湖的重要组成部分，拥有得天独厚的旅游资源。这里水域开阔、风景秀丽，是游客体验湖泊风光，以及进行水上活动的理想之地。

同时，大河口地区还设有快艇、帆船、沙滩排球等休闲项目，可以满足游客多样化的旅游需求。虽然大河口自身红色文化资源有限，但通过与博湖县乃至巴州的其他红色景点联动，可串联形成红色旅游线路。例如，可以组织游客前往当地的革命纪念馆、烈士陵园等红色景点参观学习，了解当地的历史文化和革命传统。同时，在大河口地区也可以开展红色主题教育活动，如红色故事讲解、革命歌曲传唱等，让游客在轻松愉快的氛围中接受红色文化的熏陶和教育。

5. 设计思路

设计大河口旅游景区线路时，需先对景区的自然资源、文化底蕴进行全面调研，明确其独特魅力所在。在此基础上，根据目标游客群体的需求和偏好，规划出既符合景区特色又能满足游客期待的旅游线路。线路设计应遵循主题明确、流畅连贯、体验丰富和生态保护的原则，确保游客在游览过程中能够充分感受到大自然的壮丽与文化的深厚。同时，深入挖掘和整合周边红色文化资源，将其融入线路设计中，能进一步提升景区的旅游吸引力和文化内涵，拓展红色旅游发展空间。

6. 活动安排

以“体验西海风情，探索内陆淡水湖之美”为主题，依托博斯腾湖的自然风光，设计融合红色文化的旅游线路。该线路强调湖泊生态保护与红色文化传承，引导游客关注生态保护并了解红色历史。博斯腾湖大河口旅游景区的具体游览线路如表 4-16 所示：

表 4-16　博斯腾湖大河口景区游览线路安排表

时间	地点	活动内容
09：00—09：30	景区大门	抵达大河口旅游景区，购票入园。欣赏具有蒙古族风情的景区大门设计
09：30—10：00	餐饮广场	在餐饮广场享用早餐，选购博湖辣椒酱、番茄酱等作为伴手礼
10：00—10：30	西海第一锅	参观西海第一锅，了解其背后的文化意义和建筑特色，体验博斯腾湖丰富的鱼文化

续表

时间	地点	活动内容
10：30—11：30	烤鱼区	品尝博斯腾湖野生有机烤鱼，如池沼公鱼、黑鱼、五道黑等
11：30—12：30	渔趣风情区	漫步渔趣风情区，观赏湖景，体验如《渔舟唱晚》般的宁静氛围，了解渔民的生活和文化
12：30—14：00	观鱼轩	在观鱼轩休息，通过木栈道近距离观赏湖中鱼类，体验鱼群随行的乐趣
14：00—15：00	内陆渔港码头	参观西北五省最大的内陆渔港码头，观看游船、渔船等水上活动；乘船游览博斯腾湖，欣赏湖光山色，了解湖泊生态系统的构成与保护知识
15：00—16：00	水上舞台	在水上舞台对岸观看水上歌舞表演，感受独特的文化氛围
16：00—17：00	芦苇荡/湿地木栈道	前往芦苇荡，观赏各种鸟类和昆虫；漫步湿地木栈道，享受自然风光
17：00—17：30	活动地点	开展环保主题活动，如垃圾清理、生态宣传等，引导游客参与湖泊生态保护
17：30—19：00	姜太公垂钓园/西海沙浪娱乐区	在姜太公垂钓园体验垂钓乐趣，或在西海沙浪娱乐区参与沙滩娱乐活动
19：00—22：00	结束游览，返回库尔勒市	结束一天的游览，乘车返回库尔勒市

注意事项：①以上时间仅为参考，具体行程安排可根据实际情况或个人兴趣进行调整。② 根据天气状况，提前提醒游客准备防晒物品等。③注意个人安全，遵守旅游景区的规定，尤其是在参与互动体验时。

三、项目总结与展望

（一）项目设计的特色与亮点

本项目设计在红色文化传承、自然景观融合、环保理念、教学实践以及市场创新等方面均展现出独特的特色和亮点，主要体现在以下几方面：首先，对红色文化的深度挖掘与传承。马兰红山军博园不仅是一个展示我国核武器事业发展历程的窗口，更是一个传承红色基因、弘扬爱国主义精神的重要阵地。项目紧密结合和硕县与博湖县的红色文化资源，特别是马兰红山军博园，深入展现了“两弹一星”精神和马兰精神。游客可以亲身感受我国核武器事业的发展历程，从而有效传承红色基因。其次，实现自然景观与红色文化的完美结合。项目不仅展现了红色文化，还融合了博斯腾湖大河口旅游景区的自然景观，增添了旅游的观赏性和趣味性。再次，项目注重生态环保与可持续发展，旅游过程中严格遵守环保法规，推广低碳旅游，致力于实现旅游业的绿色发展。最后，项目设计与市场需求紧密结合，通过市场调研和分析，精准定位游客需求，不断创新旅游产品和线路设计，提高其市场吸引力。

（二）项目设计评估

和硕县、博湖县红色旅游线路在教育效果和市场潜力方面均表现出显著优势。在教育效果方面，该线路以马兰红山军博园为核心，通过丰富的展览内容和生动的讲解服务，有效传承了红色基因，弘扬了爱国主义精神。而且，该线路设计注重教育性与体验性的结合，通过互动体验、角色扮演等多种形式，显著提升了游客的教育体验。此外，游客通过深入了解红色历史和文化，能够增强文化自信与爱国情怀。在市场潜力方面，随着红色旅游的兴起，该线路以其独特的历史背景和丰富的文化内涵，满足了游客对红色文化探索的需求，具有旺盛的市场需求。而且，该线路在内容上注重红色文化与自然风光的结合，形成了差异化竞争优势，有助于吸引更多游客。此外，通过游客的口碑传播，该线路在市场上形成了良好的品牌形象和知名度，具有可持续发展的潜力。

（三）项目设计展望

和硕县、博湖县的红色旅游线路拥有无限的潜力和广阔的前景。第一，随着红色旅游的日益受欢迎，通过不断地创新和努力，和硕县、博湖县的红色旅游线路定能成为环塔里木地区，乃至全国知名的红色旅游品牌。特别是其核心景点马兰红山军博园，作为“两弹一星”的重要历史见证，其在爱国主义教育、国防教育等方面的价值将愈发凸显。第二，为了迎合市场细分化的趋势，该线路将朝着更加个性化和差异化的方向发展，为各类游客，如家庭、学生、老年人等，提供更加贴心的旅游体验。深入挖掘并整合当地的红色旅游与自然资源，使旅游线路的文化内涵和教育意义更加丰富。第三，加强与周边地区的合作，实现资源共享和市场共赢，推出更多联合旅游产品。同时，加大市场推广力度，与多方合作伙伴携手，共同提升线路的知名度和品牌影响力。第四，在旅游业的发展过程中，始终坚守生态保护和可持续发展的原则，确保旅游活动与自然环境和谐共生。积极推动绿色旅游，倡导低碳出行，保护野生动植物资源，减少对生态环境的负面影响。第五，利用现代信息技术，打造智慧旅游平台，为游客提供更加智能化、便捷化的服务。不断提升服务质量，满足游客的多样化需求，为他们营造更加舒适、便捷的旅游环境。针对不同游客群体，推出更多元化的旅游产品，如红色研学游、亲子游等。深化文化与旅游的融合，通过举办各种文化活动，丰富游客的旅游体验，增强他们的文化归属感。

【复习思考】

1. 简述马兰红山军博园的历史背景，分析其在红色旅游中的文化价值和社会意义。

2. 探讨和硕县博物馆如何将自然风光与红色文化相结合，设计一条既具观赏性又具教育意义的红色旅游线路。

3. 挖掘博斯腾湖大河口旅游景区潜在的红色旅游资源，并提出开发利用的具体策略。

4. 在设计环塔里木红色旅游线路时，应如何平衡自然景观、人文历史、红色文化、游客体验等多个因素。请结合和硕县、博湖县的实际情况进行论述。

【技能提升】

请挑选一位在“两弹一星”工程中作出杰出贡献的科学家，深入探究其生平事迹。通过实地探访他们曾经工作与生活的场所，广泛搜集和研读相关文献资料，生动讲述这些科学家们如何默默无闻地投身于国家重大科技事业，展现其惊人的毅力和智慧，为国家的科技进步和国防安全作出的不可磨灭的贡献。在此过程中，请深入领悟“两弹一星”的精神内涵，并思考这一精神对个人成长有哪些启发和影响。

第五节 轮台县、铁门关市旅游线路设计项目

一、项目概述

（一）项目背景介绍

本项目旨在深入探索和开发轮台县与铁门关市的红色旅游资源，通过设计特色旅游线路，推动地方经济发展，传承红色文化。以下是关于轮台县和铁门关市的地理位置、历史文化背景及红色旅游资源的简介。

轮台县位于新疆维吾尔自治区巴音郭楞蒙古自治州西部，地处天山南麓、塔里木盆地北缘，东邻库尔勒市，南靠尉犁县，西与阿克苏地区库车市接壤，北依和静县，是古西域都护府所在地。轮台县历史悠久，是西域 36 城邦之一。西汉神爵二年（前 60 年），西汉中央政权在轮台设立西域都护府，统摄天山南北，使其成为古丝绸之路中道上的重镇与关键节点。这里曾是西域的政治、军事、经济、文化中心，留存众多历史古迹和文化遗址。轮台县拥有丰富的红色旅游资源，如西域都护府遗址等，这些资源见证了中华民族抵抗外侮、争取民族独立解放的历史，是开展红色旅游的重要载体。

铁门关市位于新疆维吾尔自治区天山南麓、塔里木盆地东部，北依天山，南依阿尔金山，形成独特的自然景观。其名源于中国古代 26 名关之一的“铁门关”。作为新疆生产建设兵团第二师实行师市合一管理体制的县级市，铁门关市的第二师渤海教导旅纪念馆等红色旅游资源，不仅记载着革命先辈的英勇事迹，更承载着深厚的红色文化底蕴。开发这些资源，有助于人们铭记历史、缅怀先烈，传承红色基因。

红色旅游在推动地方经济发展和传承红色文化方面具有重要作用。一方面，红色旅游可以带动相关产业的发展，如餐饮、住宿、交通等，从而促进当地经济的增长；另一方面，红色旅游也是传承红色文化的重要途径，通过参观革命历史遗址、纪念馆等，可以让人们更加深入地了解历史、缅怀先烈，增强爱国主义情感和民族自豪感。因此，本项目致力于深入挖掘和开发轮台

县与铁门关市的红色旅游资源，打造特色旅游线路，为推动地方经济发展和传承红色文化作出贡献。

（二）项目设计目标

通过本项目的设计与实施，旨在深度融合轮台县与铁门关市的红色旅游资源，精心打造一条集历史文化教育、自然风光体验以及红色精神传承于一体的特色旅游线路。本线路将以塔里木胡杨林国家森林公园、西域都护府文化小镇以及第二师渤海教导旅纪念馆这3个核心任务点，向游客展示该地区的独特红色文化和壮丽自然景观，以期达成以下四方面的具体设计目标：

1. 凸显红色文化特色，深化历史教育意义

通过将塔里木胡杨林国家森林公园的自然景观与红色历史相结合，并对西域都护府文化小镇和第二师渤海教导旅纪念馆进行深度挖掘，该线路旨在彰显轮台县和铁门关市的红色文化特色。希望游客在游览过程中，能够深刻感受到革命历史的厚重感和红色文化的独特魅力，从而增强历史认知与民族自豪感。

2. 融合自然景观，提升红色旅游体验

本项目将充分利用轮台县与铁门关市的自然景观，如将塔里木胡杨林国家森林公园的与红色旅游景点相结合，为游客提供全新的旅游体验。通过合理的线路规划与景点安排，使游客在领略自然风光的同时，深刻体验红色文化的精神内涵，进而提升整体旅游体验。

3. 创新红色旅游教育模式，实现实践育人

本项目将打造创新的红色旅游教育模式，通过实地参观、互动式讲解和情景体验等方式，让游客在游览过程中接受生动的革命传统教育和爱国主义教育。同时，该项目也将为旅游管理等相关专业提供宝贵的实践教学资源，帮助学生提升实践能力和综合素质，为未来职业发展奠定坚实基础。

4. 坚持生态优先，推动红色旅游绿色发展

在项目的规划和实施过程中，始终坚持生态优先的原则，确保旅游活动不会对当地的自然环境和生态系统造成破坏。通过推广环保理念、采用低碳旅游方式以及加强景区环境管理等措施，本项目将致力于推动红色旅游的绿色发展，实现经济、社会和环境的和谐共生。

二、项目主要内容设计

（一）项目总体设计

本项目的旅游线路为：库尔勒市—塔里木胡杨林国家森林公园—西域都护府文化小镇—第二师渤海教导旅纪念馆—库尔勒市。轮台县、铁门关市旅游线路的具体安排如表 4-17 所示：

表 4-17　轮台县、铁门关市旅游线路设计的内容

时期	项目及天数	详细内容
行前	出发前准备	行前注意事项说明：以 4~6 人为一组，每组指派一个组长
		准备行装，了解轮台县、铁门关市及沿途景点的天气情况，预订酒店，规划行程细节，确保交通工具准备就绪
行中	第一天	塔里木胡杨林国家森林公园——探秘荒漠绿洲，体验胡杨精神
	第二天	西域都护府文化小镇——穿越千年丝路，体验西域风情
	第三天	第二师渤海教导旅纪念馆——传承铁血丹心，铸就屯垦戍边精神
行后	成果展示	结束三天行程后，各组以图文、视频、演讲等形式进行成果展示
	总结	回顾整个行程，分享旅游照片和体验，整理旅行笔记，为后续旅行或项目优化提供参考

（二）塔里木胡杨林国家森林公园

1. 背景介绍

塔里木胡杨林国家森林公园总面积 100 平方千米，位于塔克拉玛干沙漠东北边缘的塔里木河中游、巴州轮台县城南沙漠公路 70 公里处。它是新疆面积最大的原始胡杨林公园，也是整个塔里木河流域原始胡杨林最集中的区域。

该公园集塔河自然景观、胡杨景观、沙漠景观、石油工业景观于一体，是观光览胜、休闲娱乐、野外探险、科普考察的自然风景旅游胜地。这里坐拥世界第二大流动沙漠、我国最大的沙漠——塔克拉玛干沙漠，以及我国最长的内陆河——塔里木河，更是世界上最古老、面积最大、分布最密集、保存最完整、最原始的胡杨林保护区。胡杨是公元 3 世纪残余的古老树种，是因沙化后而转化的植物，其珍贵程度与银杏齐名，具有极强的生命力，素有

"活化石"之称。

塔里木胡杨林国家森林公园内分为游客服务区、观光览胜区及休闲娱乐区。游客服务区是集餐饮、住宿、娱乐及购物为一体的综合服务区；观光览胜区由一条约 17 千米长、弯道多达 126 处的游览道路及沿途千姿百态的古老胡杨林区构成；休闲娱乐区由一条 13 公里长的环形游览小铁路和多处林中湖泊串联构成。乘坐观光小火车，可一跃绿草地、二窜红柳丛、三过芦苇荡、四跨恰阳河、五绕林中湖，尽览大漠"江南"秀色。深秋时节，金色胡杨将塔里木河两岸装点得如诗如画、灿烂辉煌。

（1）自然景观特色

①胡杨景观：胡杨是生活在沙漠里的一种植物，以"生而一千年不死，死而一千年不倒，倒而一千年不朽"的特性，被世人称为"沙漠英雄树"，它不仅展现出强大的生命力，更象征着不屈不挠、坚韧不拔的民族精神，也被誉为"最美丽的树"。作为古新世第三纪的残余古老树种，胡杨具有惊人的抗干旱、御风沙、耐盐碱能力，能在沙漠中顽强生存。公园内的胡杨高大粗壮，形态各异，有的弯曲倒伏，有的仰天长啸，尽显生命的坚韧与壮美。②沙漠景观：公园地处沙漠地带，沙丘起伏，为游客提供了独特的沙漠风光体验。深秋时节，金色胡杨与沙漠相映成趣，构成如诗如画的美丽画卷。③塔河景观：塔里木河作为新疆的母亲河，流经公园，为胡杨林提供了宝贵水源。河水与胡杨林、沙漠共同构成独特的自然景观。

（2）生态价值

①生物多样性保护：塔里木胡杨林国家森林公园是众多珍稀动植物的栖息地。野骆驼、野猪、马鹿等珍稀动物在林间栖息，而天鹅、野鸭、大雁等水鸟也在湖面上翩翩起舞，为公园增添了生机与活力。②防风固沙：胡杨具有强大的防风固沙功能，对于维护生态平衡、防治沙漠化具有重要意义。该公园的存在，为周边地区筑起了一道天然的绿色屏障。

（3）文化价值

①历史遗迹的见证：塔里木胡杨林国家森林公园不仅拥有美丽的自然景观，还承载着丰富的历史文化。公园内屹立着 2000 多年前的汉代烽燧，是戍边将士的丰碑；古老的"丝绸之路"也曾穿行于胡杨林中，见证了岁月的沧

桑变迁。②红色精神的传承：胡杨作为“沙漠英雄树”，其坚韧不拔、顽强生存的精神，与红色旅游中的革命精神高度契合。游客在欣赏胡杨美景的同时，也能感受到不屈不挠、勇往直前的红色精神。

2. 设计思路

本项目依托轮台县丰富的自然景观，打造一条集自然风光欣赏、历史文化教育于一体的特色旅游线路。线路以塔里木胡杨林国家森林公园为核心，通过融合自然景观与红色文化元素，同时严格遵循生态优先原则，合理规划游览线路与活动项目，旨在提升游客的整体体验，推动地方经济发展。

3. 活动安排

塔里木胡杨林国家森林公园游览线路旨在让游客充分体验公园的美丽景色与丰富活动，同时确保游客有足够的休息与补给时间。具体行程安排如表 4-18 所示：

表 4-18 塔里木胡杨林国家森林公园游览线路安排表

时间	活动内容	详细说明
10：00—10：30	抵达塔里木胡杨林国家森林公园	抵达公园入口，购买门票，准备开始一天的游览
10：30—12：00	徒步游览胡杨林	沿着指定的徒步路线，欣赏胡杨林的壮丽景色；拍摄照片，感受大自然的宁静与美丽
12：00—12：30	休息与补给	在公园内的休息区稍作休息，品尝当地特色小吃，补充体力
12：30—14：00	参观胡杨林生态展览馆	了解胡杨林的生态知识，观看相关纪录片，增长对这片神奇土地的认识
14：00—15：30	午餐时间	在公园内的餐厅享用午餐，品尝当地美食
15：30—16：30	乘坐观光车游览	乘坐公园观光车深入胡杨林腹地，欣赏不同角度的胡杨美景
16：30—17：30	徒步探索秘境	跟随导游徒步探索胡杨林中的秘境，发现隐藏的美丽景点，体验探险的乐趣

续表

时间	活动内容	详细说明
17：30—18：30	互动体验活动	①摄影比赛：鼓励游客拍摄胡杨林的美景，并设置摄影比赛，增加旅行的趣味性和竞争性。②生态观察：提供望远镜等设备，让游客观察胡杨林中的珍稀鸟类和其他野生动物，增加对当地生态系统的了解
18：30—19：00	自由活动	游客可以自由活动，选择在公园内散步、拍照或购买纪念品
19：00—22：00	结束游览	结束一天的愉快游览，乘坐旅游大巴车到西域都护府文化小镇

注意事项：①以上时间仅为参考，具体行程安排可根据实际情况或个人兴趣进行调整。②在游览过程中，请尊重当地的文化习俗，保持环境整洁，不要乱扔垃圾，保护当地的生态环境。③塔里木胡杨林地区气候干燥，紫外线辐射强，昼夜温差大，注意做好防晒和保暖措施。④注意个人安全，胡杨林公园内地形复杂，行走时需注意安全。

（三）西域都护府文化小镇

1. 背景介绍

西域都护府，作为中国古代汉朝时期设立的重要行政机构，标志着西域地区正式纳入中国版图，其历史背景深厚，承载着维护国家统一、促进民族团结的重要使命。它不仅是汉朝对乌孙、康居等众多西域国家进行管理的政治中心，更是文化交流和融合的重要场所，充分彰显了中华民族多元一体的文化特色。在红色旅游体系中，西域都护府具有不可替代的价值——它见证了中华民族不屈不挠、维护国家主权和领土完整的坚定意志，是开展爱国主义教育的重要基地。

近年来，西域都护府文化小镇依托丰富的历史文化资源，进行了全面的规划和建设。小镇以西域都护府为核心，复原了部分古建筑，并建设了博物馆、文化展览馆等设施，为游客提供全方位的历史文化体验。

作为红色旅游目的地，西域都护府文化小镇具有以下优势。①历史文化底蕴深厚：西域都护府作为汉朝经营西域的历史见证，具有极高的历史文化价值。游客在这里可以深入了解汉朝对西域的经营策略，感悟中华民族绵延千年的历史底蕴。②红色教育资源丰富：西域都护府是进行爱国主义教育的重要场所。通过展示西域都护府在维护国家统一、促进民族团结方面的历史贡献，游客可以深刻感受到中华民族的历史文化和民族精神，能激发游客的爱国热情，增强其国家认同感和民族自豪感。③旅游配套设施完善：小镇在规划和建设过程中，充分考虑了旅游配套设施的需求。小镇内设有餐饮、住宿、购物等设施，为游客提供了便捷舒适的旅游环境。④地理位置优越：小镇位于新疆地区重要的交通枢纽附近，交通便利，便于吸引大量游客前来参观。同时，小镇周边还拥有丰富的自然景观和人文景观，为游客提供了多样的旅游选择。

2. 设计思路

西域都护府文化小镇的旅游线路设计，依托其深厚的历史文化资源，以西域都护府为核心，通过复原古建筑、建设博物馆和文化展览馆等举措，打造一条能够深度体验古代西域文化与红色文化的旅游线路。该线路强调文化传承与创新，融入互动展览、文化体验等活动，让游客全方位感受西域都护府的魅力，同时感受当地独特的民俗风情和美食文化。

3. 活动安排

西域都护府文化小镇作为集文化、历史和旅游于一体的综合性旅游景区，为游客提供了深入了解西域都护府历史文化、民俗风情和美食文化的丰富场景。具体游览线路如表 4-19 所示：

表 4-19 西域都护府文化小镇游览线路安排表

时间	活动内容	详细说明
10：00—10：30	抵达西域都护府文化小镇	从轮台县住宿宾馆出发，抵达小镇，感受小镇独特的文化氛围
10：30—13：00	参观西域都护府国家考古遗址公园	深入了解西域都护府的历史背景和文化内涵，参观考古遗址，了解汉代西域都护府的设置及其在新疆历史上的重要地位
13：00—15：30	午餐与休息	在小镇内的特色餐馆享用午餐，品尝当地美食，稍作休息调整状态

续表

时间	活动内容	详细说明
15：30—16：30	游览西域都护府爱国主义教育基地	通过参观展览和互动体验，深入了解中国共产党的历史和革命传统，接受爱国主义教育
16：30—17：30	参观新疆三史馆	了解新疆的历史、民族、文化发展脉络，增进对新疆多元文化的认识，并观看相关历史题材的演出
17：30—18：30	体验小镇民俗文化	参观小镇的民俗文化馆，参与当地民俗活动，如观看民族舞蹈表演、体验传统手工艺制作等，感受小镇独特的民俗文化魅力
18：30—19：00	自由活动	在小镇内自由漫步，欣赏小镇风光，购买特色纪念品，或者选择在小镇内的咖啡馆休息，享受悠闲时光
19：00—22：00	晚餐后前往下一站	在小镇内的餐厅享用晚餐，品尝当地特色菜肴。晚餐后，乘坐旅游大巴车前往铁门关市

注意事项：①以上时间仅为参考，具体行程安排可根据实际情况或个人兴趣进行调整。②在游览过程中，请尊重当地的文化习俗，保持环境整洁，爱护文物古迹。③西域都护府文化小镇气候干燥，紫外线辐射强，昼夜温差大，注意做好防晒和保暖措施。④在参观和自由活动时注意个人安全。

（四）第二师渤海教导旅纪念馆

1. 背景介绍

第二师渤海教导旅纪念馆凭借其深厚的历史底蕴、丰富的展陈内容以及强大的教育功能，成为环塔里木旅游线路设计上不可或缺的一站。

（1）历史沿革与设立意义

第二师渤海教导旅纪念馆位于第二师铁门关市将军河南岸，是巴音郭楞蒙古自治州唯一一处展陈革命历史的纪念馆。该馆于 2011 年 4 月 5 日设立，属文物系统国有博物馆。它不仅见证了第二师铁门关市及渤海教导旅的历史变迁，还肩负着传承红色基因、弘扬革命精神的重要使命。

（2）建筑特色

第二师渤海教导旅纪念馆坐落于“品”字形建筑内，建筑面积 2700 平方米，实用面积达2400平方米。这种独特的建筑设计不仅美观大方，还富有象征意义，代表着革命精神的传承与发扬。

（3）展出内容

纪念馆的展陈内容丰富多彩，时间跨度达24年（1930—1954年），通过多个单元展示了渤海教导旅的历史沿革、重大事件和英雄人物。各单元综合运用模型、壁画、雕塑及场景复原等辅助展品，并融入声光电等现代科技手段，使展陈内容更加生动逼真。其中，第一单元为序篇，主题是“根在井冈山，魂铸延河边”，时间从1930年10月至1946年10月；第二单元展陈主题为“星火宝塔山，建军渤海湾”，时间从1946年11月至1947年11月；第三单元的展陈主题为“雷霆剑出鞘，浴血大西北”，时间从1947年12月至1949年9月；第四单元的展陈主题是“军旗向天山，屯垦驻边关”，展示二师屯垦戍边的伟大历史；第五单元是尾声，展陈主题是“日月行天地，史册留英名”，主要展示的是为新中国诞生牺牲的英烈和为新中国成立作出巨大贡献的将军等。

（4）社会影响与教育功能

第二师渤海教导旅纪念馆作为兵团党员教育基地，深入挖掘红色文化资源，并结合党性教育和政德教育进行展陈设计。据统计，该纪念馆每年平均举办各类党性教育活动超过2000场次，年接待参观游客量达到15万余人次。它不仅是党员教育的“加油站”，更吸引了社会各界人士前来参观学习，发挥了显著的社会教育作用。

2. 设计思路

第二师渤海教导旅纪念馆旅游线路以深入挖掘和展示其深厚历史底蕴与丰富革命文化内涵为核心，打造一条以“缅怀革命先烈、传承红色精神”为主题的旅游线路。线路以纪念馆为核心，通过科学规划参观流程，引导游客深入了解渤海教导旅从成立到发展的光辉历程，以及其在新中国建设中的重要贡献。线路设计注重庄严性与教育性的结合，通过讲解员的生动讲解、历史资料的展示以及互动体验活动，让游客深刻感受红色文化的厚重，激发爱国热情和民族自豪感。同时，线路还安排了周边景点的游览选项，以及自由活动和购物的时间，使游客在接受红色教育的同时，也能享受轻松愉快的旅行体验。整体而言，该线路设计既突出了纪念馆的教育功能，又兼顾了游客的多元化需求。

3. 活动安排

在精心策划的活动安排中，游客将首先参观第二师渤海教导旅纪念馆，深切缅怀革命先烈，随后参与纪念馆组织的纪念活动或仪式，亲身感受红色文化的庄重与深厚。此外，通过观看相关纪录片或展览，游客将进一步深入了解渤海教导旅的辉煌历史与感人故事，全方位体验红色文化的独特魅力。第二师渤海教导旅纪念馆的具体游览线路如表 4-20 所示：

表 4-20 第二师渤海教导旅纪念馆游览线路安排表

时间	活动内容	详细说明
09：00—09：30	出发前往纪念馆	从铁门关市市区出发，驱车前往第二师渤海教导旅纪念馆（位于孔雀西路与为民街交叉口，交通便利）
09：30—10：00	到达并准备参观	抵达纪念馆后，进行集合和准备工作，游客领取参观指南或解说器
10：00—12：30	参观纪念馆展厅	（1）第一篇章：了解“根在井冈山，魂铸延河边”的历史背景，时间从 1930 年 10 月至 1946 年 10 月
		（2）第二篇章：“星火宝塔山，建军渤海湾”，讲述从 1946 年 11 月至 1947 年 11 月的历史事件
		（3）第三篇章：“雷霆剑出鞘，浴血大西北”，回顾从 1947 年 12 月至 1949 年 9 月的战斗历程
		（4）第四篇章：“军旗向天山，屯垦驻边关”，展示二师屯垦戍边的伟大历史
		（5）尾声：“日月行天地，史册留英名”，缅怀为新中国诞生牺牲的英烈和为新中国成立作出巨大贡献的将军等
12：30—14：30	午餐休息	在纪念馆附近或铁门关市区内享用午餐，游客可品尝当地特色美食

续表

时间	活动内容	详细说明
14：30—16：00	参加专题讲座	邀请历史学者或专家进行专题讲座，并通过视频展示相关历史资料和研究成果；游客可以在讲座后与专家进行互动交流，深化对历史的理解和认识
16：00—17：00	互动体验活动	参与纪念馆内的互动体验活动，如非遗风筝制作、红色故事分享会等，增强参观体验
17：00—17：30	自由活动或购物	在纪念馆内自由参观未详尽了解的部分，或前往纪念品商店购买相关纪念品
17：30—22：00	返回库尔勒市	结束参观后，乘坐旅游大巴车返回库尔勒市，结束愉快的旅程

注意事项：①以上时间仅为参考，具体行程安排可根据实际情况或个人兴趣进行调整。②在游览过程中，请尊重当地的文化习俗，保持环境整洁，爱护文物古迹。③在纪念馆内请保持安静，避免大声喧哗，以免影响其他游客的参观体验。

三、项目总结与展望

（一）项目设计与实施总结

本项目聚焦轮台县与铁门关市的红色旅游资源，通过精心设计的旅游线路，将自然景观与红色文化紧密结合，旨在推动地方经济发展与红色文化传承。项目以塔里木胡杨林国家森林公园、西域都护府文化小镇和第二师渤海教导旅纪念馆 3 个核心任务点为支撑，为游客提供了丰富多样的旅游体验。

1. 融合自然景观与红色文化

项目充分整合轮台县与铁门关市的自然景观资源，如塔河、胡杨林的壮丽景色，与红色文化遗址相结合，为游客提供了独特的旅游体验。通过实地参观和互动体验，游客在欣赏自然风光的同时，深刻感受到红色文化的精神内涵。

2. 创新教育模式

项目采用创新的红色旅游教育模式，通过实地参观、互动式讲解和情景体验等方式，游客在游览过程中接受生动的革命传统教育和爱国主义教育。这种教育模式不仅提高了游客的参与度和学习兴趣，还促进了其综合素质的全面提升。

3. 注重生态保护

在项目规划和实施过程中，始终坚持生态优先的原则，确保旅游活动不会对当地的自然环境和生态系统造成破坏。通过推广环保理念、采用低碳旅游方式以及加强景区环境管理等措施，推动红色旅游的绿色发展。

（二）项目设计的特色与亮点

轮台县、铁门关市旅游线路设计的特色与亮点在于其丰富的红色文化资源、自然与人文的有机结合、创新的教育模式、可持续发展的生态理念以及完善的旅游配套服务。这些特点共同构成了该线路的独特魅力和市场吸引力，为推动地方经济发展和传承红色文化作出了重要贡献。

1. 独特的红色文化资源

西域都护府文化：作为古“丝绸之路”的重要节点，轮台县是西域都护府的所在地，见证了汉朝对西域的治理和文化交流，具有丰富的历史内涵和文化底蕴。第二师渤海教导旅纪念馆：作为巴州唯一一处展陈革命历史的纪念馆，渤海教导旅的历史沿革和英雄事迹是传承红色基因的重要载体。两大旅游景区不仅拥有丰富的红色文化资源，还通过纪念馆、文化小镇等形式，将红色精神与爱国主义教育紧密结合，使游客在游览过程中深刻感受到革命历史的厚重感和红色文化的独特魅力。

2. 自然景观与红色文化相融合

胡杨林作为自然景观的亮点，与红色文化紧密结合。胡杨的坚韧不拔精神与革命精神相契合，为游客提供了独特的视觉和精神体验。公园内的汉代烽燧和“丝绸之路”遗迹，进一步深化了旅游的文化内涵。线路中包含了沙漠、河流、古镇等多种自然景观和人文景观，为游客提供了丰富多样的旅游体验。

3. 创新的教育模式

通过实地参观、互动式讲解和情景体验等方式，项目将爱国主义教育融入游览过程。在纪念馆的展陈设计中，运用模型、壁画、雕塑及场景复原等辅助展品，以及声光电等现代科技手段，使展陈内容更加生动逼真，提高了游客的参与度和满意度。

4. 可持续发展的生态理念

在项目的规划和实施过程中，始终坚持生态优先的原则，确保旅游活动不会对当地的自然环境和生态系统造成破坏。通过推广环保理念、采用低碳旅游方式以及加强景区环境管理等措施，推动红色旅游的绿色发展。

5. 完善的旅游配套服务

西域都护府文化小镇等景点在规划和建设过程中，充分考虑了旅游配套设施的需求，提供了餐饮、住宿、购物等全方位服务，为游客提供了便捷舒适的旅游环境。项目通过合理的线路规划与景点安排，确保游客能够安全、顺利地完成游览，并在有限的时间内充分领略红色文化的魅力。

（三）项目设计评估

轮台县、铁门关市旅游线路设计项目在教育效果、市场潜力及社会效益等方面均表现出色。项目通过深入挖掘和整合轮台县与铁门关市的红色旅游资源和自然景观，打造集教育性、体验性和观赏性于一体的红色旅游线路，实现了传承红色文化、提升游客体验、强化实践育人和促进可持续发展的多重目标。

1. 教育效果评估

该项目通过设计塔里木胡杨林国家森林公园、西域都护府文化小镇和第二师渤海教导旅纪念馆等核心任务点，使游客在实地参观中深刻感受到革命历史的厚重感和红色文化的独特魅力。这种直观的教育方式有效提升了游客的历史认知，增强了其民族自豪感和爱国主义情感。实践育人效果显著：项目采用实地参观、互动式讲解和情景体验等创新教育模式，使游客在游览过程中接受生动的革命传统教育。这种实践育人的方式不仅提高了游客的参与度和学习兴趣，还促进了其综合素质的全面提升。文化传承与创新：项目在设计过程中注重文化传承与创新，通过复原古建筑和建设博物馆和文化展览馆等设施，为游客提供了全方位的历史文化体验。同时，融入现代科技元素和互动体验环节，提升了红色旅游产品的吸引力和教育效果。

2. 市场潜力评估

该旅游线路具有很大的市场发展潜力，主要体现在以下三方面。①丰富的旅游资源：轮台县和铁门关市坐拥丰富的红色旅游资源和自然景观，如塔里木胡杨林国家森林公园的胡杨景观、西域都护府的文化遗址以及第二师渤海教导旅纪念馆的革命历史等。这些资源为项目提供了坚实的基础，吸引了大量游客前来参观。②市场需求旺盛：随着旅游业的快速发展和人们生活水平的提高，红色旅游作为一种独特的旅游形式，受到越来越多游客的青睐。轮台县和铁门关市的红色旅游线路不仅满足了游客对历史文化的需求，还提供了丰富的自然景观体验，具有较大的市场潜力。③便捷的交通条件：项目涉及景点均交通便利，游客可以通过多种交通方式轻松到达。这种便捷的交通条件为项目的市场推广和游客的出行提供了有力保障。

3. 社会效益评估

该项目的社会效益表现在以下三方面。①促进地方经济发展：该项目的实施不仅带动了当地餐饮、住宿、交通等相关产业的发展，还创造了大量就业机会，促进了地方经济的增长。同时，通过开发红色旅游资源，提升了轮台县和铁门关市的知名度和美誉度，为其吸引了更多游客和投资者。②增强民族凝聚力：红色旅游作为传承红色文化的重要途径，通过参观革命历史遗址和纪念馆等方式，增强了游客的民族认同感和自豪感。这种民族凝聚力的提升对于维护国家统一和促进民族团结具有重要意义。③推动绿色旅游发展：项目在规划和实施过程中始终坚持生态优先的原则，注重环境保护和可持续发展，通过推广环保理念、采用低碳旅游方式以及加强景区环境管理等措施，推动了红色旅游的绿色发展，实现了经济、社会和环境的和谐共生。

（四）项目设计展望

1. 未来发展趋势展望

展望未来，轮台县与铁门关市的红色旅游将呈现以下发展趋势。①多元化发展：随着旅游市场的不断成熟和游客需求的多样化，轮台县与铁门关市的红色旅游将更加注重多元化发展。通过丰富旅游产品、提升服务质量、拓展旅游市场等措施，满足不同游客群体的需求，提高旅游吸引力和竞争力。②科技融合：随着科技的不断进步，科技元素将更多地融入红色旅游中。通过运用现代科技手段，如虚拟现实（VR）、增强现实（AR）等，为游客提供更加生动、直观的旅游体验。同时，通过数字化手段对红色旅游资源进行保护和管理，实现资源的永续利用。③国际化推广：随着“一带一路”倡议的深入推进，轮台县与铁门关市的红色旅游将逐渐走向国际舞台。通过加强国际交流与合作，吸引更多国际游客前来参观体验，提高红色旅游的知名度和影响力。

2. 完善线路设计与提升旅游品质的建议

为了进一步完善轮台县与铁门关市的旅游线路设计，提升旅游品质，建议采取以下措施。①加强资源整合：深入挖掘和整合轮台县与铁门关市的红色旅游资源和自然景观资源，形成更具特色的旅游线路。通过优化线路设计以及提升景点品质等措施，提高旅游产品的吸引力和竞争力。②完善配套设施：加强旅游配套设施建设，如提升交通、住宿、餐饮等服务水平，为游客提供更加便捷、舒适的旅游环境。同时，加强旅游安全管理和应急救援能力建设，确保游客的生命财产安全。③加强宣传推广：加大宣传力度，通过多种渠道和方式推广轮台县与铁门关市的红色旅游资源。加强与媒体、旅行社等平台合作，开展丰富多彩的宣传活动，提高旅游产品的知名度和美誉度。④注重游客反馈：建立健全游客反馈机制，及时了解游客的需求和意见，不断改进并提升旅游服务质量。通过定期收集和分析游客反馈数据，为旅游线路的优化和提升提供有力支持。

【复习思考】

1. 分析塔里木胡杨林国家森林公园在红色旅游线路中所承载的文化价值，探讨如何通过旅游线路设计来进一步弘扬和传承这些文化价值。

2. 基于塔里木胡杨林国家森林公园的生态价值，讨论如何在旅游线路设计中平衡生态保护与红色旅游的需求，确保旅游活动的可持续性。

3. 讨论第二师渤海教导旅纪念馆作为兵团党员教育基地的重要性，并分析其对社会的教育作用主要体现在哪些方面。

4. 结合第二师渤海教导旅纪念馆的特点，分析其在红色旅游中的独特价值，以及如何促进红色文化的传承。

5. 综合轮台县和铁门关市的红色旅游资源，评估该红色旅游线路的市场潜力，并讨论其对地方经济发展和红色文化传承可能带来的社会效益。

【技能提升】

以第二师渤海教导旅纪念馆为例，设计一份面向中学生的红色旅游线路实践指南。指南应注重教育性、参与性和安全性，旨在通过实践活动加深学生对红色文化的理解，并培养其历史责任感。内容包括但不限于：

（1）参观路线规划：详细的参观流程和时间安排。

（2）重点展品介绍：对纪念馆内的关键展品进行深入介绍，包括其历史背景和文化意义。

（3）互动体验活动建议：设计互动环节，如角色扮演、模拟历史事件等，以增强学生的参与感和体验感。

（4）安全教育提示：提供旅游过程中的安全须知和紧急情况的应对策略。

第六节　阿克苏地区、阿拉尔市红色旅游线路设计项目

一、项目概述

（一）项目背景介绍

1. 阿克苏地区概况

阿克苏，因水得名，意为“清澈奔腾之水”，是古“丝绸之路”上的一颗璀璨明珠。该地区地处新疆维吾尔自治区中部，位于天山山脉中段南麓、塔里木盆地北缘，东邻巴音郭楞蒙古自治州，西接克孜勒苏柯尔克孜自治州，西南与喀什地区接壤，南与和田地区相望，北与伊犁哈萨克自治州毗邻，西北以天山山脉中梁与吉尔吉斯斯坦共和国、哈萨克斯坦共和国交界。阿克苏素有“塞外江南”“瓜果飘香”“歌舞之乡”的美誉。① 阿克苏市是该地区的政治、经济和文化中心，拥有丰富的自然资源和深厚的文化底蕴，气候宜人、土壤肥沃，适宜农作物生长，也是著名的“中国棉都”和“瓜果之乡”。

---

① 新疆维吾尔自治区文化和旅游厅．新疆是个好地方：导游词［M］．乌鲁木齐：新疆人民出版社，2023：623.

阿克苏历史悠久，秦汉时期为西域36国之龟兹国、姑墨国、温宿国等故地。公元前60年，此地纳入西汉中央政府设立的西域都护府统辖。[①] 658年，唐朝中央政府迁安西都护府于龟兹城，后升级为安西大都护府。汉唐时期，这里一直是中央王朝统辖西域各地的政治和军事中心。宋、元、明、清初，辖境历属高昌回鹘王国、察合台王国、准噶尔汗国等。1759年，清政府置阿克苏办事大臣，从此“阿克苏”正式成为该地地名。[②]

2. 阿克苏地区旅游资源现状

阿克苏地区拥有丰富的自然资源和深厚的文化底蕴，在全国旅游版图中占据重要地位，是新疆旅游资源的重要组成部分，被誉为“新疆旅游资源博物馆”。其旅游资源呈现生态原始、类型齐全、特色独具的特点。截至2023年9月，阿克苏地区共有67个A级旅游景区，其中21个4A级、43个3A级、3个2A级旅游景区，[③] 其中人文旅游资源优势尤为突出。代表性景点包括天山最高峰托木尔峰、最长内陆河塔里木河、死亡之海塔克拉玛干沙漠、沙雅原始胡杨林、神木园、九眼泉、克孜尔千佛洞、托木尔大峡谷等。库车天山神秘大峡谷和天山托木尔冰川分别入选“中国最美十大峡谷”和“中国最美六大冰川”。另外，阿克苏地区拥有两处世界顶级旅游资源，一处是2013年6月申遗成功的中国“新疆天山”自然遗产；另一处是2014年6月申遗成功的“丝绸之路：长安—天山廊道路网”世界文化遗产。新疆6个遗产点中，有3个（克孜尔千佛洞、克孜尔尕哈烽燧、苏巴什佛寺遗址）在库车市、拜城县。[④] 阿克苏地区自古以来是古代文化交融碰撞之地，具有鲜明特色的地域文化融合发展，形成了享誉世界的龟兹文化与多浪文化，孕育出异彩纷呈、绚丽多姿的区域文化。多浪文化可在刀郎木卡姆歌舞、多浪河国家湿地公园、刀郎部落景区和当地少数民族的生活习俗中细细品味。

---

① 新疆维吾尔自治区文化和旅游厅．新疆是个好地方：导游词［M］．乌鲁木齐：新疆人民出版社，2023：624.

② 新疆维吾尔自治区文化和旅游厅．新疆是个好地方：导游词［M］．乌鲁木齐：新疆人民出版社，2023：624.

③ 新疆5A级旅游景区名录［EB/OL］．新疆维吾尔自治区文化和旅游厅，2023-09-26.

④ 新疆维吾尔自治区文化和旅游厅．新疆是个好地方：导游词［M］．乌鲁木齐：新疆人民出版社，2023：624.

国家标准《旅游资源分类、调查与评价》（GB/T 18972—2017）将旅游资源分为主类、亚类和基本类型三个层次，按照旅游资源的成因将自然旅游资源分为地文景观、水域景观、生物景观、天象与气候景观等四大主类，将人文旅游资源分为建筑与设施、历史遗迹、旅游购物品和人文活动四大主类。① 阿克苏地区主要旅游资源见表 4-21 所示：

表 4-21 阿克苏地区主要旅游资源一览表

主类	基本类型	资源名称	等级	行政隶属
地文景观	天山托木尔大峡谷	天山神秘大峡谷	4A	库车市
	植被景观	沙漠花海景区	4A	新和县
	自然景观综合体	托木尔大峡谷景区	4A	温宿县
生物景观	植被景观	沙雁洲景区	4A	沙雅县
	植被景观	神木园	4A	温宿县
	植被景观	沙棘林旅游景区	4A	乌什县
水域景观	河系	多浪河景区	4A	阿克苏市
	湖沼	国家湿地公园景区	4A	阿克苏市
	河系	渭干河生态文化旅游景区	4A	沙雅县
	湖沼	康其湿地	4A	拜城县
	地下水	燕泉山景区	4A	乌什县
建筑与设施	实用建筑与核心建设	天籁加依景区	4A	新和县
	实用建筑与核心建设	归园田居 · 塔村	4A	温宿县
	人文景观综合体	阿克苏地区文博院（博物馆）	4A	阿克苏市
	人文景观综合体	库车王府	4A	库车市
	人文景观综合体	唐安西都护府文化园	4A	新和县
	实用建筑与核心建设	克孜尔石窟	4A	拜城县
	人文景观综合体	柯柯牙纪念馆	4A	温宿县

① 黄安民 . 旅游目的地管理［M］. 武汉：华中科技大学出版社，2021：46-47.

续表

主类	基本类型	资源名称	等级	行政隶属
历史遗迹	物质类文化遗存	克孜尔尕哈烽燧世界文化遗产公园	4A	库车市
	非物质文化类文化遗存	刀郎部落	4A	阿瓦提县
	物质文化类文化遗存	齐兰古城	4A	柯坪县

资料来源：新疆维吾尔自治区文化和旅游厅网站。

3. 阿克苏地区红色旅游发展现状

阿克苏地区拥有丰富的红色历史文化资源。20世纪三四十年代，受国际形势影响，一大批优秀的中国共产党人奔赴新疆，他们为推动新疆政治改革、社会进步、经济繁荣、文化发展以及和平解放作出了重要的贡献，留下了许多活动足迹和革命旧址，成了红色旅游资源重要组成部分，① 如库车市林基路烈士纪念馆。1949年新疆和平解放后，人民解放军官兵遵照毛主席指示，在王震司令员率领下投身生产建设与屯垦戍边事业。新疆生产建设兵团的三代军垦人和大量英雄模范人物、英雄事迹形成的军垦文化以新疆屯垦的伟大壮举为主要内容，体现出了中华民族的爱国主义精神，丰富了新疆红色旅游的精神内涵。阿克苏地区共有红色历史文化资源11处，其中自治区级爱国主义教育基地3处，地区级爱国主义教育基地3处，地区级国防教育基地2处，县级爱国主义教育基地或国防教育基地4处。其中，拜城县老虎台乡骑兵连红色教育基地既是爱国主义教育基地，又是国防教育基地，如表4-22所示。据统计，这些红色历史文化资源总占地面积2.96万平方米，共展示实物12742件、图片7340幅、文献资料1844份。这些资源全方位展现了不同历史时期在阿克苏地区、全疆乃至全国具有较大影响的红色集体或英模人物的主要事迹，彰显了他们在社会主义革命和建设中不怕牺牲、英勇无畏、顽强拼搏的崇高理想和坚定信念，反映了全地区各族干部群众在党的领导下，弘扬爱国统一战线，同心同德、团结奋斗的革命精神。②

① 万莉．新疆红色旅游发展中的政府职能研究［D］．乌鲁木齐：新疆农业大学，2020.

② 文旅中国．阿克苏地区推进红色旅游高质量发展［EB/OL］．百家号，2021-05-24.

表 4-22 阿克苏地区红色旅游资源分布和等级表

序号	红色旅游资源名称	等级
1	阿克苏地区博物馆	自治区
2	柯柯牙绿化工程纪念馆	
3	库车市林基路烈士纪念馆	
4	库车市伊西哈拉镇栏杆村红色爱国主义教育基地	地区级
5	阿瓦提县莎吉木汗·莫明烈士墓红色教育基地	
6	拜城县老虎台乡骑兵连红色教育基地	
7	阿瓦提县人武部国防教育中心	
8	新和县博物馆	县级
9	69221 部队团史馆	
10	69223 部队团史馆	
11	乌什县林基路办公旧址（钟鼓楼）	

4. 阿拉尔市旅游资源概况

阿拉尔市是新疆生产建设兵团的重要城市，其红色旅游资源丰富多样。其中，三五九旅屯垦纪念馆和三五九旅屯垦戍边纪念碑等景点最为著名，它们生动展示了三五九旅在南泥湾和天山地区的辉煌历史，并通过各种展览和活动让游客了解这段历史。

阿拉尔市周边自然环境独特，有塔里木多浪湖旅游景区、昆岗国家沙漠公园、塔河源景区等。其中，塔里木多浪湖是国家 3A 级旅游景区，位于阿拉尔市东部，以其美丽的湖泊和湿地而闻名。此外，新开岭镇的塔河源景区也以“一红一绿”的文旅品牌著称，巧妙融合了当地独特的自然资源和人文资源。

5. 阿克苏地区红色旅游开发潜力

阿克苏地区红色旅游资源的开发潜力巨大。首先，这些红色历史文化资源具有深厚的革命历史和爱国主义教育价值，对于传承红色基因、弘扬革命精神具有重要的意义。其次，随着旅游市场的不断发展和游客需求的多样化，红色旅游逐渐成为旅游市场的重要组成部分。阿克苏地区可通过科学规划、合理开发、加大投入等措施，进一步挖掘红色旅游资源的潜力，推动红色旅游产业发展。

不过，阿克苏地区红色旅游资源的开发也面临一些挑战。例如，存在红色旅游资源较为分散、基础设施相对落后、宣传推介力度不足等问题需要解决。因此，需要继续加大投入力度、完善基础设施、加强宣传推介等，推动红色旅游资源的有效开发和利用。同时，还需要加强与其他旅游资源的融合发展，形成多元化的旅游产品体系，提升旅游市场的竞争力。

（二）项目设计目标

党的二十大报告中指出，“用好红色资源”“传承红色基因、赓续红色血脉”。近年来，“充分利用红色资源、发扬红色传统、继承红色基因”，已成为全国各地提升地区竞争力、促进红色旅游转型升级的重要举措。《新疆维吾尔自治区旅游业发展第十三个五年规划》也明确提出，“围绕红色旅游经典景区、爱国主义教育基地、纪念馆等，打造红色旅游主题线路，激发和培养‘爱祖国、爱新疆、维护民族团结’的美好情感，凝聚社会正能量”。

红色文化是红色旅游景区的灵魂。没有红色文化的滋养和熏陶，红色旅游景区只能是徒有其表。各地推进红色旅游融合发展，必须抓好红色文化这个核心，立足于红色文物的保护和利用以及红色文化的挖掘与研究。红色文化也是红色旅游景区的重要资源，是在革命战争年代，由中国共产党人、先进分子和人民群众共同创造并极具中国特色的先进文化，蕴含着丰富的革命精神和厚重的历史文化内涵。线路设计要通过文艺创作、模式创新、精彩讲解等让红色文化“活”起来，让游客在饱览祖国大好河山的同时，在鲜活的“教科书”中了解党史、国史，实现以游促教、以文化人。

近年来，阿克苏地区旅游业得到了快速发展。据统计，2023 年上半年，阿克苏地区接待国内游客 1204. 95 万人次，同比增长 27. 51%；实现旅游收入 72. 42 亿元，同比增长 37. 00%。① 作为新疆旅游业重要组成部分，阿克苏地区的红色旅游日益受到认可。为积极响应习近平总书记的号召，落实自治区旅游业发展十三个五年规划的总体布局和思路，阿克苏地区不断开发红色旅游资源，形成了独具特色的红色文化，如独一无二的兵团文化、民族团结的

① 茹斯坦，杨丽萍 . 2023 年新疆阿克苏地区旅游发展大会顺利召开［EB/OL］. 新华网新疆频道，2023-07-16.

红色文化、保家卫国的戍边文化、建设新疆的红色文化等。阿克苏地区和阿拉尔市红色旅游资源独特多样、分布广泛，包括屯垦戍边及军垦建设等内容，通过这些红色旅游资源，展现出阿克苏地区在中国共产党带领下，各族人民英勇作战、维护祖国统一、屯垦固疆以及民族团结过程中凝聚的革命精神力量。

尽管阿克苏地区红色旅游得到了快速发展，但与疆内其他地区相比，仍存在发展较为薄弱的问题，如红色旅游资源分布不集中、开发力度不够以及内涵挖掘不足等。因此，发展红色旅游对进一步弘扬爱国主义精神、传承红色基因、传播英雄事迹、增强民族凝聚力意义重大，有助于推动新疆红色旅游的可持续发展。阿克苏地区和阿拉尔市红色旅游线路设计的主要目的如下：

（1）传承红色基因：红色旅游线路将阿克苏地区和阿拉尔市的红色历史文化资源串联起来，让游客在参观中感受红色精神，传承红色基因。

（2）弘扬革命精神：通过展示革命先烈的英勇事迹，弘扬他们在革命和社会主义建设中不怕牺牲、英勇无畏、顽强拼搏的精神。

（3）打造旅游品牌：阿克苏地区和阿拉尔市希望推出红色旅游线路，打造自己的旅游品牌，提升地区知名度和吸引力。

（4）爱国主义教育：红色旅游线路设计旨在开展爱国主义教育，引导游客在参观过程中追忆历史，铭记革命前辈的丰功伟绩，增强民族自豪感和责任感。

（5）促进经济发展：发展红色旅游可以带动当地经济的发展，增加就业机会，提高居民的收入水平。

二、项目主要内容设计

（一）项目总体设计

阿克苏地区和阿拉尔市红色旅游线路设计旨在深入挖掘两地丰富的红色文化资源，将其与历史文化、自然风光有机融合，打造一条集教育性、体验性、观赏性于一体的特色旅游线路。通过实地探访，让游客深切感受革命先辈的奋斗历程和崇高精神，增强爱国主义情感和民族自豪感，实现红色文化的有效传承与弘扬。通过安排互动体验、角色扮演等各种形式的活动，使红色文化更加贴近生活，激发他们学习历史、热爱祖国的热情，培养有理想、有本领、有担当的时代新人，进而推动当地文旅融合发展。

本项目以阿克苏市作为集散地，科学设计出“三天两晚”红色旅游线路。具体线路为：阿克苏市—库车王府—克孜尔尕哈烽燧—刀郎部落—三五九旅屯垦纪念馆—阿克苏市。阿克苏地区旅游线路的具体行程如表4-23所示：

表4-23 阿克苏地区旅游线路简易行程

天数	行程	活动安排与景点	住宿
第一天	阿克苏市—库车市	乘车前往库车市，游览库车王府，午饭后参观克孜尔尕哈烽燧	库车市
第二天	库车市—阿瓦提县	乘车前往刀郎部落	阿瓦提县
第三天	阿瓦提县—阿拉尔市	乘车前往三五九旅屯垦纪念馆	阿克苏市

（二）库车王府

1. 背景介绍

库车王府，坐落于新疆库车市老城林基路街，建筑面积为5万平方米，是一座承载着深厚历史与文化底蕴的宫殿建筑群，库车王府的全称是“库车原世袭回部亲王府”。它的历史可追溯至清朝乾隆二十四年（公元1759年），当时，乾隆皇帝为表彰维吾尔族首领米尔扎·鄂对在平定大、小和卓叛乱中的卓越贡献，特命汉族工匠精心建造了此王府。米尔扎·鄂对不仅维护了南疆地区的稳定，更促进了多民族间的和谐共处，其功绩被乾隆皇帝高度认可，并被册封为“一品扎萨克达尔汗”，赐封贝子爵位，后来又晋封贝勒。传至六代鄂对之孙伊萨克（米尔扎·伊萨克）时，因其随清军平定张格尔叛乱有功，晋封郡王。传至十代王买买提明时，国民政府又将其封为亲王。①

1757年，大、小和卓叛乱，攻入库车城。当时统领库车、阿克苏、拜城三城的鄂对（一品扎萨克达尔汗），面对叛军的威逼利诱，始终坚决反对分裂，维护祖国统一。他不肯参与叛乱，逃出库车城，前往伊犁投奔清军。1758年，清政府出兵平叛，令鄂对为先锋。鄂对率兵抵达库车，叛军在城墙

① 新疆维吾尔自治区文化和旅游厅．新疆是个好地方：导游词［M］．乌鲁木齐：新疆人民出版社，2023：630.

上以鄂对的妻子和两个儿子、一个女儿为人质，劝说他脱离清军。但鄂对深明大义，不为所动。叛军便将他的两个儿子和一个女儿从城墙上推下，致使他们活活摔死在城下。①

清军收复库车、阿克苏等地之后，派鄂对前往和阗（今和田）招降和阗六城叛军。鄂对不负众望，冒着生命危险只身潜入和阗（今和田）城中，历经艰难险阻，最终使和阗六城归服朝廷。后来，清军被围困在黑水营，一支叛军前往攻打和阗（今和田），要把失去的和阗（今和田）从鄂对手中夺回去。当时，鄂对在和阗（今和田）召集了几百人，在敌众我寡的形势下，死守和阗（今和田）3 个多月，终于等到了援军。1759 年，鄂对被赐封为辅国公，不久又加封为贝勒，被任命为叶尔羌阿奇木伯克。大、小和卓叛乱被平息以后，乾隆皇帝命人绘制了鄂对等有功之臣的画像，悬挂在北京中南海紫光阁内。1778 年，鄂对在任内病故。②

第七代库车王，也就是第二代郡王艾合买提，在清史中写作“爱玛特”。他一生做了许多利国利民的好事。他在任期间，由于致力于库车河流域的铜厂管理，多次受到咸丰皇帝嘉奖。③

林则徐到阿克苏勘察垦荒期间，爱玛特捐羊 500 只、粮食 4 万千克、种子 1000 石。咸丰二年（1852），爱玛特更是独家捐资修筑阿克苏城墙，受到各族人民的称赞。

同治三年（1864），在库车渭干河水利工地上，民工们由于不堪忍受饥饿、劳累和鞭打，发动了暴动。5 月 3 日，农民暴动队伍攻入库车城，杀死了清朝政府派驻在库车的官员，占领了库车。农民暴动队伍要寻找一位有影响力的领袖人物，他们选择了库车王爱玛特。占领库车后的农民暴动队伍，很快就被一小撮民族分裂分子所操控，妄图在库车实行独立。爱玛特认清了他们的民族分裂本质，坚决不肯就范。民族分裂分子在河边挖了一个深坑，扬言如若不从就活

① 新疆维吾尔自治区文化和旅游厅．新疆是个好地方：导游词［M］．乌鲁木齐：新疆人民出版社，2023：633.

② 新疆维吾尔自治区文化和旅游厅．新疆是个好地方：导游词［M］．乌鲁木齐：新疆人民出版社，2023：633.

③ 新疆维吾尔自治区文化和旅游厅．新疆是个好地方：导游词［M］．乌鲁木齐：新疆人民出版社，2023：633.

埋了他。爱玛特视死如归，主动走进了深坑。鹅卵石雨点般砸下去，爱玛特被活活砸死，乱石堆积成一座小山，掩埋着一位铁骨铮铮的硬汉。①

从上述历史可知，库车王从公、贝子、贝勒，一直晋升到亲王，直至末代王达吾提·买合苏提，爵位“世袭罔替”，历经 12 代，传承达 200 多年。在 200 多年的历史长河中，12 代库车王大多坚持维护祖国统一、团结各族群众，坚决反对分裂势力，为祖国统一、民族团结、社会稳定作出了不可磨灭的贡献。

库车王府的建造，不仅是乾隆皇帝对米尔扎·鄂对个人的嘉奖，更体现了中原与西域文化交流的见证。王府建筑风格独特，融合了中原汉文化、维吾尔族传统文化以及伊斯兰文化的精髓，展现了多元文化的和谐共生。然而，历史的车轮滚滚向前，库车王府也历经了风雨沧桑。1937 年，军阀盛世才的炮火几乎将这座宏伟建筑摧毁，有着 100 多年历史的库车王府，仅留下残垣断壁，令人扼腕叹息。

直到 21 世纪初，库车县（今库车市）政府高度重视文化遗产的保护和传承，在原址上重建了库车王府。经过精心规划与修复，这座承载着近 200 年历史的王府重新焕发光彩，并于 2006 年正式对外开放，成为国家 4A 级旅游景区，吸引着国内外游客纷至沓来，共同探寻其背后的历史与文化故事。如今，库车王府不仅是一座宫殿，更是一个承载着民族团结、国家统一精神的重要载体，其红色旅游资源丰富而独特，具有极高的历史价值、文化价值和教育意义。

库车王府作为新疆地区独具魅力的历史文化遗产，其蕴含的红色旅游资源特色鲜明，极具教育价值与吸引力。首先，库车王府承载着深厚的民族团结与爱国主义精神，历史上曾多次成为抵御外侮、维护国家统一的坚固堡垒，这些历史事迹是开展红色旅游、弘扬正能量的鲜活教材。其次，王府内保存的珍贵文物与史料，如历代郡王的生活用品、军事防御设施遗迹等，不仅反映了清代新疆地方政治、经济、文化的面貌，也见证了库车地区各族人民共同抵御外敌、维护家园安宁的英勇斗争，为游客提供了直观感受红色历史的窗口。最后，库车王府的红色旅游开发注重文化融合与创新，通过举办主题

① 新疆维吾尔自治区文化和旅游厅．新疆是个好地方：导游词［M］．乌鲁木齐：新疆人民出版社，2023：633.

展览、情景剧表演等形式，生动再现历史场景，让游客在参与互动中深刻理解红色文化的内涵，增强其国家认同感和民族自豪感。

综上所述，库车王府的红色资源特色在于其深厚的历史底蕴、鲜明的爱国主义主题以及创新的文化传播方式，为打造集教育性、观赏性和体验性于一体的红色旅游线路奠定了坚实基础。

2. 设计思路

库车王府线路以“传承红色基因，探索历史足迹”为核心主题，旨在通过深度体验与互动学习，让游客在领略库车王府独特历史文化魅力的同时，感受革命先辈的英勇事迹与不屈精神。

线路框架主要分为三大板块：历史溯源篇、红色印记篇与文化交融篇。

（1）第一模块：历史溯源篇将引导游客走进库车王府的历史长河，了解王府的兴衰变迁及在历史上的重要地位，为后续红色故事的展开奠定基础。

龟兹博物馆以龟兹文化为主线，分为龟兹展厅、龟兹佛韵、民族民俗、生产生活工具、民间传统工艺、龟兹钱币等 6 个展馆，共展出文物 1.2 万余件，有 9 大类共 358 种，以早期社会民风民俗所表现出的古龟兹文化的文物最具代表性，充分体现了龟兹开放、和谐、多元、多姿文化的辉煌。①

看点 1：龟兹展厅。展出库车历年出土的文物，从新石器时代延续到清代，文物类型有石器、骨器、陶器、铜器等，反映了库车的历史变迁及文化传承。一些出土的龟兹文陶片，为研究吐火罗语提供了珍贵实物；一些出土的汉文陶片和资料，反映了自古以来中原与西域之间密切的政治、经济和文化联系，进一步证明了新疆自古以来就是中国领土不可分割的一部分。

看点 2：“龟兹佛韵”展厅。集中展示了龟兹时期石窟的壁画、泥塑，以及仿真的佛像、雕像等实物，配以佛教传播的一些图片和文字资料，介绍中国重要佛经翻译家——龟兹人鸠摩罗什对佛教传播的重要影响，为研究中外文化交流、佛教史、艺术史、建筑史等提供了珍贵的资料。

看点 3：“民族民俗”展厅。主要陈列的是从苏巴什佛寺遗址出土的距今二三百年的一些民族生活用品、服装及乐器。这些物品充分展现出浓郁的龟

① 新疆维吾尔自治区文化和旅游厅．新疆是个好地方：导游词［M］．乌鲁木齐：新疆人民出版社，2023：627.

兹文化。

看点 4："生产生活工具"展厅。陈列的是维吾尔族生产生活工具，是维吾尔族人民勤劳智慧的结晶。这些物品是从库车各乡镇征集来的，多为农业生产、手工业和生活中使用的工具。展出的农业生产工具有犁、耙、镰刀，还有新疆特色的坎土曼、石磙等。现在农业基本上都机械化了，这些劳动工具以后就很难见到了。陈列的手工业工具有纺车、轧花机等，生活用品有维吾尔族独特、科学的婴儿摇篮，还有看上去不太美观但洗衣服不伤手的土肥皂，这两种生活用品现在民间依然在使用。

看点 5：民间传统工艺展厅。该展厅以集中展示非物质文化遗产为目的，从龟兹著名的制作陶器场景到当今维吾尔族独特的地毯编制工艺和纺线、榨油等传统工艺，都生动呈现在观众面前。

看点 6：龟兹钱币展厅。展示了从汉代到民国期间库车出土的历朝历代的钱币，从汉代的汉龟二体钱到民国银圆，通过大大小小 100 多枚钱币，记录了库车历史 2000 多年的延续。新疆地处古"丝绸之路"要冲，在东西方经济、文化的交流中起过重要作用。新疆出土的钱币是东西方钱币文化相互融合的结晶，是祖国钱币文化的瑰宝。

（2）第二模块：红色印记篇为核心部分，通过实地参观革命遗址、观看历史影像、聆听英雄事迹讲解等形式，让游客亲身体验革命岁月的艰辛与伟大，激发其爱国情怀。

第十二代亲王达吾提·买合苏提展馆。1942 年，军阀盛世才为了巩固对南疆的统治，经库车社会名流推举，批准 14 岁的达吾提·买合苏提继承王位，成为第十二代库车王，人们称他为"巴郎子王"。①

达吾提·买合苏提一生曲折坎坷，历经不同社会时代，但他始终把自己当作老百姓的一员。他是中国共产党的忠实朋友，是各族群众爱戴的爱国民主人士。他虽然历经磨难，但是他以国家利益为重，从来没有怨言，坚决拥护中国共产党，立场坚定地维护祖国统一，旗帜鲜明地反对民族分裂，全心全意为人民服务，在促进民族团结、社会稳定、经济发展等方面作出了卓越

① 新疆维吾尔自治区文化和旅游厅．新疆是个好地方：导游词［M］．乌鲁木齐：新疆人民出版社，2023：631.

的贡献。他多次荣获“民族团结模范”“政协廉洁好干部”“优秀政协委员”等光荣称号。2003 年，他被阿克苏地区评为“十佳个人”。2005 年，他荣获“感动中国时代杰出创业新闻人物”称号。达吾提·买合苏提为子孙留下遗言：永远跟着共产党，永远维护国家统一，永远维护新疆稳定。2014 年 7 月 30 日，末代库车王达吾提·买合苏提去世。①

（3）第三模块：文化交融篇则侧重展现库车地区多元文化的融合之美，通过民族风情体验、手工艺品制作等活动，让游客在进行红色旅游的途中，也能感受到浓厚的地域文化氛围。

3. 活动安排

库车王府的具体游览线路如表 4-24 所示：

表 4-24　库车王府游览线路安排表

线路名称	库车王府——传承红色基因，探索历史足迹	
线路特色	探索历史足迹，了解库车王府的历史文化背景，感悟革命先辈的英勇事迹与不屈精神	
线路流程第一天上午	主要内容	主要目标
	第一天早上按约定时间（8：00）在阿克苏市指定地点集合，并乘坐旅游大巴车前往库车市，在吐和高速上沿途观光游览（路程大约需要 3 个小时），抵达库车市后参观库车王府——这座承载着深厚历史与文化底蕴的宫殿。首先，参观龟兹博物馆（包括 6 个展厅），通过专业讲解员的生动解说，了解王府的历史沿革、建筑风格及其在维护祖国统一中的重要作用，感受浓厚的红色氛围。随后，游览红色纪念馆（库车第十二代亲王达吾提·买合苏提展馆），重点参观革命历史展览区，通过珍贵文物、图片及多媒体展示，深入了解库车地区革命先烈的英勇事迹，接受深刻的爱国主义教育。在纪念馆，通过观看历史影像、聆听英雄事迹讲解等形式，让游客亲身体验革命岁月的艰辛与伟大，激发其爱国情怀。最后，继续探访王府后花园及附属建筑，体验王府的园林艺术，同时参与互动体验项目，如穿着传统服饰拍照留念、手工艺品制作等活动，增加游览的趣味性和参与感，让游客感受到浓厚的地域文化氛围	弘扬红色文化，传承革命精神；促进爱国主义教育；加强民族团结教育；传承和弘扬中华优秀传统文化
14：30 左右在库车市享用午餐		

注意事项：①遵守规定。在参观过程中，要严格遵守库车王府的参观规

① 新疆维吾尔自治区文化和旅游厅．新疆是个好地方：导游词［M］．乌鲁木齐：新疆人民出版社，2023：631.

定。②尊重文物。请尊重红色革命基地的文物和纪念物，不要触摸、损坏展品或随地乱扔废弃物。同时，不要将易燃易爆物品、管制刀具、打火机等违禁品带入场馆。③文明游览。保持庄重严肃的态度，不嬉戏打闹，不随意触碰展品，体现对红色教育基地的尊重。

（三）克孜尔尕哈烽燧

1. 背景介绍

2022 年 7 月 12 日至 7 月 15 日，习近平总书记在新疆考察时指出，要加强中华民族共同体历史、中华民族多元一体格局的研究，充分挖掘和有效运用新疆各民族交往的历史事实、考古实物、文化遗存，讲清楚新疆自古以来就是我国不可分割的一部分和多民族聚居地区，新疆各民族是中华民族大家庭血脉相连、命运与共的重要成员。①

《新疆的若干历史问题》白皮书指出，新疆是中国神圣领土不可分割的一部分，从汉代至清代中晚期，包括新疆天山南北在内的广大地区统称为西域。公元前 60 年，西汉在西域设立西域都护府，标志着新疆正式成为中国版图的一部分。汉朝以后，历代中原王朝和西域的关系有疏有密，中央政权对新疆地区的管治时紧时松，但任何一个王朝都把西域视为故土，行使着对该地区的管辖权。克孜尔尕哈烽燧是新疆历史的重要见证者，它饱含沧桑的伟岸身躯是白皮书的有力佐证。

克孜尔尕哈烽燧位于新疆维吾尔自治区阿克苏地区库车市依西哈拉镇，地处天山南麓却勒塔格山的南麓，紧邻盐水沟沟口。该烽燧坐落于海拔 1200 米的冲蚀台地上，四周视野开阔，是古代交通要道上的重要军事建筑。其东距库车市仅约 10 千米，交通便利，可通过独库公路直接抵达。克孜尔尕哈烽燧不仅地理位置独特，还因其近 2000 年的历史和保存完好的状态，成为新疆地区乃至全国重要的文化遗产，吸引了众多游客前来探访，感受古代军事防御的壮丽与沧桑。

克孜尔尕哈烽燧，始建于汉代，是古“丝绸之路”北道上时代最早、保存最完好的烽燧遗址之一。作为古代军事通信建筑设施，它承担着监控敌情、

① 习近平在新疆考察时强调 完整准确贯彻新时代党的治疆方略 建设团结和谐繁荣富裕文明进步安居乐业生态良好的美好新疆［EB/OL］. 新华网，2022-07-15.

传递信息的重要任务，是古代边疆防御体系中的关键一环。其独特的地理位置和重要的军事价值，使其成为丝绸之路上的重要节点，见证了古代“丝绸之路”的繁荣与边疆的守卫。历经千年风雨，克孜尔尕哈烽燧不仅承载着丰富的历史文化内涵，还具有较高的旅游价值，是探索古代“丝绸之路”、感受边疆军事文化的重要窗口。

克孜尔尕哈烽燧作为古代“丝绸之路”上的重要军事遗址，近年来已成为新疆地区的热门历史文化旅游景点。其独特的地理位置和丰富的历史文化内涵吸引了大量游客前来探访。随着当地文旅融合发展的积极推进，克孜尔尕哈烽燧不仅被列为国家重点文物保护单位和列入世界文化遗产名录，还成为网红打卡点，每天前来的游客络绎不绝。景区内设施完善，提供观光车服务，方便游客游览。此外，景区还注重文化宣传与保护，通过举办展览、讲座等活动，让游客深入了解烽燧的历史背景和文化价值，进一步增强了游客的文化自信和历史认同感。

2. 设计思路

克孜尔尕哈烽燧红色旅游线路，以“穿越千年烽烟，传承红色记忆”为主题，深度挖掘古代“丝绸之路”的军事防御体系与近现代红色革命遗迹的双重文化价值。本线路特色鲜明，融合了历史沧桑与现代感悟，游客将亲睹古烽燧的巍峨，体会古代边防战士的坚守与牺牲。同时，通过探访周边红色教育基地，重温革命岁月的光辉历程，接受爱国主义教育的洗礼。

线路框架主要分为三段：首段、中段与尾段。首段自游客服务中心启程，徒步穿越历史长廊，“重走唐僧路”，沿途展示古代边防文化图文，引领游客初步感受烽燧的沧桑与辉煌。

中段为核心探访区，乘坐观光车直达烽燧脚下，近距离观赏千年古燧的雄伟身姿，通过 AR 技术复原古代守边将士生活场景，增强沉浸式体验。

【知识链接】

烽燧：库车古称龟兹，自古就是“丝绸之路”上的重镇，是沟通南北疆交通的要道，由于它独特的地理位置，一度成为西域的政治、军事、文化中心。历史上，西汉西域都护府和唐代安西大都护府都设置在龟兹。为确保社会稳定和丝路畅通，历代中原王朝在这里修筑了各种军事防御设施，其中烽燧是最重要的设施之一。2001 年，克孜尔尕哈烽燧被国务院公布为第五批全国重点文物保护单位，2012 年被国家文物局认定为长城资源，2014 年被联合国教科文组织列入世界文化遗产名录。

汉代边塞的行政系统，是都尉府统辖侯官（都尉府的长官称都尉）、侯官统辖部（侯官的长官称侯长）、部统辖燧（燧的长官称燧长）。燧是最基层的单位，一般相隔数里便设一燧。除设燧长外，一般有燧卒三四人。报警的主要信号，白天是举烽和燔积薪，夜里是举炬火和燔积薪，有时还用表、烟、鼓等辅助。所以古人常称边塞报警的信号为“烽火”“烽烟”。发现敌情时，主要根据敌人的数量和入侵情况等，发出相应的信号。发出的信号由各燧依次传递，以达都尉府。

唐朝在龟兹设立安西大都护府后，烽燧制度在继承前代制度的基础上，更趋完善。于每烽置帅一人，副一人，还有烽子若干人，均归尚书兵部职方司管理。烽燧官吏主要掌管烽燧的保护、修缮和报警。其放烽有 1 炬、2 炬、3 炬、4 炬的规定，烽炬的多少根据入侵敌军的多少决定。施燧的规定大致与此相同。这样，接到烽燧报警以后，朝廷就可以决定派遣抵御部队的规模。另外，设在关内的烽燧，还须在每日初夜，放烽一炬，报告平安，故“谓之平安火”。唐朝建立的一套严密而又完备的烽燧制度，对边防安全和国内稳定起到了重要作用。

尾段则环绕烽燧周边生态步道，欣赏大漠孤烟、长河落日的壮丽景观，同时设置红色故事讲解点，讲述克孜尔尕哈烽燧在历史上的重要作用与感人故事，让游客在自然与历史的交融中，完成一次心灵与知识的双重洗礼。

3. 活动安排

克孜尔尕哈峰燧游览线路如表 4-25 所示：

表 4-25 克孜尔尕哈峰燧游览线路安排表

线路名称	克孜尔尕哈烽燧——穿越千年烽烟，传承红色记忆
线路特色	深度挖掘古代丝绸之路的军事防御体系与近现代红色革命遗迹的双重文化价值，领略烽燧的沧桑与辉煌

续表

	主要内容	主要目标
线路流程第一天下午	午餐后前往克孜尔尕哈烽燧，它始建于汉代，是古“丝绸之路”北道上时代最早、保存最完好的烽燧遗址。首先，徒步穿越历史长廊，沿途展示古代边防文化图文，引领游客初步感受烽燧的沧桑与辉煌。其次，来到烽燧脚下近距离观赏千年古燧的雄伟身姿，通过AR技术复原古代守边将士生活场景，增强沉浸式体验。最后，环绕烽燧周边生态步道，欣赏大漠孤烟、长河落日的壮丽景观，同时设置红色故事讲解点，讲述克孜尔尕哈烽燧在历史上的重要作用与感人故事，让游客在自然与历史的交融中，完成一次心灵与知识的双重洗礼	弘扬红色文化，传承红色记忆；增强红色文化的认知与认同感；加强民族团结教育；传承和弘扬中华优秀传统文化
住宿	库车市（晚餐后办理入住酒店）	

注意事项：①遵守规定。在参观过程中，要严格遵守克孜尔尕哈烽燧的参观规定。②文明游览。保持庄重严肃的态度，不嬉戏打闹，不随意触碰文物，表现出对历史文化遗迹的尊重。③紧急情况处理。如果出现意外或受伤，要第一时间联系景区工作人员或拨打紧急救援电话，并向救援人员报告所处的准确位置。

（四）刀郎部落

1. 背景介绍

（1）刀郎人的由来

关于刀郎人的来源，学术界主要有“塔里木土著说”“回纥说”“蒙古说”“混成说”4种说法。其中持“蒙古说”观点的学者最多。13世纪，蒙古人兴起于漠北高原，他们征服了亚洲和东欧，建立了蒙古帝国。天山以南及中亚广大地区是成吉思汗次子察合台的封地。察合台死后，蒙古宗王为了争夺他的继承权，引发了长期的军事纷争。从14世纪末到16世纪末的200年间，察合台的封地（察合台汗国）分裂为许多互不统属的小国（地方政权）和地域，彼此之间相互征战。当时的蒙古贵族大多是封建农奴主，他们大量掠夺平民为奴，驱使奴隶从事劳动、充实自己的军队。人们不堪忍受欺侮，为了反抗剥削压迫和躲避战争的灾难，平民就逃到叶尔羌河下游平原荒无人烟的大漠胡杨林里。那里有各种飞禽走兽，河沼中有鱼类及其他各种水生动物，是狩猎的理想之地，自然成了平民栖身和生存的好地方。他们聚在一起过着自由自在的迁徙流浪生活，于是就有了“刀郎”的称谓，从而形成了独特的刀郎文化。在察合台时期，“刀郎”一词是“集中、成堆地聚在一起”的意思。在漫长的岁月中，刀郎人在远离人世的荒漠旷野、胡杨林中渔猎游牧，或从事简单的种植，与大自然做着不息的抗争，过着艰苦的生活。在闭塞的环境里，刀郎人形成了自己独特的生活习俗、语言、文化、艺术和心理特征。18 世纪中期，在清政府屯垦政策的招引下，他们开始迁出森林荒野，向四周扩散，从事农耕生产，与维吾尔族人相融合，逐渐成为维吾尔族刀郎人。①

维吾尔族刀郎人既有维吾尔族的一般人文特征，又有独特的刀郎精神。世居于此的维吾尔族刀郎人，不仅用辛勤的劳动和智慧创造了丰富的物质财富，而且创造了富有民族和地域特色、绚丽多彩的精神财富——以“刀郎麦西热甫”“刀郎木卡姆”“刀郎农民画”和“刀郎文化绣”为代表的“刀郎文化”。②

（2）刀郎部落红色旅游资源特色

刀郎部落作为红色旅游资源聚集地，以其独特的民族风情与深厚的革命历史底蕴相融合，展现出别具一格的魅力。其特色首先体现在“文化交融”上，刀郎文化作为维吾尔族传统文化的重要分支，将其歌舞、音乐、民俗等元素与红色革命精神相互渗透，形成了一种既传统又现代、既民族又革命的文化景观。游客在此不仅能领略到刀郎人热情奔放的舞蹈、悠扬动听的麦西热甫，还能通过纪念馆、遗址等载体，深刻感受到革命先辈在这片土地上的英勇奋斗与无私奉献。③

刀郎部落红色旅游资源是传承红色基因、弘扬爱国主义精神的重要载体。它让游客在体验民族风情的同时，接受一次生动的爱国主义教育，增强了民族自豪感和历史使命感。此外，该旅游线路还促进了当地经济社会的全面发展，通过红色旅游的带动，推动了基础设施建设的完善，改善了居民生活条

---

① 新疆维吾尔自治区文化和旅游厅．新疆是个好地方：导游词［M］．乌鲁木齐：新疆人民出版社，2023：647.

② 新疆维吾尔自治区文化和旅游厅．新疆是个好地方：导游词［M］．乌鲁木齐：新疆人民出版社，2023：647.

③ 赵树宴．新疆“木卡姆”歌声飘海外［N］．人民日报（海外版），2015-01-23（16）.

件，促进了文化传承与创新，实现了经济效益与社会效益的双赢。因此，刀郎部落红色旅游资源不仅具有独特的文化价值，更承载着深远的历史意义和重要的时代价值。①

2. 设计思路

本线路将围绕“追寻红色足迹，体验刀郎风情”的核心主题展开，通过精心规划，使游客在欣赏刀郎部落古朴风貌、体验独特民俗文化的同时，深入了解当地革命历史，接受红色文化的熏陶。

线路框架主要分为两大板块：红色足迹篇与文化体验篇

（1）首段“红色足迹篇”：作为线路的灵魂，通过图文、实物及多媒体展示，生动再现刀郎部落先辈的英勇事迹与革命精神。

看点1：红色记忆广场。穿越“红色记忆广场”，广场将通过雕塑、纪念碑等形式展现刀郎地区在革命历史中的重要贡献与英勇事迹，营造庄重而肃穆的氛围，让游客在踏入旅程之初便能感受到浓厚的红色文化气息。

看点2：刀郎文化展览馆。深入介绍当地革命先烈的生平事迹与革命精神，通过图文、影像及实物展示，让游客在了解历史的同时，接受一次深刻的思想教育和精神洗礼。

（2）末段“文化体验篇”：复原历史场景，设置徒步、亲手制作手工艺品等体验项目，让游客身临其境感受红色征途的艰辛与壮丽。各景点遥相呼应，布局上注重空间序列与视觉引导，形成从了解到体验的递进式游览路线，确保游客在领略自然风光的同时，深刻领悟红色文化的精神内涵。

看点1：刀郎红色古村落。选取具有代表性的传统村落作为实地探访点，展现刀郎人民在革命战争年代的生活场景与斗争故事，让游客在体验刀郎文化独特魅力的同时，感受红色文化与当地民俗文化的深度融合。还可以观看到传统摔跤、叼羊、斗鸡等民俗体育活动，这些活动不仅展现了刀郎人的英勇与智慧，也寓意着他们不屈不挠、勇于斗争的精神风貌，是对红色精神的一种生动诠释。

看点2：红色教育基地。设立互动式、体验式教育环节，如红色故事角色

---

① 王宝君，彭中华．麦盖提：掀起你的盖头来［N］．人民日报（海外版），2014-11-28（6）．

扮演、重走红军路等，让游客在参与中深刻体会革命精神的内涵，增强爱国主义情感。

看点 3：原始胡杨林区。千年胡杨林区是红色旅游资源分布的重要区域。胡杨林不仅是刀郎人赖以生存的家园，更是他们坚韧不拔、自强不息精神的象征。漫步在胡杨林中，可以深刻感受到刀郎人面对恶劣环境不屈不挠、顽强生存的精神。

看点 4：浙阿友谊沙雕主题公园。线路沿途融入自然风光观赏点，如壮丽的山川、清澈的溪流，让游客在缅怀历史的同时，也能享受大自然的宁静与美好，实现红色旅游与绿色生态的完美结合。

3. 活动安排

刀郎部落具体游览线路如表 4-26 所示：

表 4-26　刀郎部落游览线路安排表

<table>
<tr><td>线路名称</td><td colspan="2">刀郎部落——传承红色基因，探秘刀郎文化</td></tr>
<tr><td>线路特色</td><td colspan="2">探秘刀郎文化，了解刀郎人的来源、文化和生活方式，感受刀郎人的坚韧不拔、勤劳智慧的精神。并结合刀郎木卡姆、麦西热甫等非物质文化遗产的演绎，让游客在体验中感受到浓厚的革命传统与民族精神</td></tr>
<tr><td rowspan="2">第二天上午</td><td>主要内容</td><td>主要目标</td></tr>
<tr><td>早上按约定时间（8：00）在库车市指定地点集合，并乘坐旅游大巴车前往阿瓦提县的瑰宝——刀郎部落（路程约 4 个小时）。抵达刀郎部落的红色文化广场，参加简短而庄重的开营仪式，了解当日游览目的与意义。随后，跟随专业讲解员，深入红色纪念馆，通过珍贵的历史文物、图文展板及多媒体展示，沉浸式体验刀郎地区革命先烈的英勇事迹。在纪念馆开展“红色故事会”，邀请当地老人讲述革命故事，增强情感共鸣</td><td rowspan="2">弘扬爱国主义精神、传承红色基因；促进思想交流，深化红色记忆；深刻理解和感受刀郎文化的魅力</td></tr>
<tr><td>午餐</td><td>午餐在部落特色餐馆享用，品尝地道美食，同时融入红色主题歌曲传唱，营造浓厚氛围</td></tr>
</table>

续表

	主要内容	主要目标
第二天下午	吃完饭后首先参观刀郎红色古村落，通过观察村落原貌、了解刀郎人的生活方式，感受刀郎人的坚韧不拔、勤劳智慧的精神。随后，参观红色教育基地，开展“红色故事角色扮演”体验活动，为游客提供专业服装与道具，让他们扮演革命历史人物，重现历史场景，增强情感共鸣。并安排亲手制作工艺品活动、在原始胡杨林区参观胡杨文化馆以及组织游客参与“重走红军路”徒步体验活动，沿着当年红军走过的足迹，穿越丛林小道，感受革命艰辛。最后，游览浙阿友谊沙雕主题公园。应深入挖掘刀郎部落独特的民族文化与红色革命历史的融合点，通过举办民族风情展示、“红色课堂”等形式，让游客在体验传统歌舞、手工艺制作等文化活动的同时，感受到革命精神的传承与弘扬	弘扬爱国主义精神、传承红色基因；促进思想交流，深化红色记忆；深刻理解和感受刀郎文化的魅力
住宿	阿瓦提县（晚餐后办理入住酒店）	

注意事项：①尊重当地风俗。在参观和体验过程中，要尊重当地人的风俗习惯，不要随意拍照。这不仅体现了对当地文化的尊重，也是对当地居民的尊重。②防暑降温。面对高温天气，景区工作人员在游客服务中心和各游览点准备了藿香正气水、西瓜等防暑降温物品，并通过广播循环播放防暑降温提示。游客应根据自身情况做好防暑降温措施。

（五）三五九旅屯垦纪念馆

1. 背景介绍

三五九旅屯垦纪念馆，坐落于新疆南部阿克苏地区的新疆生产建设兵团第一师阿拉尔市，其历史背景深厚而辉煌。三五九旅，作为一支在中国革命史上留下浓墨重彩一笔的英雄部队，其前身可追溯至土地革命时期的中国工农红军三大主力之一的红六军团。在抗日战争中，这支部队以八路军一二〇师三五九旅的英勇姿态闻名遐迩，被誉为“百战百胜的模范铁军”。解放战争时期，三五九旅又改编为中国人民解放军第一野战军一兵团第二军步兵第五师，继续为解放事业贡献力量。

1950 年，三五九旅挺进新疆，为解放新疆立下赫赫战功。1953 年 6 月，遵照毛泽东主席的指示，该部队在塔里木盆地集体整编为新疆军区农业建设第一师，后归入新疆生产建设兵团建制。这段“生在井冈山、长在南泥湾，转战数万里，屯垦在天山”的壮丽历程，铸就了三五九旅不朽的传奇。

为纪念三五九旅的丰功伟绩，弘扬其革命精神，三五九旅屯垦纪念馆于2006年7月开工建设，并于2009年9月26日正式开馆。该馆由法国著名设计机构夏邦杰设计，占地面积3.5万平方米，建筑面积1.1万平方米，展陈内容丰富，涵盖了三五九旅从井冈山到解放新疆的光辉历程，以及新疆生产建设兵团成立以来的发展历程和建设成就。纪念馆自开馆以来，已成为我国西北地区规模最大的革命类纪念馆，也是重要的爱国主义教育和红色旅游基地，年均接待游客达10万人次。

纪念馆建筑设计巧妙融合了历史厚重感与现代展陈理念，整体风格庄重大气，又不失时代活力。主体建筑采用仿古与现代元素相结合的手法，屋顶覆盖青灰色瓦片，檐角飞翘，寓意着三五九旅战士们不屈不挠、勇往直前的革命精神。外墙以红砖为主色调，象征着革命的火种与热血，配以白色线条勾勒，简洁明快，既体现了纪念馆的庄重性，又赋予了其独特的艺术美感。馆内布局合理，空间层次分明，通过光影效果与多媒体技术的巧妙运用，生动再现了三五九旅屯垦戍边的辉煌历程，让参观者仿佛穿越时空，亲身感受那段激情燃烧的岁月。

三五九旅屯垦纪念馆，作为传承红色基因、弘扬革命精神的重要载体，其社会意义深远而重大。它不仅是对三五九旅辉煌历史的深刻铭记，更是新时代爱国主义教育不可或缺的一环。纪念馆通过丰富的历史文物、生动的展览形式，让广大游客在回望过去中汲取力量，激发爱国热情与奋斗精神。

在社会发展快速变迁的今天，三五九旅屯垦纪念馆如同一座精神灯塔，照亮着人们前行的道路。它提醒我们，无论时代如何变迁，自力更生、艰苦奋斗的精神永远不能丢。纪念馆的社会教育功能，对于培养青少年的历史观、价值观具有不可替代的作用，能帮助他们从小树立起为国家富强、民族复兴而努力的远大志向。

三五九旅屯垦纪念馆内收藏品丰富，共有11200余件，其中文物9500件（套），展出文物1188件（套）。① 馆内陈列内容丰富多样，既有大型浮雕

---

① 李龙．兵团第一师：两万展品讲述红色三五九旅英雄史［EB/OL］. 人民网，2024-08-21.

《关山万里展红旗》，分四部分展示三五九旅从井冈山到南泥湾，再到天山屯垦的壮丽史诗；也有一件件带着锈迹的垦荒工具，如爬犁、抬把子、坎土曼等，它们默默诉说着军垦儿女战天斗地、建设边疆的奋斗历程。此外，还有大量珍贵的历史照片和实物展品，如地窝子、干打垒、窑洞房的黑白照片，以及现代化农业、工业发展的成果展示，全方位呈现了三五九旅及新疆生产建设兵团在屯垦戍边事业中取得的巨大成就。通过这些展品，游客能够深切感受到兵团人为新疆作出的巨大贡献，以及兵团精神的伟大与不朽。

综上所述，三五九旅屯垦纪念馆的价值不仅体现在其独特的外观设计上，更在于其深刻的历史内涵和文化底蕴，使其成为一处集纪念、教育、旅游于一体的红色旅游胜地。

2. 设计思路

三五九旅屯垦纪念馆红色旅游线路以“传承红色基因，赓续屯垦精神”为主题，深度挖掘和传承三五九旅在艰苦卓绝岁月中展现出的革命精神与屯垦戍边的光辉历程。本线路特色在于让游客能够穿越时空，亲身体验革命先辈不畏艰难、自力更生的奋斗历程，深刻理解“南泥湾精神”的深刻内涵。此线路不仅是对历史的回顾，更是对当代人的一次精神洗礼，旨在激发民族自豪感和时代责任感，促进红色文化的传承与弘扬，让红色基因在新时代焕发出更加璀璨的光芒。

线路框架主要分为三大板块：艰苦创业篇、辉煌成就篇与精神传承篇。

（1）第一板块：“艰苦创业篇”通过实物展示、场景复原，再现战士们开荒造田、自给自足的艰辛历程。

看点1：入口纪念石碑。入口处，一座巍峨的纪念石碑巍然矗立，上书“三五九旅屯垦纪念馆”几个大字，苍劲有力，彰显着历史的厚重与荣耀。石碑两侧，青松翠柏环绕，象征着革命精神长青不朽。走过石碑，一条由青石铺就的步道引领着游客前行，步道两侧，精心设计的红色文化景观小品错落有致，简要介绍三五九旅的光辉历程，让每一位踏入此地的游客，在第一时间便能感受到那份深沉的革命情怀与奋斗精神。

看点2：三五九旅屯垦纪念馆——光荣的三五九旅革命史。通过观看一幅幅珍贵的历史照片、一件件生动的实物展品，游客可感受那份深沉的革命情怀与奋斗精神。

一条跨越时空的历史隧道。通过铜板雕刻、石刻壁画和 122 首与西域屯垦有关的著名诗词等，记述了西汉以来西域屯垦大事记，彰显新疆自古以来就是中国领土不可分割的一部分，印证新疆各民族是中华民族的组成部分、新疆各民族文化是中华文化的组成部分。①

一支功勋卓著的英雄部队。通过艺术浮雕、将帅墙、元帅服、历史照片和场景等，充分展现三五九旅这支英雄部队在井冈山、抗日战争、南泥湾大生产、解放新疆等各个历史时期忠诚、担当、争先的精神以及浴血奋斗的光辉历程。

一群隐蔽战线的电波猎人。通过不同时期的通信装备无线电台、历史照片融合场景，展示了我国无线电发展历程。一代代无名英雄赤胆忠心，用忠诚与信仰铸就了无名丰碑，用热血和生命锤炼出薪火相传的红色基因。②

一场没有硝烟的悲惨壮举。通过声、光、电模拟场景展现了步兵第五师在王震将军的带领下，翻越 4300 多米终年积雪的祁连山，拦截住企图逃窜新疆的国民党残余势力。260 余名解放军战士长眠于此。这一场无硝烟的战役，推动了新疆和平解放。

（2）第二板块：“辉煌成就篇”。展示屯垦事业带来的农业丰收、生态改善及经济繁荣，辅以数据对比与影像资料。

看点 1：兵团屯垦建设发展史展区

一根垦荒战士的生命之绳。一张照片，一个故事。在建设初期，物资非常匮乏，蔬菜更是稀缺，战士们严重缺乏维生素，大多患上了夜盲症。在田间吃饭的时候，大家会把碗里仅有的一片绿色蔬菜，夹给同一个年轻的小战士。大家想用仅有的绿色蔬菜中的维生素保护好年轻战士的眼睛，天黑以后，所有人都牵着一根绳子，由年轻战士带路，护送战友们回营地，在建设初期的艰难程度可想而知。

一方铸就辉煌的建设大军。展示第一师阿拉尔市基本地貌特征、农田、林网、路网等状况，反映兵团建设初期到现代化的农业、水利、畜牧、林果

---

① 马娇．场馆概况［EB/OL］．微信公众平台，2024-04-30.

② 马娇．场馆概况［EB/OL］．微信公众平台，2024-04-30.

业和工业，以及“人进沙退”生态治理、沙漠戈壁中开荒造田建绿洲的艰辛与辉煌等内容。

一批投身兵团的热血青年。反映在兵团各时期，来自全国各地、五湖四海的知（支）青和广大军垦、农垦战士以及促进民族团结的劳模代表（英模谱）等感人事迹，充分展示兵团历史人物风采。

一股正守南疆的中流砥柱。通过民兵体系建设、建党建政和政法队伍建设等，凸显兵团是忠实履行安边固疆的稳定器、凝聚各族群众的大熔炉、先进生产力和先进文化的示范区“三大功能”，在5600多千米的边境线上，构筑起保卫祖国边疆安全的“钢铁”长城，维护区域社会大局和谐稳定。

一幅建城戍边的壮丽画卷。展示兵团在沙漠腹地建设城市，实现从无到有、从原始到现代的发展历程。随着阿拉尔市的发展，少数民族同胞的国语水平显著提高，经济收入明显增长，住房条件明显改善，入学环境明显变好，民族团结一家亲成为广大职工群众的共同愿望。

一种薪火相传的英模精神。展示在战争年代身经百战、出生入死的战斗英雄、人民功臣，抗日战争时期在南泥湾大生产运动中的劳动模范，新中国成立后国家（部）、自治区（省）、兵团授予的劳模、“三八”红旗手和其他各类先进标兵。①

纪念馆内还设有互动体验区，让游客能够身临其境地感受那段峥嵘岁月，深刻理解“生在井冈山，长在南泥湾，转战数万里，屯垦在天山”的深刻内涵。站在纪念馆的观景台上远眺，昔日的荒漠已化作绿洲。万亩良田、果园飘香，这是对三五九旅人无私奉献精神最好的诠释。此行的终点，亦是心灵洗礼的新起点，激励着每一位游客不忘初心，继续前进。

（3）第三板块：“精神传承篇”。聚焦于三五九旅精神的内涵与当代价值，通过互动体验等形式，激励后人铭记历史，传承红色基因。各展区之间以时间轴为线索串联，形成完整而深刻的参观体验。

3. 活动安排

三五九旅屯垦纪念馆游览线路安排如表4-27所示：

---

① 马娇．场馆概况［EB/OL］．微信公众平台，2024-04-30.

表 4-27 三五九旅屯垦纪念馆游览线路安排表

线路名称	三五九旅屯垦纪念馆——传承红色基因，赓续屯垦精神	
线路特色	了解三五九旅屯垦的艰苦历程与辉煌成就，深刻体会革命先烈的崇高精神与爱国情怀，感受吃苦耐劳、无私奉献、开拓进取的军垦精神，深度体验与传承红色文化	
第三天上午	主要内容	主要目标
	早上按约定时间（8：00）在阿瓦提县指定地点集合，并乘坐旅游大巴车前往兵团人的精神高地——三五九旅屯垦纪念馆（路程约 1.5 小时）。抵达三五九旅屯垦纪念馆后，首先，参观入口纪念石碑，并集体拍照留念。随后，跟随专业讲解员，深入纪念馆，沿着纪念馆精心设计的参观路线，逐步深入，每一块展板、每一件展品都讲述着一个动人的故事，激发着每一位游客内心的爱国情怀与奋斗精神。最后，安排体验活动： 体验活动 1：设置互动角色扮演区，让游客穿上军装，体验一把“小小战士”的荣耀与责任，深刻感受三五九旅不屈不挠的革命精神和艰苦奋斗的屯垦岁月 体验活动 2：在三五九旅屯垦纪念馆红色线路的尾声部分，设计“精神传承宣誓区”，让游客在庄重的氛围中，面对历史丰碑，许下传承红色基因、弘扬革命精神的誓言，将此次学习之旅的情感体验升华为实际行动的承诺 体验活动 3：设立“我与三五九旅的故事”留言墙，鼓励游客分享感悟，形成情感共鸣，让红色文化在互动中传承，让革命精神在体验中深化	挖掘三五九旅屯垦历史；弘扬爱国主义精神；传承红色基因；弘扬革命精神
午餐	午餐后返回阿克苏市	

注意事项：①开放时间。纪念馆每周二至周日开放，周一闭馆，开放时间为 10 时至 19 时。② 参观路线。纪念馆内设有 8 个展陈主题区，建议按照导览路线参观，以更好地了解三五九旅的历史和成就。③ 文明参观。纪念馆为国家级文明旅游示范单位，参观时需遵守文明礼仪，保持良好的参观秩序。

三、项目总结与展望

（一）项目设计的特色与亮点

阿克苏市至库车王府、克孜尔尕哈烽燧、刀郎部落、三五九旅屯垦纪念馆的旅游线路，是一条集自然风光、历史文化与红色教育于一体的综合性旅游线路。它不仅涵盖了新疆阿克苏地区和阿拉尔市的自然景观和历史遗迹，还融入了红色旅游的元素，具有独特的旅游特色和教育意义。

本条红色旅游线路深刻体现了阿克苏地区和阿拉尔市丰富的历史文化底蕴与兵团精神。从库车王府的历史沉淀，到克孜尔尕哈烽燧的军事遗迹，再到刀郎部落的民俗风情和当地人民坚韧不拔、自强不息的精神风貌，直至三五九旅屯垦纪念馆的兵团奋斗史，每一处都承载着厚重的历史记忆与民族情感。它不仅是一次对革命历史的回顾，更是一场深刻的爱国主义教育，生动诠释了中华民族自强不息、团结奋进的伟大精神。

（二）项目设计评估

该线路选择红色旅游景点库车王府、克孜尔尕哈烽燧、刀郎部落及三五九旅屯垦纪念馆，通过实地参观革命遗迹和遗址，生动再现了革命历史与民族精神。游客在体验中感受革命先烈的艰苦奋斗、不怕牺牲的精神，深刻理解国家与民族的历史，有效激发其爱国情怀与责任感，是历史教育不可或缺的实践课堂。

本线路串联了阿克苏地区和阿拉尔市丰富的红色旅游资源，如三五九旅屯垦纪念馆，通过翔实的历史资料和实物展示，生动再现了军垦战士艰苦创业、屯垦戍边的光辉历程，是爱国主义教育的重要课堂。克孜尔尕哈烽燧作为古代军情报警设施，则让游客直观感受历史的厚重与边防的重要性。刀郎部落的民俗活动，则展现了当地人民坚韧不拔、自强不息的精神风貌，增强了游客的民族自豪感和爱国情怀。整体线路在爱国主义教育中具有深刻实践意义，让游客在游览中接受心灵的洗礼。

（三）项目设计展望

当前，红色旅游市场呈现持续增长态势，随着人们对革命历史的重视及爱国主义教育的普及，红色旅游已成为文旅市场的重要增长点。国家及地方政府高度重视，出台多项政策支持，推动红色旅游资源挖掘与保护。年轻游客群体逐渐成为主力军，其中90后、00后占比显著提升，亲子游比例也呈上升趋势，市场潜力巨大。未来，红色旅游将向数字化、网络化、智能化转型，并与农业、文化、教育等多领域融合，推出更多创新产品和体验形式，市场前景广阔。

阿克苏地区和阿拉尔市红色旅游的未来发展趋势，将着重实现红色旅游与生态旅游的有机融合，这将成为其发展的重要方向。依托地区丰富的自然资源和独特的生态环境，如天山托木尔峰、原始胡杨林等，将红色文化融入自然风光，打造“红色+生态”复合型旅游产品，提升旅游体验，增强市场吸引力，实现红色旅游与生态旅游的共赢发展。

未来，将注重生态保护与文化传承的深度融合，实施绿色旅游发展战略。通过科学规划与管理，提升旅游基础设施与服务水平，增强游客体验。同时，加强与其他地区的旅游合作，共同打造跨区域红色旅游精品线路。推动旅游产品创新，融合现代科技手段，提升旅游吸引力和市场竞争力。加强人才培养与引进，为旅游业可持续发展提供坚实支撑。确保在促进经济发展的同时，实现生态保护、文化传承与旅游业的和谐共生。

【思考练习】

1. 设计红色旅游线路需遵守哪些原则？

2. 总结旅游线路设计的主要流程。

3. 请简述库车王府、克孜尔尕哈烽燧、刀郎部落以及三五九旅屯垦纪念馆的历史文化背景、红色旅游价值及其独特性。

【技能提升】

组建2~3人的小组，每组设一名小组长，负责带领其余成员，针对阿克苏地区下辖各县城的红色旅游资源开展细致的实地考察。考察内容需全面覆盖当地红色资源的背景信息、现存状态、开发利用情况以及周边环境等。在此基础上，各小组需精心设计一条旅游线路，旨在让游客能够深入体验并深刻理解当地的历史文化底蕴与红色记忆。

【本章小结】

本章通过六个详细的旅游线路设计实践项目，全面展示了环塔里木盆地旅游线路设计的创新实践，强调了红色文化、自然风光与人文历史的有机结合，为旅游线路设计提供了新的思路和参考。库尔勒市旅游线路设计通过整合巴州博物馆、“三馆一中心”及铁门关旅游景区等资源，设计了一条集历史文化展示、红色教育于一体的旅游线路，既展现了库尔勒市深厚的文化底蕴，又提升了游客的爱国情感。尉犁县的旅游线路设计则注重历史教育、民俗体验与自然观光的融合，通过达西村展览馆、罗布人村寨和孔雀河烽燧群长城国家文化公园等景点的串联，为游客提供了一次穿越时空的红色文化之旅。和静县的旅游线路设计项目，通过巩乃斯国家森林公园、巴音布鲁克草原和东归博物馆的串联，展现了和静县独特的自然风光和红色文化，不仅促进了地方经济的发展，也增强了民族凝聚力。和硕、博湖县的线路设计项目，以马兰红山军博园为核心，结合和硕博物馆与博斯腾湖的自然风光，打造了一条集教育性、体验性、观赏性于一体的红色旅游线路，为环塔里木地区红色旅游的发展提供了可行的实践方案。轮台县与铁门关市的旅游线路设计项目，通过塔里木胡杨林国家森林公园、西域都护府文化小镇和第二师渤海教导旅纪念馆等景点的整合，实现了红色文化传承与旅游产业发展的有机结合，推动了地方经济的绿色发展。阿克苏地区的旅游线路设计项目，则通过库车王府、克孜尔尕哈烽燧、刀郎部落和三五九旅屯垦纪念馆等景点的串联，打造了一条融合历史教育、文化探索与自然观赏的综合性旅游线路，不仅丰富了红色旅游的内涵，也为新疆红色旅游线路的改进和优化提供了参考依据。

这些项目案例的共同点在于，它们都注重红色文化的挖掘与展示，通过科学合理的线路规划和多样化的活动形式，让游客在游览过程中不仅能够增长知识，还能深刻感受到红色文化的魅力与革命精神的力量。同时，这些项目也充分考虑了生态保护与社区参与的重要性，旨在实现文化旅游与生态保护的和谐共生，促进当地旅游业高质量发展。

第五章

旅游线路设计典型案例

【本章导读】

本章聚焦于旅游线路设计的典型案例，通过六个精心挑选的案例，深入探讨了如何结合地域特色、历史文化和教育资源，设计出富有教育意义和吸引力的旅游线路。随着旅游业的蓬勃发展和研学旅游的兴起，如何打造既有教育价值又能满足游客需求的旅游线路成了一个重要课题。本章通过详细介绍“千年丝绸路 华夏第一州”红色丝路研学之旅、“走进红色巴州 传承东归精神”红色研学之旅、丝路遗韵——环塔里木世界遗产与红色印记探寻之旅、古韵传承——环塔里木盆地文旅融合探秘之旅、美好乡约——红色乡村文化深度体验之旅以及多彩和硕——马兰文化体验之旅等案例，展示了旅游线路设计的多样性和创新性。这些案例不仅展示了新疆丰富的旅游资源，还强调了研学旅游在传承红色文化、弘扬民族精神和提升青少年综合素质方面的重要作用。通过本章的学习，读者将了解旅游线路设计的原则、方法和技巧，为未来的旅游线路设计与开发提供有益的参考和启示。

第一节 “千年丝绸路 华夏第一州”红色丝路研学之旅①

巴州是丝绸之路的要道，在华夏文明及东方文化交流史上有着突出的地位。为了丰富巴音郭楞蒙古自治州红色丝路研学旅行线路，促进当地研学旅行发展，本案例选取铁门关、马兰红山军博园、博斯腾湖、罗布人村寨和达西村5个景点作为主要研学基地，以PBL为导向，以“千年丝绸路，华夏第一州”为主题，开展为期5天的面向初中学生的研学旅行活动，以期结合地理知识和历史文化深化研学意义，让学生真切鲜活地领略当地的旅游资源特色，提升学生的学科认知水平和综合实践能力。

项日式学习（Projcct Based Learning，简称PBL）是一套系统的教学方法，也是精心设计项目作品、规划和实施项目任务的有效手段，能够促进中小学生研学旅行中的研究性学习。2016年11月30日，教育部等11部门发布《关于推进中小学生研学旅行的意见》，旨在落实立德树人的根本任务，帮助中小学生了解国情、热爱祖国、开阔眼界、增长知识，提高他们的社会责任感、创新精神和实践能力。

一、研学旅行线路设计概述

新疆巴州地区自然和人文旅游资源丰富。一方面，拥有得天独厚的高山、盆地、河流、湖泊、戈壁、沙漠、平原和绿洲等自然旅游资源，如中国最大的沙漠——塔克拉玛干沙漠、中国最大的内陆淡水湖——博斯腾湖、中国最长的内陆河——塔里木河等②；另一方面，还拥有众多历史遗迹和人文景观，如古老而神秘的楼兰文化、“丝绸之路”文化、马兰文化等。巴州是“丝绸之路”的要道，在华夏文明及东方文化交流史上有着突出的地位，同时巴州也

① 徐蔼积，陆亦农，刘涛．以PBL为导向的新疆巴州红色丝路研学旅行线路设计研究［J］．西部旅游，2022（22）：102-105.

② 孙丽．新疆古丝绸之路研学旅行线路设计研究［D］．乌鲁木齐：新疆师范大学，2022.

是全国30个少数民族自治州中行政面积最大的，堪称“华夏第一州”①。故本案例结合巴州地域特色，将研学旅行线路的主题定为“千年丝绸路，华夏第一州”。

根据初中学段学生的知识水平和心理特点，选取巴州地区的铁门关、马兰红山军博园、博斯腾湖、罗布人村寨、达西村作为研学基地，按照“文化场景化、场景主题化、主题线路化”原则，采用点、线、廊道等方法进行线路设计，这是理论知识的具体应用。该研学旅行线路的设计以 PBL 为导向，以项目为载体，学生作为课程的实施者和创新者，4~6 位学生组成一个团队，在行前主要进行项目选题、制订计划，行中进行项目探究、作品制作和公众展示，行后进行项目评价与总结反思。基于 PBL 的研学旅行操作流程及具体内容如图 5-1 所示：

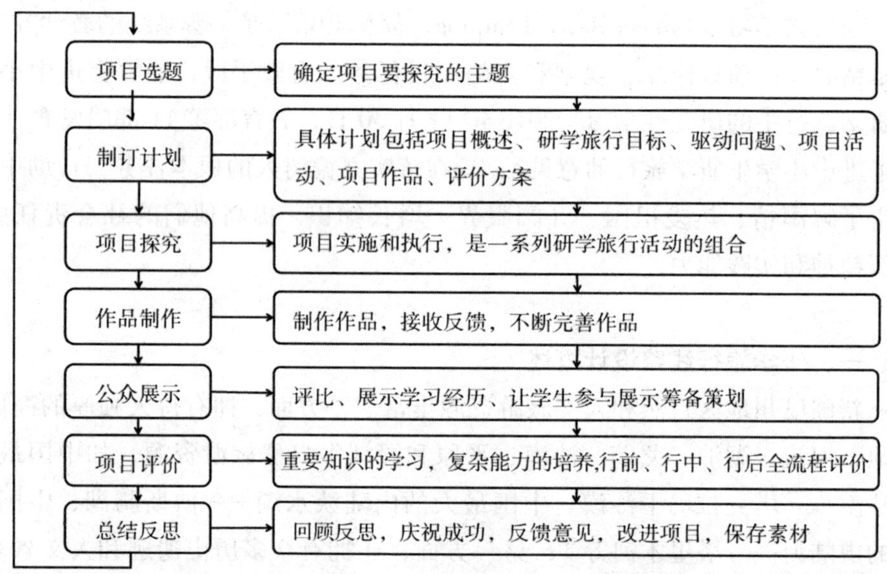

图 5-1　基于 PBL 的研学旅行操作流程图

① 张燕燕．新疆丝绸之路研学旅行课程资源开发与线路设计研究［D］. 新疆师范大学，2021.

二、研学旅行线路设计的目标

根据选取的五个旅游景点的特点和研学旅行线路的主题，该研学旅行线路设计的目标主要包括以下三方面：

（一）研究峡谷地貌，培育核心素养

课程选取铁门关为主要研学地点，该景点为典型的峡谷地貌，将学科知识与研学旅行活动有机融合，围绕峡谷地貌的形成原因和主要特点等知识设计研学活动的形式和内容，从而培养学生分析和解决问题的能力，提升综合实践能力。此外，在引导学生欣赏自然风貌、领略丝绸之路文化的同时，帮助学生树立尊重自然、热爱自然、亲近自然的观念。①

（二）加强主题教育，传承红色基因

充分挖掘巴州的特色旅游资源，带领学生参观铁门关、博斯腾湖、马兰红山军博园、罗布人村寨和达西村 5 个景点，开展多元化的主题教育，将革命历史和马兰精神、胡杨精神等潜移默化地传递给学生，让学生与英雄对话、与历史同行、与时代共鸣，从而达到传承红色基因、赓续红色血脉的目的。②

（三）传承传统文化，弘扬民族精神

结合中华优秀传统文化、革命文化和社会主义先进文化元素，通过研学活动培养学生对旅游线路的特点、组织要素、空间结构的分析能力以及团队合作与沟通能力，进一步增强学生的文化认同与文化自信。③

三、研学旅行线路设计的内容

新疆巴州红色丝路研学旅行线路如下：库尔勒市—铁门关—博斯腾湖风景区—马兰红山军博园—罗布人村寨—达西村—库尔勒市。具体安排如表 5-1 所示：

---

① 袁书琪，李文，陈俊英，等．研学旅行课程标准（三）：课程建设［J］．地理教学，2019（7）：4-6.

② 张珍，刘倩，王芸．陕北红色研学旅行线路设计与实施［J］．中学地理教学参考，2022（8）：90-91，94.

③ 马雪亚，毛锦旗．基于核心素养培养的研学旅行设计与实践：以京蒙研学活动为例［J］．地理教学，2019（3）：55-59.

表 5-1 新疆巴州红色丝路研学旅行线路设计的内容

时期	项目及时间	课程内容
行前	开学仪式	行前注意事项说明：学生 4~6 人为一组，每组指派一个组长
	研学目标	探究峡谷地貌，培育核心素养；深化主题教育，传承红色基因；传承传统文化，弘扬民族精神
行中	第一天	铁门关——“探寻丝路秘境领略西域雄关”
	第二天	博斯腾湖——“梦寻西海风情认知内陆淡水湖”
	第三天	马兰红山军博园——“追忆红色故事弘扬马兰精神”
	第四天	罗布人村寨——“探访历史村落体验民俗风情”
	第五天	达西村——“传承红色文化学习达西精神”
行后	成果展示	结束 5 天的研学行程，为本次研学旅行画上完美的句号
	研学总结	行后总结：本次研学旅行活动选取 5 个典型的红色丝路文化研学基地，旨在深化学生对红色文化、“丝绸之路”文化等的了解，提高学生的学科认知水平和综合实践能力

（一）铁门关——探寻丝路秘境 领略西域雄关

丝路雄关铁门关，号称“西域第一雄关”，是古“丝绸之路”上著名的关隘之一，扼守天山南北交通之咽喉。古往今来，张骞、班超、玄奘、岑参、林则徐、王震等都在此留下足迹。本环节以“探寻丝路秘境 领略西域雄关”为主题，选取关楼、公主岭和水电站等作为研学地点，引导学生参观丝路驿站，领略古代丝绸之路文化。通过爬公主岭，学生身临其境地感受峡谷地貌的特点；通过游览水电站，学生感受峡谷依山傍水、襟山带河的自然景观，同时认识能量转换之奥妙。具体活动安排如表 5-2 所示：

表 5-2 第一天研学活动安排表

时间	地点及行程安排	活动内容
9：00—11：00	关楼——参观丝路驿站，体会丝路文化	了解铁门关在古代的军事作用；观察地形和丝路中道咽喉，探讨铁门关成为中国古代 26 个名关之一的原因

续表

时间	地点及行程安排	活动内容
11：00—14：00	公主岭——爬公主岭石山，领略峡谷地貌	组织学生爬山，近距离观察峡谷地貌的特点，让学生进一步理解峡谷地貌的形成原因和发展变化的过程，并说出峡谷地貌与丹霞、雅丹地貌的区别
14：00—15：30	附近餐厅	午餐休息
15：30—17：00	水电站——纵览万顷碧水，感受能量转换之奥妙	观察水电站的运行情况，分析水能是如何转化为电能的；了解清洁能源的使用，水能发电的原理，掌握能量的转化以及能量守恒定律
17：00—19：00	丝路驿站	参观丝路驿站，感受丝绸之路文化，分析铁门关成为古代“丝绸之路”中道咽喉的原因
19：00—20：00	库尔勒美好酒店	晚餐

（二）博斯腾湖——梦寻西海风情 认知内陆淡水湖

博斯腾湖属于山间陷落湖，主要补给水源是开都河，同时又是孔雀河的源头。博斯腾湖的湖体可分为大湖区和小湖区两部分。《隋书》记载此湖有“鱼、盐、蒲、苇之利”。湖区周围生长着广袤的芦苇，是我国重要的芦苇生产基地。此外，博斯腾湖盛产各种淡水鱼，是新疆最大的渔业生产基地。具体活动安排如表 5-3 所示：

表 5-3 第二天研学活动安排表

时间	地点	活动内容
9：00—11：00	大河口	参观大河口景区，以小组为单位开展拍照才艺大比拼活动
11：00—14：00	四十里城相思湖	探讨淡水湖的成因
14：00—15：30	西海渔村酒店	午餐休息
15：30—17：30	孔雀海滩	小组活动：头脑风暴，分析旅游业的发展对当地产业的带动作用
17：30—19：00	连海世界	小组活动：以小组为单位，分析不同的水的形态。水的形态有液态、气态和固态，博斯腾湖的固态水在什么地方

续表

时间	地点	活动内容
19：00—20：00	博斯腾湖大酒店	晚餐

（三）马兰红山军博园——追忆红色故事 弘扬马兰精神

马兰红山军博园是我国20世纪60年代核试验基地的研究中心场所之一和部队指挥中心，有较多军事遗迹，是“两弹”研发的军事纪念地。许多重要的工作场馆至今仍较好地保持了原貌，长达300米深邃迂曲的人工防空隧洞透露着核试验的神秘与艰辛，是开展爱国主义教育活动的军事文化旅游基地。2011年，马兰红山军博园被国家发展和改革委员会列入国家红色旅游项目第二批名录。具体研学活动安排如表5-4所示：

表5-4 第三天研学活动安排表

时间	地点	活动内容
9：00—14：00	将军楼、防空洞	故事分享会：学生讲述钱学森、邓稼先、程开甲等“两弹一星”科学家以及张蕴玉将军的故事
14：00—15：30	附近餐厅	午餐休息
15：30—17：30	马兰红山博物馆	收集中国航天发展的相关材料，举例说明我国太空探索取得的成就；结合图片、视频等资料，描述探月工程、火星探测以及空间站建设等人类太空探索的进展与意义
17：30—19：00	马兰红山博物馆	小组评议和演示
19：00—20：00	和硕县	晚餐

（四）罗布人村寨——探访历史村落 体验民俗风情

罗布人村寨是中国西部地域面积最大的村庄之一，属琼库勒牧场，是一处罗布人居住的世外桃源。最大的沙漠、最长的内陆河、最大的绿色走廊和“丝绸之路”在这里交汇，形成了高品质的天然景观。具体研学活动安排如表5-5所示：

表 5-5 第四天研学活动安排表

时间	地点	活动内容
9：00—11：00	沙漠旅游景区	体验滑沙，思考从沙丘的迎风坡和背风坡滑下来，哪个更刺激，为什么
11：00—14：00	沙漠植物园	制作胡杨等植物标本
14：00—15：30	附近餐厅	午餐休息
15：30—17：30	罗布人村寨	参与民俗活动、防沙固沙活动
17：30—19：00	罗布淖尔湿地公园	辩论赛：罗布淖尔湿地是否应该禁止人类进入。学生在教师的引导下，围绕“人类为什么要保护湿地”这一问题进行头脑风暴，分为两组进行辩论
19：00—20：00	尉犁县	晚餐

（五）达西村——传承红色文化 学习达西精神

本环节以“传承红色文化 学习达西精神”为主题，选取红色达西展览馆、达西风情一条街和罗布淖尔博物馆等作为研学地点，通过唱红歌、画红画、参加国学课堂等方式，培养学生的爱国主义精神。具体研学活动安排如表 5-6 所示：

表 5-6 第五天研学活动安排表

时间	地点	活动内容
9：00—11：00	罗布淖尔博物馆	首先参观罗布淖尔博物馆，感受历史文化之厚重，随后学习“亮堂堂的‘达西村’”国学课程
11：00—14：00	达西风情一条街	组织学生游览达西风情一条街，体验社会主义新农村建设取得的成就；组织学生集体诵读《请党放心，强国有我》
14：00—15：30	附近餐厅	午餐休息
15：30—17：30	红色达西展览馆	组织学生探访红色达西展览馆，引导学生深入学习两任总书记给达西村的回信，进一步培养其爱国主义精神
17：30—19：00	红色达西展览馆	“达西我来画”绘画展
19：00—20：00	库尔勒市	晚餐

四、研学成果评估与线路设计特色

（一）研学成果评估

研学成果评估从行前、行中和行后三方面入手。为了保证评价工作的客观合理、公平公正，本案例选取学生自评、学生互评、小组自评、小组互评、专业导师和行业导师评分的方式进行综合评价。具体评价体系如图 5-2 所示：

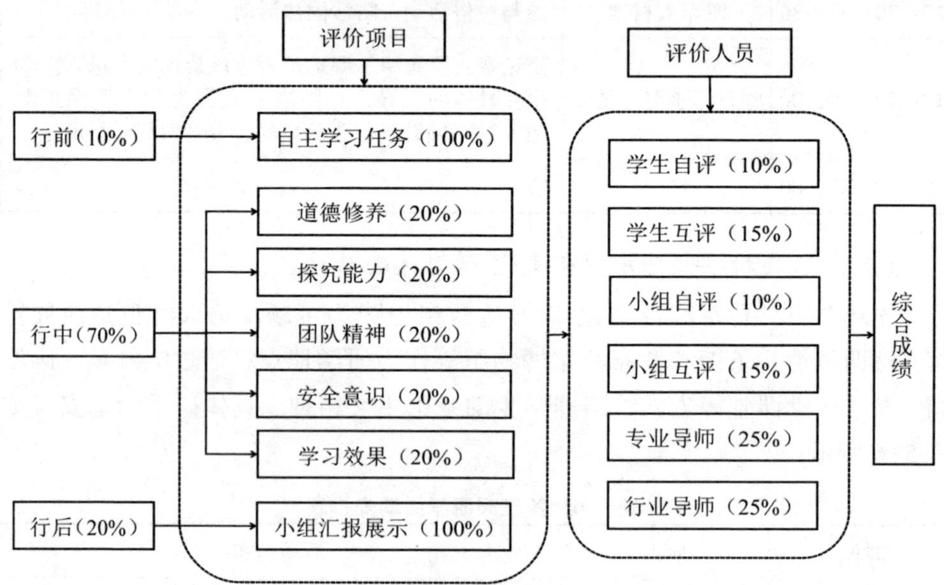

图 5-2　课程多维度考核评价体系

（二）研学旅行线路设计的主要特色

1. 以学生为中心

基于初中学生的学科知识水平和发展需求，设计兼具科学性、规范性、针对性的研学路线和课程活动，引导学生自主思考和主动学习。①

2. 以项目为载体

该研学旅行线路的设计以项目为载体，以 PBL 为导向，选取巴州地区的

① 李明涛，李开明．地理核心素养视角下的综合型研学旅行课程初探：以甘肃省河西走廊为例 [J]．地理教学，2020 (4)：48-50，56.

5个特色景点作为研学基地，学生在行前主要进行项目选题、计划制订，行中进行项目探究、作品制作和作品展示，行后进行项目评价和总结反思。

3. 以目标为导向

在行前制订明确且详细的课程目标，然后根据目标设置研学课程及活动，以便更好地实现课程设计的目标。

4. 凸显地域特色

课程选取巴州的铁门关、马兰红山军博园、博斯腾湖、罗布人村寨和达西村5个典型的旅游地作为研学地点，充分体现巴州的特色旅游资源。

五、结语

本案例选取铁门关、马兰红山军博园、博斯腾湖、罗布人村寨和达西村5个景点作为主要研学基地，以PBL为导向，以“千年丝绸路，华夏第一州”为主题，设计为期5天的面向初中学生的研学旅行活动。在本次研学旅行设计中，通过指导学生观察峡谷地貌形态，推断其形成原因及演变过程，并归纳总结出其内涵特征，同时结合气候、水文、地形等自然地理要素，对比探究峡谷地貌、雅丹地貌、丹霞地貌和喀斯特地貌之间的异同点，以此完善学生地理知识体系。

第二节 “走进红色巴州 传承东归精神”红色研学之旅①

本案例聚焦于巴州旅游资源的开发利用，旨在通过巧妙融合爱国教育目标与巴州独特的旅游资源特色，探索并设计研学旅行线路。本案例以传承和学习东归精神为主导，强调爱国主义精神、教育意义与研学旅行相互交融，设计出“学东归精神，游东归故地，赏东归民俗，询东归民情”的研学路线，以土尔扈特部东归的壮丽征程为时间轴，全程贯穿对青少年学生的激励与引导。通过此路线，我们期望能充分激发在校青少年学生学习并践行东归精神

① 黄文琴，王芳．环塔里木研学旅行线路设计与实践［J］．产业与科技论坛，2024，23（3）：100-103.

的热情，带领他们深入学习与感受爱国信念的伟大力量。进一步地，我们希望通过这次研学旅行，能够提升广大青少年学生的思想素质，坚定他们的理想信念，鼓励他们以青春之力筑就中华民族伟大复兴的中国梦。

一、引言

研学旅行活动是贯彻落实《国家中长期教育改革规划和发展纲要》、党的十八大报告以及党的十八届四中全会精神等相关政策的重要举措①；是培育和践行社会主义核心价值观的重要载体；是全面推进、加强中小学素质教育的重要途径，已逐步成为学校教育与校外教育相结合的一个重要组成部分②。

基于此，本案例围绕巴州研学主题，以了解和学习东归精神为核心，精心设计旅游线路，旨在弘扬东归精神和伟大的爱国主义精神，让广大青少年学生在研学旅行中深刻感悟爱国主义精神的内涵。

二、资源特色与价值分析

（一）巴州特色旅游资源

巴州地处新疆南部，拥有 47.15 万平方千米的土地面积，具有“华夏第一州”的称号。全州拥有独具特色的旅游资源，且基本类型丰富多样，如天山、昆仑山、沙漠、湖泊、草原、戈壁等各类自然景观，除此之外还拥有众多的历史遗迹和人文景观，如巴音布鲁克草原、马兰红山军博园、博斯腾湖、天鹅湖、巴州博物馆、铁门关、楼兰古城遗址、锡克沁千佛洞、米兰古城遗址等。其中巴音布鲁克草原和巴州博物馆等景点中蕴含的东归精神，悠久的历史和深厚的内涵对激发当代青少年的爱国精神具有极大的促进作用和深远影响。

（二）东归文化价值

土尔扈特部、和硕特部分别是我国西北卫拉特蒙古四部之一。明末清初，

---

① 教育部等 11 部门关于推进中小学生研学旅行的意见［EB/OL］. 教育部政府门户网站，2016-11-30.

② 祝胜华，何永生. 研学旅行课程体系探索与践行［M］. 武汉：华中科技大学出版社，2018：5.

土尔扈特部由于人口繁衍较多，为寻找新的牧地，其首领和鄂尔勒克率部西迁至伏尔加河下游。随后，和硕特部的少部分也跟随迁至伏尔加河下游地区，与土尔扈特部众共同生活在一起。在向西迁移以后，土尔扈特部、和硕特部只把这里当作一个新的游牧地，从来没有产生过想要臣属于俄国的想法，反而不远万里向清廷表贡，始终与清朝政府保持联系。1646 年，汗王书库尔岱青跟随和硕特部的首领一同向清政府表贡。1650 年，书库尔岱青汗与清政府建立了直接联系。此后，土尔扈特部对清政府始终保持年年表贡。① 1709 年阿玉奇派使臣取道西伯利亚，经库伦等地，历时两年抵达北京，表达对祖国的思念和认同。土尔扈特部众、和硕特部众受尽俄国的压迫，他们被当作战争工具，这使得部众人民对其以后的生活感到无比堪忧。异国他乡令人担忧的生存危机与祖国热切关怀的情形自然形成了明显的反差。1771 年冬，在渥巴锡汗王的率领下全体将士和人民一致宣誓："让我们奋勇前进，向着东方，向着东方"，毅然踏上艰辛的东归征途，尽显草原民族的英雄气概。他们历经千难万险，历经半年多的长途跋涉，最终回到祖国怀抱。

17 万土尔扈特人在首领渥巴锡的带领下，历经艰辛，损失惨重，最终回归祖国，因此史称"东归"。此壮举为我们多民族国家的团结发展谱写了史诗般的篇章，蕴含着丰富的民族精神和崇高的爱国主义情怀，是中华民族在长达数千年战乱和分合曲折发展过程中坚守多元文化中的生动写照，在如今社会构筑民族向心力和凝聚力的多元文化发展中作出了巨大贡献。因此，让当代青少年学习和了解东归征程，具有深刻的现实价值和历史意义。

三、线路设计理念与特色

（一）客源市场/对象

本案例以巴州地区大学及初高中在校生爱国教育为旅游线路设计定位，打造"学东归精神，游东归故地，赏东归民俗，询东归民情"的路线，以土尔扈特部的东归征程为时间轴，回顾那个特定历史时期，土尔扈特人面临的考验和选择，充分激发在校青年学生学习和践行东归精神的热情，带领他们

① 鲁忠周．东归文化，生态文化的脊梁［J］．现代妇女（下旬），2013（11）：239，259.

学习和感受爱国主义信念。

（二）研学线路设计原则

研学旅行活动是由教育部门提倡，通过学校安排的集体旅行和集体食宿等方式开展的以研究性学习与旅行体验为一体的校外教育活动。研学旅行活动具有内容广泛、形式灵活多样等特点，是学校开展爱国主义教育的重要形式，是开阔学生眼界、增长学生见识、提高学生学习能力、培养学生爱国主义情怀以及涵养学生精神品质的有效途径。因此，在进行研学旅行线路设计时要遵循以下原则。

1. 坚持教育性原则

新时代爱国主义教育要面向全体人民、聚焦青少年，建好用好爱国主义教育基地和国防教育基地，依托自然人文景观和重大工程开展教育，寓爱国主义教育于游览观光之中。精心设计研学旅行活动方案，确保每次活动内涵深厚、目的明确，在活动前务必确保活动方案具体可行，能让参与者带着明确的目标开展相关活动。

2. 坚持安全为主原则

组织实施研学旅行活动之前，不仅要对研学目标地点进行全面考察，还要根据实地考察的情况和结果制订详细的活动方案和相应的安全应急预案，以确保参与者在交通、饮食等各环节的安全无虞。除合理规划学生数量外，还要根据活动内容对学生进行针对性的安全教育。同时，研学活动要由信誉良好的旅行社承办，以便让学校领导、教师和家长等各方成员能够有机会参与全程管理。

3. 坚持特色及个性化原则

蕴含丰富特殊意义的旅游景区是研学旅行的主要选择。在研学旅行活动中，要能够突出景区的特殊内涵，针对不同年龄段的青少年设计出更具有个性化的研学活动，让参与其中的青少年能够做到“学中游，游中学”，并且对景区蕴含的历史意义有更深刻的认识和体会。

4. 坚持保护及合理开发原则

“东归文化”等旅游资源作为历史遗留下来的宝贵遗产，具有极高的研究价值，同时也是非常脆弱的，且具有无法恢复的不可逆性。因此，在进行研学线路设计时，如何在不影响其长期稳定保存的基础上开展合理可能的开发，是旅游资源保护措施中的核心要素。

5. 坚持稳定及共同参与原则

研学旅行活动是学生通过身临其境的体验接受思想、行为教育的重要内容，需要长期稳定的正确价值观引导；同时，也需要学校老师、家长等人员的共同参与，对提升学生综合素养具有至关重要的作用。从学校层面而言，应当不断拓展研学旅行目的地的范围，丰富目的地类型，形成连续、长期、稳定的研学旅行体系；从家长方面来说，家长以志愿者的身份参与到研学活动中，不仅能够增进亲子关系，还能够在活动过程中见证青少年的成长与变化。

（三）线路特色及优势

1. 线路概况

该研学旅行线路以传承和学习东归精神为主导，强调爱国主义精神、教育意义与研学旅行相互交融，从而使游览与学习相融合、学习与教育相统一，进一步达到“游中学、学中游”，寓教于游、润心无声的境界，通过本次活动在广大青年学生内心厚植爱国主义精神，有利于激发新时代青年大学生勇担时代使命、建设伟大祖国的高度热情。线路设计过程如图 5-3 所示：

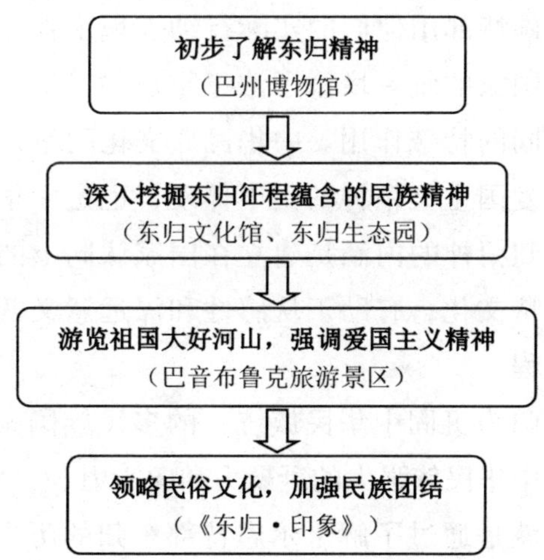

图 5-3 红色研学旅行线路规划过程图

2. 主旨鲜明且独具特色

本次研学旅行线路规划旨在弘扬东归精神和宣扬伟大的爱国主义思想。为了让广大青年大学生通过本次研学旅行深刻体会爱国主义精神，该旅游线路设计以了解和学习东归精神为主，安排青年学生参观游览巴州博物馆、东归文化馆、东归生态园村等，让他们了解土尔扈特部东归的历史文化，并与当地人民进行交流学习。通过观看会演《东归·印象》，学生能够深入了解东归文化，进而对爱国主义精神产生更加深刻的理解和感悟。在了解学习东归文化的同时也对相关景区进行了游览和参观，尤其是巴音布鲁克景区，对学生有很大的吸引力，这也更能够激发青年大学生参观学习的热情。

3. 学习目的性强

在本次研学旅行活动中，对巴州博物馆、东归文化馆、东归生态园进行参观游览的同时，也设计了交流互动环节。参观结束后，他们将自己的理解和感受分享交流，以便更加深入了解东归精神。家访、篝火晚会、民俗村汇报等交流活动，可以为青年学生提供更好的交流平台，使他们能够了解当地的民俗文化和生活习俗，学习当地的语言，并参与文化交流活动，传承优秀的民族文化精神。这种全方位的学习方式，内容丰富，目的性明确。

4. 具有历史传承意义

土尔扈特部、和硕特部用他们的实际行动表现了强烈的民族及国家认同意识，为我国多民族国家的统一增添了浓墨重彩的一笔，也让我们认识到文化认同对推动国家认同的特殊作用。中华民族文化的精神核心是爱国主义精神，而东归精神则是爱国主义精神的集中体现，也是中华民族伟大复兴的强劲动力。由此可见东归精神的内涵是建立在国家认同上的爱国主义精神与文化认同。了解土尔扈特文化，有助于从感性和深远意义两个层面深刻认识土尔扈特东归的辉煌征程。

土尔扈特部的东归为巩固中华民族统一的多民族国家，写下了可歌可泣的光辉篇章，彰显了中华民族强大的凝聚力和向心力。① 本次研学线路设计引用东归精神，其目的就是通过了解土尔扈特部东归的历史内容和意义，弘扬

① 马大正．东归精神永存：土尔扈特蒙古万里东归的启示［J］．西部蒙古论坛，2009（4）：14-18，126.

民族文化，激发广大青年学生的爱国情怀，增强青年学生民族团结意识。这不仅能让中国人民的奋斗足迹深深铭刻在民众的心里，更能充分彰显中华民族文化历史的传承价值和历史意义。

四、线路内容设计

（一）线路行程安排

本次研学旅行为三日游，主要观光游览景点有：巴州博物馆、东归生态公园、和静县东归文化馆、土尔扈特民俗文化村、巴音布鲁克景区。具体线路设计如表5-7所示：

表5-7　研学活动具体行程安排表

天数	出发时间	具体安排	餐食	住宿
第一天	9：30	库尔勒—巴州博物馆—和静县—东归生态公园（2小时）—和静县东归文化馆（1.5小时）—和静县	9：00 早餐 13：00 午餐 19：00 晚餐	和静县
第二天	7：00	和静县—巴音布鲁克镇—办理入住、吃饭—研学活动（2小时）—巴音布鲁克景区（3小时）—吃晚饭—带着任务进行家访（2小时）—篝火晚会—入住民俗文化村休息	6：30 早餐 13：00 午餐 19：20 晚餐	巴音布鲁克镇
第三天	10：30	巴音布鲁克镇—民俗文化村汇报（1小时40分）—《东归·印象》（1.5小时）—返回库尔勒市（途中用晚餐）	10：00 早餐 12：30 午餐 19：00 晚餐	库尔勒市

（二）特色研学课程

1. 巴州博物馆

巴州博物馆是国家4A级旅游景区和国家二级博物馆，是集历史文物和旅游观光为一体的综合性博物馆。馆藏丰富，馆内陈列不仅展示了千年中华文明的传承，同时也传播了优秀的科学文化知识。

学生通过参观巴州博物馆，了解巴州地区的政治、经济、历史、文化发展历程，在参观陈列展览的过程中接受潜移默化的爱国主义教育，提高新时代各族青年学生的文化素养，从而进一步传承中华优秀传统文化。

2. 东归生态公园、东归文化馆

1771 年 6 月，人类历史上最后一次民族大迁徙在巴州和静县落下帷幕。为纪念这个伟大的日子，2004 年，巴州将渥巴锡率领部众到达巴音布鲁克草原的日子（6 月 23 日）定为“东归节”。学生通过参观东归生态公园、东归文化馆，了解土尔扈特部的东归历史，弘扬东归文化，进一步领悟爱国主义精神，增强中华民族共同体意识。

研学活动具体内容为搭建蒙古包模型。研学导师为参加本次活动的学生讲解了蒙古包的含义及发展历史。学生通过搭建蒙古包模型，领会到蒙古人民的卓越建造智慧与保护生态理念。这一实践活动不仅提高了他们的社会实践能力，还极大地加深了同学们对于民族传统建筑和文化的认识和了解，此外，该活动也进一步拓宽了学生的视野，丰富了学生的知识，提升了学生的学习能力和综合素养。

3. 巴音布鲁克景区

探寻辽阔草原，纵看骏马飞驰，共赏雄鹰翱翔。秘境探索，游牧之路，用行走发现草原游牧文化的灵魂。九曲十八弯的壮阔真是让人流连忘返。学生沉浸于蒙古风情之中，悠扬的马头琴声，喷香的蒙古奶茶，质朴高亢的蒙古民歌，让心灵在广袤无垠的草原上得到了彻底的净化与洗涤。

巴音布鲁克景区研学活动丰富，主要包括以下几方面：

（1）家访任务。学生走进蒙古游牧民族家庭，亲身体验蒙古族人民的风俗习惯和文化特色，倾听蒙古族人民口耳相传的东归故事和历史篇章，感悟蒙古族文化与时俱进、博采众长的魅力，增强各族青年学生对中华民族的认同感和自豪感。

（2）篝火晚会。篝火晚会是草原人民的一种传统的欢庆形式，学生通过参加这一特有的文化活动，了解蒙古族民俗文化，以喜闻乐见的形式展现新时代青年的奋进姿态。

（3）收获汇报。学生对前一天所参观了解的东归文化，及家访后的成果进行展示，分享对民族团结或爱国主义的认识，进一步增强各族青年学生对中华文化的认同。

(4)《东归·印象》。《东归·印象》生动展现了东归的发展历程，实景还原了 1771 年蒙古族土尔扈特首领渥巴锡率部回归祖国沿途历经千难万阻的过程，并生动描述了定居后土尔扈特部后裔们的生产生活现状。通过观看演出，学生可以体味土尔扈特部东归文化，在广袤无垠的巴音布鲁克草原上感受纯净的自然风光，领略淳朴的土尔扈特风俗，品尝具有浓郁蒙古族风味的东归特色餐饮。

(三) 线路特色与研学目标

1. 线路特色

(1) 游览多彩巴州，踏足中国面积最大的地级行政区，感受人与天鹅和谐相处，体味“半城梨花半城水”的柔情。

(2) 领略东归文化，共忆东归历史，增强各族青年学生对中华文化的认同感，厚植爱国主义情怀，促进民族团结。

(3) 探寻辽阔草原，纵看骏马飞驰，共赏雄鹰翱翔。秘境探索，游牧之路，用行走发现草原游牧文化的灵魂。

(4) 体验蒙古风情，悠扬的马头琴声，喷香的蒙古奶茶，质朴高亢的蒙古民歌，让心灵在宽广无边的草原上得以洗涤。

2. 研学目标

(1) 研学旅行旨在帮助学生树立并践行社会主义核心价值观，培养正确的人生观，激发学生对党和国家的民族自信以及对人民的热爱之情；引导学生主动适应社会，实现理论知识和社会实践的深度融合，培养创新人才。

(2) 研学旅行是校内理论教育和校外实践教育相结合的一种独特教育教学方式，能够让学生在一系列实践活动中发现并解决现实问题、体验并感受生活的真谛，实现知识的活学活用。

(3) 在活动过程中激发学生的科技兴趣，拓宽科技视野，全面提高学生的科学文化素养；同时，让学生了解大自然，更好地理解人与自然和谐共生的关系，树立可持续发展的理念。

(4) 通过研学活动，增强学生的环境适应能力，培养其创新意识和动手能力；同时，引导学生树立崇高的理想和远大的目标，提高他们自主开展活动、解决问题能力，为未来的全面发展奠定坚实基础。

五、结语

随着新时代的发展，爱国、统一、团结不应该仅停留于表面形式，而应该成为鲜活真实的榜样力量。本案例以东归爱国主义文化为主线，不断挖掘巴州独特的民族优秀文化，立足历史和红色记忆，着眼文化的传承与发扬，保护珍贵历史及文化成果，弘扬优秀文化与蕴含的精神，将其打造成富有区域特色的独特文化产业，使巴州成为东归文化的一颗璀璨明珠。

本线路设计有效整合了巴州的特色旅游资源，同时通过巴音布鲁克景区、巴州博物馆等优秀旅游资源提升了该旅游线路的内涵。在游览过程中，注重劳逸结合，确保行程既充实又轻松。通过组合人文景观、红色教育基地等多种元素，不仅能很好激发学习人员参加活动的兴趣，也有利于保持学生旅游和研学的乐趣，让青少年学生在轻松的氛围中受到浓郁民族精神以及优秀民族文化的熏陶，帮助他们树立正确的价值观及爱国主义思想。

第三节 丝路遗韵——环塔里木世界遗产与红色印记探寻之旅

环塔里木地区，作为中国西北边陲的一颗璀璨明珠，不仅以其壮丽的自然风光和丰富的历史文化遗产闻名遐迩，更蕴含着深厚的红色旅游资源。这里承载着革命历史的重要篇章，是红色精神的生动体现。本案例设计了一条主题为“丝路遗韵——环塔里木世界遗产与红色印记探寻之旅”的旅游线路，旨在通过精心规划的旅游线路，让游客在欣赏世界遗产独特魅力的同时，深刻感受环塔里木地区的红色文化，传承和弘扬革命精神。

一、线路设计概述

（一）旅游资源简介

环塔里木地区拥有丰富的红色旅游资源，包括多处革命历史遗址、纪念馆及红色教育基地。这些资源见证了中国共产党领导下的各族人民为争取民族独立、人民解放而进行的英勇斗争，是革命传统教育和爱国主义教育的重要载体。同时，环塔里木地区也是古“丝绸之路”的重要通道，多元文化交汇于此，形成了独特的地域文化和历史底蕴。克孜尔石窟、苏巴什故城、天山托木尔大峡谷、巴音布鲁克草原是新疆极具特色的旅游资源，各自以其独特的魅力吸引着国内外游客。2014 年，克孜尔石窟和苏巴什故城作为“丝绸之路：长安—天山廊道的路网”中的遗址点被列入《世界遗产名录》。2013 年的第 37 届世界遗产大会上，新疆天山的托木尔、喀拉峻—库尔德宁、巴音布鲁克、博格达四个片区以新疆天山的名称成功申请成为世界自然遗产。

克孜尔石窟，位于阿克苏地区拜城县，是中国佛教石窟艺术的发源地之一，开凿于公元 3 世纪，是西域佛教的瑰宝。已编号的石窟有 236 个，其中保存壁画的有 80 多个，壁画总面积约 1 万平方米。① 克孜尔石窟不仅是僧侣居住和坐禅的场所，更是研究佛教艺术、历史和文化的重要遗址，其独特的洞窟形制和壁画风格揭示了佛教文明的传播轨迹和本土化过程。

苏巴什故城，又称“苏巴什佛寺”或“昭怙厘大寺”，位于库车市城东北 2 万米处，始建于东汉，隋唐时达到鼎盛。古城以佛塔为中心，四周建有庙宇、洞窟、殿堂、僧房等，规模宏大，保存较为完整。苏巴什故城曾是鸠摩罗什与唐三藏讲经传教处，是西域最大的佛寺之一，其历史和文化价值不言而喻。

天山托木尔大峡谷，位于阿克苏地区温宿县境内，以其壮丽的自然风光和独特的地质构造闻名遐迩。峡谷中山壁岩层分布清晰，受挤压形成的褶皱和断裂的岩石，在历经亿万年的风雨侵蚀后，形成了绝壁高耸、奇峰兀立、形态各异的奇特景观。这里不仅有中国西部的丹霞地质奇景，还有中国最大的岩盐喀斯特地质胜景，堪称新疆的“活的地质演变史博物馆”。

巴音布鲁克草原，位于巴州和静县西北，是中国第二大草原。这里地势平坦，水草丰盛，拥有雪山、峡谷、盆地、草原、河曲、湿地等丰富的生态景观。巴音布鲁克草原不仅是新疆重要的畜牧业基地，还是观赏天鹅和体验

---

① 范彬. 克孜尔千佛洞（丝绸之路申遗项目）[EB/OL]. 中国考古网，2012-07-23.

蒙古族风情的绝佳去处。"九曲十八弯"的开都河和天鹅湖更是景区的标志性景观，吸引了无数游客前来打卡。

（二）旅游线路设计目的

本次设计的旅游线路，旨在通过克孜尔石窟、苏巴什故城、天山托木尔大峡谷、巴音布鲁克草原等世界遗产及红色旅游资源的串联，为游客打造一场集文化体验、红色教育、自然观光于一体的综合旅程。线路设计注重游客的实际情况和需求，确保行程安排的合理性和吸引力，同时尊重并传承当地文化，促进文化交流与理解。

（三）旅游线路总体设计

线路名称：丝路遗韵——环塔里木世界遗产与红色印记探寻之旅

线路时长：4天3晚

起点与终点：阿克苏市

主要景点：阿克苏市集合—克孜尔石窟—苏巴什故城—天山托木尔大峡谷—巴音布鲁克草原—返回阿克苏市

二、行程安排

（一）第一天：阿克苏市集结，探访克孜尔石窟与红色印记

上午：游客在阿克苏市集合，进行行前说明会，介绍本次旅行的目的、行程安排及注意事项，随后驱车前往克孜尔石窟，途中简要介绍环塔里木地区的红色旅游资源及克孜尔石窟的历史背景。

下午：抵达克孜尔石窟，由专业讲解员带领游客参观，重点讲解石窟的佛教艺术价值及背后的历史故事。引导游客欣赏石窟内的壁画与雕塑，这些作品涵盖了从公元4世纪到8世纪的佛教艺术精华。克孜尔石窟以其独特的"龟兹风格"著称，壁画色彩丰富、线条流畅，人物形象生动，展现了古代龟兹国高超的绘画技艺和对佛教文化的深刻理解。

晚上：返回阿克苏市，晚餐品尝当地特色美食，休息调整。

（二）第二天：苏巴什故城探秘，天山托木尔大峡谷红色足迹追寻

上午：早餐后驱车前往苏巴什故城，途中欣赏南疆风光，了解龟兹古国的历史与文化。抵达苏巴什故城后，由专业导游带领游客参观古城遗址，感

受历史的沧桑与厚重。

下午：午餐后前往天山托木尔大峡谷，途中介绍峡谷的自然景观及红色旅游资源。抵达峡谷后，进行徒步探险或乘坐观光车游览，欣赏峡谷的壮丽景色，并探访峡谷内的红色教育基地或革命历史遗址。

晚上：返回阿克苏市或附近住宿点，晚餐后休息调整。

（三）第三天：巴音布鲁克草原红色故事聆听与自然风光体验

全天：清晨出发前往巴音布鲁克草原，途中简要介绍草原的自然生态及红色旅游资源。抵达草原后，参与牧民生活体验活动，如挤奶、放牧等，感受草原文化的独特魅力。午餐后，组织一场红色故事分享会，邀请当地老人或红色讲解员讲述草原上的革命历史故事，传承红色精神。随后，游客可自由活动，骑马驰骋于草原之上，享受自由与辽阔的感觉；或前往天鹅湖景区观赏天鹅翩翩起舞的美景。

晚上：晚餐品尝草原特色美食，夜晚可选择在草原上露营或返回住宿点休息。

（四）第四天：告别草原，红色记忆永存

上午：早起欣赏草原日出，感受草原的宁静与和谐。早餐后整理行装，告别草原，返回阿克苏市。

下午：途中进行总结会议，邀请游客分享本次旅行的感受和收获，收集反馈意见。抵达阿克苏市后，举行简短的欢送仪式，感谢游客的参与和支持。

三、线路特色与教育意义

（一）线路特色

1. 红色文化与世界遗产的完美结合

本线路将环塔里木地区的红色旅游资源与世界遗产有机结合，让游客在欣赏自然美景和文化遗产的同时，深刻感受红色文化的魅力。

2. 文化体验与红色教育的双重收获

通过参与牧民生活体验、红色故事分享会等活动，游客不仅能够亲身体验草原文化的独特魅力，还能够深入了解革命历史并接受红色教育。

3. 行程安排的合理性与吸引力

线路设计充分考虑游客的实际情况和需求，确保行程安排的合理性和吸引力；同时尊重并传承当地文化，促进文化交流与理解。

（二）教育意义

1. 传承和弘扬红色文化

通过本次旅游线路的设计与实施，有助于传承和弘扬环塔里木地区的红色文化，让更多的人了解革命历史并铭记革命精神。

2. 增强文化自信与民族自豪感

游客在欣赏世界遗产独特魅力的同时，深刻感受中华文化的博大精深与多元一体，增强文化自信与民族自豪感。

3. 促进红色旅游资源的开发与利用

本线路的设计与实施为环塔里木地区红色旅游资源的开发与利用提供了有益的探索和借鉴，有助于推动当地旅游业的可持续发展。

四、结语

“丝路遗韵——环塔里木世界遗产与红色印记探寻之旅”不仅是一次难忘的旅行经历，更是一次深刻的文化洗礼与红色教育。通过这条精心设计的旅游线路，带领游客穿越历史的长河，感受环塔里木地区独特的红色魅力和世界遗产的壮丽景色。展望未来，期待更多游客能够踏上这条文化之旅，携手传承和弘扬革命精神，为环塔里木地区红色旅游的发展添砖加瓦。同时，旅游设计者们将继续努力，不断优化旅游线路与服务品质，为游客提供更加丰富、多元、高质量的旅游体验。

第四节　古韵传承——环塔里木盆地文旅融合探秘之旅

环塔里木盆地，这片广袤而神秘的土地，不仅是自然风光的宝库，更是历史文化的摇篮。从库车龟兹小巷的古韵悠长，到刀郎部落的民俗风情，再到喀什古城的千年沧桑，每一处都承载着丰富的历史记忆与文化底蕴。本案例“古韵传承——环塔里木盆地文旅融合探秘之旅”，精心设计了以库车龟兹小巷、刀郎部落、喀什古城为核心的三日旅游线路，旨在通过深度探索与文化沉浸的方式，让游客全面了解环塔里木盆地的文旅融合魅力。

一、线路设计概述

（一）旅游资源简介

库车龟兹小巷、刀郎部落与喀什古城，是新疆旅游中三颗璀璨的明珠，各自散发着独特的魅力。

库车龟兹小巷，位于新疆阿克苏地区的库车市，是晚清和民国初期街巷格局保存最完整的街区。步入小巷，仿佛穿越时空，历史的厚重感扑面而来。这里不仅有精美的地毯墙、五彩斑斓的油纸伞，还有融合了多民族建筑艺术特点的传统民居，每一处都散发着浓郁的龟兹文化气息。此外，小巷内的文创雪糕店、民宿等，为游客提供了丰富的体验项目，是了解龟兹文化的绝佳之地。

刀郎部落，坐落在阿克苏市南部的阿瓦提县，是一处集观光、度假、娱乐、疗养等多功能为一体的国家4A级旅游景区。这里不仅保留着刀郎人历史遗物和原始生活场景，还全面展示了刀郎人的建筑、饮食、手工制作及生活民俗。游客可以在此体验慕萨莱思酿造工艺，观看刀郎木卡姆等非物质文化遗产表演，感受刀郎文化的独特魅力。同时，景区内的胡杨林、水上娱乐区等区域也为游客提供了休闲放松的好去处。

喀什古城，位于新疆喀什市中心，是新疆最具吸引力的旅游景点之一。这座有着2100多年历史的古城，是世界上现存规模最大的生土建筑群之一，也是中国唯一保存完整的迷宫式建筑城市街区。在这里，游客可以参观喀什噶尔老城景区、高台民居、香妃园等著名景点，感受古城的历史韵味和民族风情。同时，古城内的手工艺品店、特色餐馆也为游客提供了丰富的购物和美食体验。

（二）旅游线路设计目的

本旅游线路设计旨在通过深度挖掘与整合环塔里木盆地的历史文化与民俗风情资源，为游客打造一场别开生面的文旅融合体验之旅。线路以库车龟兹小巷、刀郎部落、喀什古城为核心，旨在让游客在 3 天 2 晚的行程中，全面领略环塔里木盆地的独特魅力。通过参观历史遗迹、体验民俗风情、欣赏自然风光，游客不仅能够深入了解当地的历史文化和民俗传统，还能增强对中华文化的自信心和自豪感。同时，本线路注重文化交流与融合，促进不同民族之间的了解和友谊，推动文化多样性的发展。此外，通过提升旅游品质和服务水平，本线路旨在为游客提供高品质的旅游体验，推动当地旅游业的可持续发展。因此，本旅游线路设计旨在实现文化传承、旅游发展与民族团结的和谐共赢。

（三）旅游线路总体设计

线路名称：古韵传承——环塔里木盆地文旅融合探秘之旅

线路时长：3 天 2 晚

起点与终点：库车市

主要景点：库车市—库车龟兹小巷—刀郎部落—喀什古城—库车市

二、行程安排

（一）第一天：库车市集合与龟兹小巷探秘

上午：游客抵达库车市，入住指定酒店，进行行前说明会。会上介绍此次文旅融合体验之旅的目的、行程安排、注意事项以及环塔里木盆地的历史文化背景。

下午：前往库车龟兹小巷，开启此次旅程的首站探索。龟兹小巷，作为晚清和民国初期库车老城区街巷格局和风貌保存最完整的街区，是了解龟兹文化的重要窗口。漫步在小巷中，游客可以欣赏到五彩斑斓的门窗、地毯墙、油纸伞等装饰元素，感受浓厚的历史氛围和民俗风情。沿途可以走进传统手工艺品店，亲眼见证匠人们精湛的手艺，体验龟兹文化的独特魅力。

（二）第二天：刀郎部落的民俗风情之旅

上午：早餐后驱车前往刀郎部落，这是一处集自然风光、民俗文化、休闲娱乐于一体的国家 4A 级旅游景区。途中，导游可介绍刀郎文化的起源、发展及特色，为接下来的深度体验做铺垫。

下午：抵达刀郎部落。首先参观刀郎文化展览馆，通过图文、实物展示了解刀郎部落的历史、建筑、饮食、手工制作及生活民俗。随后，游客可以参与民俗风情体验区的活动，如观看刀郎木卡姆表演、学习刀郎麦西热瓦甫的演奏技巧、体验刀郎民俗婚礼等。此外，刀郎部落的胡杨林风光也是不可错过的美景，游客可以漫步林间小道，感受大漠胡杨的坚韧与美丽。

晚上：入住刀郎部落附近的特色民宿，品尝地道的刀郎美食，如刀郎烤鱼、手抓饭等，体验刀郎部落的热情好客与独特风味。

（三）第三天：喀什古城的千年文化探索

上午：早餐后驱车前往喀什古城，这是一座拥有数千年历史的文化名城，也是中国四大古城之一。抵达后，首先参观世界文化遗产地——喀什噶尔老城景区。这是一座活态的千年古城，漫步其中，仿佛穿越时空隧道回到了古代西域。蜿蜒曲折的小巷、土黄色的民居、精致的木雕窗棂，都展现了浓厚的地方特色与民族生活气息。

下午：深入喀什古城核心区域进行文化探索。首先在高台民居区漫步，这里是保存完好的传统维吾尔族民居区，房屋依山而建、错落有致，是了解维吾尔族建筑风格和生活方式的绝佳地点。随后，游客可以前往喀什大巴扎，这里是新疆最大的市场之一，汇集了各式各样的手工艺品、民族服饰和特色食品，是体验喀什当地生活和购物的好去处。在大巴扎中，游客可以亲手挑选几件心仪的手工艺品作为纪念。接下来，走进充满艺术气息的小巷，如彩虹巷或布袋巷，感受喀什古城的独特魅力。彩虹巷以其色彩斑斓的墙面和充满民族风情的装饰吸引着无数游客驻足拍照；而布袋巷则以其古朴的气息和各式各样的地毯装饰让人仿佛置身于一个巨大的布袋之中。最后，登上喀什古城的观光塔或城墙遗址俯瞰整个古城的风貌。夕阳下的喀什古城显得更加宁静而美丽，古老的建筑、狭窄的巷道、忙碌的市集构成了一幅生动的历史画卷。

晚上：在喀什古城的夜市享用晚餐并结束此次文旅融合体验之旅。喀什古城的夜市是体验当地夜生活和文化氛围的最佳地点之一。在这里游客可以品尝到各种新疆特色美食如红柳烤羊肉串、烤鱼、烤蛋等，同时还可以欣赏到精彩的民族歌舞表演，感受浓厚的民族风情和欢乐氛围。

三、线路特色与教育意义

（一）线路特色

1. 文旅深度融合

本线路以库车龟兹小巷、刀郎部落、喀什古城为核心景点，将历史文化探索与民俗风情体验有机结合在一起，实现了文旅深度融合。游客在旅途中不仅能够欣赏到美丽的自然风光和丰富的历史遗迹，还能够深入了解当地的民俗文化和生活方式。

2. 历史文化传承

通过参观龟兹小巷的古民居、刀郎部落的文化展览馆以及喀什古城的高台民居和大巴扎等景点，游客可以近距离感受古代龟兹国、刀郎部落以及喀什古城的辉煌历史和灿烂文化，增强对中华文化的认同感和自豪感。同时这些景点也是传承和弘扬历史文化的重要载体，对于促进文化多样性和社会和谐具有重要意义。

3. 民俗风情体验

刀郎部落的民俗风情体验区提供了丰富多样的活动，让游客能够亲身参与并体验刀郎部落的独特魅力。无论是观看精彩的民族歌舞表演，还是学习传统的手工艺制作技能，都能让游客更加深入地了解刀郎部落的文化和生活方式。

4. 自然风光欣赏

在刀郎部落的胡杨林风光区和喀什古城的周边地区，游客可以欣赏到壮丽的自然风光和独特的地理景观。这些自然风光不仅为游客提供了放松身心的机会，还展示了大自然的鬼斧神工和无穷魅力。

（二）教育意义

1. 增强文化自信

通过此次文旅融合体验之旅，游客能够深入了解环塔里木盆地的历史文化和民俗风情，从而增强对中华文化的自信心和自豪感。这种文化自信的提升不仅有助于促进文化多样性和社会和谐，还有助于推动中华文化的传承和发展。

2. 促进文化交流

本线路的设计注重不同民族文化的交流与融合，让游客在旅途中能够亲身感受到不同民族文化的独特魅力。这种文化交流不仅有助于增进不同民族之间的了解，还有助于推动各民族文化的共同繁荣和发展。

3. 提升旅游品质

本线路以文旅融合为核心理念，注重提升旅游品质和服务水平。通过精心设计的行程安排和丰富的旅游活动，游客能够充分感受到环塔里木盆地的独特魅力，并享受到高品质的旅游服务体验。这种旅游品质的提升不仅有助于吸引更多游客前来游览，还有助于推动当地旅游业的可持续发展。

4. 推动文化传承与创新

本线路通过深入挖掘和展示环塔里木盆地的历史文化和民俗风情，推动了文化传承与创新性发展。一方面，通过保护和修缮历史遗迹和古建筑，传统文化得以延续和发展；另一方面，通过创新旅游产品和服务形式，传统文化与现代旅游相结合焕发出新的生机与活力。

四、结语

"古韵传承——环塔里木盆地文旅融合探秘之旅"是一条集历史文化探索、民俗风情体验、自然风光欣赏于一体的综合性旅游线路。它以库车龟兹小巷、刀郎部落、喀什古城为核心景点，精心设计了丰富的旅游活动，让游客在旅途中能够全面感受环塔里木盆地的独特魅力。希望通过本线路的推广和实施，能够吸引更多游客前来体验环塔里木盆地的文旅融合之美，为促进当地经济社会发展和文化传承与创新作出积极贡献。同时本案例也为其他地区的旅游线路设计提供了有益的借鉴和参考。

第五节 美好乡约——红色乡村文化深度体验之旅

在广袤的新疆大地上，红色文化如同一股不息的火焰，燃烧在历史的深处，照亮着革命老区的每一个角落。2020 年，随着中央组织部、财政部推动红色美丽村庄试点工作的部署，新疆的红色乡村文化迎来了新的发展机遇。在此背景下，“美好乡约——红色乡村文化深度体验之旅”应运而生，旨在带领游客穿越时空，探寻塔里木盆地深处的红色基因，感受革命先烈的英勇事迹和爱国情怀。

本次旅游线路精心设计了4天3晚的行程，涵盖了若羌县、且末县和轮台县3个具有丰富红色文化资源的地区。从若羌县的红色文化小院到且末县的红色文化长廊，再到轮台县的生态园区和喀斯木·麦合木提文化大院，每一处景点都承载着厚重的历史记忆和红色基因。

通过这条线路，游客不仅能够领略到新疆壮丽的自然风光和独特的乡村生活，更能够深刻感受到红色文化的独特魅力和传承的重要性。在旅途中，游客将聆听老党员讲述革命故事，参观烈士陵园缅怀先烈，参与红色基因传承主题讲座，以及体验各种乡村文化活动。这些丰富多彩的活动，不仅让游客在旅途中收获知识和快乐，更激发了他们对红色基因的敬仰和传承的责任感。

“美好乡约——红色乡村文化深度体验之旅”是一次穿越时空的旅程，更是一次心灵的洗礼。此行程引领游客，探寻红色基因，传承革命精神，共同书写新时代乡村振兴的壮丽篇章。

一、线路设计概述

（一）旅游资源简介

新疆的红色文化旅游资源丰富多样，涵盖了革命历史、英雄事迹、爱国主义教育等多方面。若羌县、且末县和轮台县作为新疆的重要组成部分，各自拥有独特的红色文化旅游资源。

若羌县位于新疆与青海、西藏交界地带，历史上是“丝绸之路”的重要通道，曾是多种文化交流的重要地点。若羌县以其丰富的历史人文景观、独特的自然风光和旅游资源而闻名。该县不仅拥有楼兰、米兰、小河、伊循等著名遗址遗迹，还有罗布泊、雅丹地貌和阿尔金山国家级自然保护区，成为探险旅游的热门目的地。若羌县因其独特的地理位置和丰富的旅游资源，2023年被评为国家级乡村旅游示范县，展现了其在推动旅游业和乡村振兴方面的努力和成就。此外，若羌县还获得了多项荣誉称号，包括“中国红枣产业龙头县”“全国果菜无公害十强县”“中国红枣之乡”和“国家园林县城”等，彰显了其在农业和旅游业方面的发展实力。若羌县的红色文化旅游资源主要体现在其红色文化小院及依托地理位置和历史背景开展的红色教育活动中。近年来，若羌县积极践行新发展理念，将文旅产业融入南疆旅游圈、巴州旅游圈，实施“引客入疆，送客出疆”工程，打响“丝路楼兰·秘境若羌”旅游品牌，推动文旅融合高质量发展。

且末县位于东昆仑山、阿尔金山北麓，塔里木盆地东南缘，隶属新疆维吾尔自治区巴音郭楞蒙古自治州。且末县历史文化悠久厚重，是“玉石之路”的发祥地和“丝绸之路”南道重镇，红色文化旅游资源主要集中于爱国主义教育基地，如且末县博物馆。该博物馆通过展示且末县地方史和经济社会文化生活的各方面，为游客提供了一个了解当地历史和文化的窗口。博物馆内设有多个展区，通过实物、模型、照片等多种形式，客观展示了且末县的历史和文化，成为进行爱国主义和历史唯物主义教育的重要场所。

轮台县地处天山南麓、塔里木盆地北缘、巴州西部，归新疆维吾尔自治区巴音郭楞蒙古自治州管辖，是古西域都护府所在地，314 国道、南疆铁路、塔克拉玛干沙漠公路与县境相连。轮台县的红色文化旅游资源则与其地理位置和历史事件紧密相关，主要通过建设纪念馆、纪念碑等方式，纪念在中国革命和建设过程中作出贡献的英雄和事件，成为人们缅怀历史、接受爱国主义教育的重要地点。

（二）旅游线路设计目的

“美好乡约——红色乡村文化体验之旅”是一次穿越时空的旅程，旨在通过深度挖掘若羌县、且末县和轮台县丰富的红色乡村文化资源，带领游客探寻塔里木盆地深处的红色基因。本线路将红色教育与乡村旅游相结合，让游客在领略自然风光、体验乡村生活的同时，深刻感受革命先烈的英勇事迹和爱国情怀，进一步传承并弘扬红色基因。

（三）旅游线路总体设计

线路名称：美好乡约——红色乡村文化深度体验之旅

线路时长：4 天 3 晚

起点与终点：库尔勒市

主要景点：库尔勒市—若羌县红色文化小院—若羌县博物馆—若羌县烈士陵园—且末县红色文化长廊—轮台县生态园区—喀斯木·麦合木提文化大院—库尔勒市

二、行程安排

（一）第一天：启程若羌，初识红色基因

上午：从库尔勒市乘车前往若羌县，沿途欣赏塔里木盆地的壮丽风光。抵达后，入住当地特色民宿，稍作休息。民宿主人向游客介绍若羌县的红色历史和乡村文化，为游客的旅程拉开序幕。

下午：参观若羌县吾塔木乡果勒艾日克村的吾加布拉·艾合麦提红色文化小院。在这里，游客可以翻阅红色书籍，聆听老党员讲述革命故事，感受红色文化的独特魅力。同时，小院还设有红色基因传承展示区，通过图片、实物等形式，展示若羌县在革命战争时期的英勇事迹和红色基因的传承历程。

晚上：在小院内参加乡村篝火晚会，品尝若羌县特色美食。在欢快的舞蹈和歌声中，游客将与当地村民共同感受乡村夜晚的宁静与温馨，同时加深对红色基因的理解和认识。

（二）第二天：若羌深度游，探寻红色足迹

上午：前往若羌县博物馆，了解若羌县悠久的历史和灿烂的文化。在博物馆的红色文化专区，游客将通过展览深入了解若羌县在革命战争时期的英勇事迹和红色基因的传承。同时，博物馆还设有互动体验区，让游客在体验中感受红色文化的魅力。

下午：参观若羌县烈士陵园，缅怀革命先烈的丰功伟绩。在陵园里，游客将看到一座座庄严的墓碑和纪念碑，它们见证了革命先烈的英勇和牺牲。通过讲解员的介绍，游客将更加深刻地认识到红色基因的重要性和传承的必要性。

晚上：在民宿主人的带领下，参加红色基因传承主题讲座。讲座将邀请当地的老党员和红色文化传承人，为游客讲述红色基因的历史渊源、传承意义以及如何在现代社会中发扬光大。

（三）第三天：穿越塔克拉玛干，且末红色记忆

全天：乘车前往且末县，途中穿越塔克拉玛干沙漠的部分区域。在穿越过程中，游客将欣赏到沙漠的壮阔景色，同时感受到革命先辈们在艰苦环境中坚持斗争的英勇精神。抵达且末县后，入住酒店休息。

下午至晚上：参观且末县红色文化长廊。该长廊以“传承红色基因，弘扬革命精神”为主题，通过图文并茂的形式展示且末县的红色历史、拉齐尼精神等内容。游客在这里将深入了解且末县的红色文化，感受红色基因在当地的传承和发展。同时，长廊还设有互动体验区，让游客在体验中加深对红色基因的理解和认识。

（四）第四天：轮台风情，红色与绿色的交响

上午：乘车前往轮台县，沿途欣赏塔里木河流域的自然风光。抵达后，前往轮台县生态园区。在这里，游客将体验到滑沙、骑骆驼、乘坐沙漠越野车等娱乐项目，同时参观西域都护府国家考古遗址公园、西域都护府爱国主义教育基地等文化景点。在欣赏自然风光和感受历史文化的同时，游客将深刻认识到红色基因与绿色生态的和谐共生。

下午：前往轮台县群巴克镇诺乔喀村的喀斯木·麦合木提文化大院。在这里，游客将观看乐器弹奏表演，参与乡村文化活动，体验乡村文化的独特魅力。同时，文化大院还设有红色基因传承工作室，邀请当地的红色文化传承人为游客传授红色文化知识和技艺。

晚上：在轮台县品尝当地特色美食，参加乡村音乐会或文艺演出。在欢快的氛围中，游客将与当地村民共同感受乡村文化的魅力，同时加深对红色基因在乡村文化中的传承和发展的认识。结束愉快的旅程，返回库尔勒市。在返程途中，游客将分享此次旅行的所见所闻所感，深化对红色基因的理解和认识。同时，游客还将带走一份对红色基因的敬仰和传承的责任感。

三、线路特色

（一）红色基因传承贯穿始终

本线路以红色基因为核心，通过参观红色文化大院、纪念馆、烈士陵园等场所，游客在亲身体验中感受革命先烈的英勇事迹和爱国情怀，传承和弘

扬红色基因。

（二）乡村文化与红色文化相融合

该线路中融入了乡村文化体验项目，如篝火晚会、沙漠越野、乐器弹奏表演等，让游客在享受乡村自然风光的同时，深入了解乡村文化和红色文化的相互融合与传承。

（三）自然景观与人文景观交相辉映

塔里木盆地独特的自然风光和塔克拉玛干沙漠的壮丽景色与红色文化遗址、乡村文化景点相得益彰，为游客提供了丰富多彩的旅游体验。

（四）互动参与性强

该线路设计注重游客的参与性和互动性，通过参观展览、聆听讲解、参与活动等方式，让游客在轻松愉快的氛围中接受红色教育，体验乡村文化的独特韵味，并加深对红色基因的理解和认识。

四、结语

“美好乡约——红色乡村文化体验之旅”不仅是一次红色乡村文化体验之旅，更是一次心灵的洗礼和文化的传承。本线路通过深度挖掘若羌县、且末县和轮台县的红色乡村文化资源，实现了红色文化与乡村旅游的深度融合，让游客在领略自然风光、体验乡村生活的同时，深刻感受革命先烈的英勇事迹和爱国情怀，传承和弘扬红色基因。希望这条线路能够成为游客探寻塔里木红色基因以及感受乡村文化魅力的绝佳选择，为传承和发扬红色文化贡献一分力量。

第六节　多彩和硕——马兰文化体验之旅

在中国的西北边陲，有一片神秘而庄严的土地——新疆和硕县。这里不仅是中国核武器研发的摇篮，也是马兰精神的发源地。本案例旨在设计一份以“多彩和硕——马兰文化体验之旅”为主题的旅游线路，通过深入探索马兰红山军博园及其周边的自然与人文资源，为游客提供一个全面、丰富、有意义的红色文化体验之旅。

一、线路设计概述

（一）红色文化传承的重要性

红色文化，作为中华民族精神的重要组成部分，是中国共产党领导人民在革命、建设、改革中形成的宝贵精神财富。① 不仅承载着中国共产党的初心和使命，也映照着中华民族不屈不挠、自强不息的民族精神。在新时代背景下，传承和弘扬红色文化，是对革命先辈们的深切缅怀，更是对革命历史和革命精神的尊重与继承。通过红色文化的传承，能够更好地教育和启迪后人，激发全民族的爱国热情，增强民族自豪感和历史责任感，为实现中华民族伟大复兴的中国梦提供强大的精神动力和文化支撑。红色文化的传承，是连接过去与未来、传统与现代的重要桥梁，激励着一代又一代的中国人，不忘初心、牢记使命，为国家的繁荣富强和社会的发展进步贡献力量。

（二）马兰红山军博园的历史地位

马兰红山军博园，作为中国核武器研发历程中的关键历史遗址，位于新疆和硕县境内，承载着中国国防科技发展的重要记忆。在 20 世纪 60 年代，这里不仅是中国"两弹"研发的军事纪念地，也是部队的三线指挥中心及后勤基地。马兰红山军博园见证了中国核武器研发的艰辛历程和伟大成就，为国家的和平与安全作出了不可磨灭的贡献。这里保存的军事遗迹，如原基地司令部大楼、政治部大楼、将军住宅楼等，都保留着历史的痕迹，成为爱国主义教育和红色文化传承的重要场所。通过参观这些历史遗迹，游客可以深刻感受到老一辈科学家和军人的无私奉献和爱国精神，从而激发出对国家的深厚情感和对民族历史的敬畏之心。

---

① 王淑维．红色文化融入初中语文课程教学的路径研究［J］．吉林教育，2024（22）：18-20.

二、马兰文化的历史渊源

（一）马兰文化的形成

马兰文化的形成是中国核武器研发历程中不可或缺的精神财富。它源自20世纪中叶，中国在极其艰苦的条件下，依靠自己的力量成功研制出“两弹一星”的伟大实践。这一历史事件不仅标志着中国国防科技的重大突破，也孕育了以“艰苦奋斗干惊天动地事，无私奉献做隐姓埋名人”为内核的马兰精神。马兰红山军博园作为这段历史的实物见证，记录了科研人员的辛勤付出和卓越成就，成为传承红色文化、弘扬民族精神的重要场所，激励着一代又一代的中国人为国家繁荣和民族复兴而不懈努力。

（二）马兰文化的传承

马兰红山军博园通过保护和展示核试验时期的遗迹和文物，传承了马兰文化的精神内核。近年来，随着红色旅游的兴起，越来越多的游客来到这里，体验红色文化，接受爱国主义教育。马兰红山军博园不仅是历史的见证者，更是红色文化的传承者。通过精心保存的遗迹和文物，游客能够近距离感受到那个时代科研人员的艰苦奋斗与不怕牺牲的精神。在红色旅游热潮的推动下，马兰红山军博园成了爱国主义教育的重要基地，吸引着众多游客前来参观学习。这里的每一处展览、每一件文物，都讲述着马兰人的故事，激励着新一代的中国人继续发扬这种精神，为实现中华民族伟大复兴而努力。

（三）马兰文化的价值体现

马兰文化作为中国国防科技史上的璀璨篇章，其价值不仅在于对过去的纪念，更在于启迪未来。红色旅游的推广为当地经济注入活力，带动了相关产业链的发展，成为推动区域经济增长的重要力量。同时，马兰文化的传播和教育功能，强化了国民对国家历史的认同感，增强了文化自信，对于培育和践行社会主义核心价值观具有不可替代的作用。马兰精神的传承与弘扬，对于激发民族自豪感、凝聚民族力量具有深远的影响。

三、旅游线路设计理念

（一）以游客为中心

设计该旅游线路时，注重满足游客的需求和体验，提供丰富多样的旅游产品和服务。通过精心安排的行程，确保游客在旅行中深入了解马兰文化，感受红色精神。线路设计考虑不同游客群体的个性化需求，力求在每个环节提供知识性、娱乐性和启发性的综合体验，使游客在旅行的每一步都能感受到贴心的服务和深刻的文化体验。

（二）以教育为目的

旅游活动的核心是教育。通过精心策划旅游活动，游客在游览过程中自然而然地接受红色文化的熏陶。活动包括对历史事件的现场教学、历史人物的故事分享，以及对红色精神的深入解读。目标是增强游客对马兰文化和红色历史的了解，激发游客爱国主义热情，促进红色基因的传承和弘扬。

（三）以体验为特色

旅游线路的设计强调体验性，提供的不只是传统观光的旅游项目。通过角色扮演、模拟实验、文化工作坊等互动性强、参与性高的活动，游客亲身体验红色文化的相关活动。这种沉浸式的体验让游客在享受旅游乐趣的同时，也能更深刻地感悟到红色精神的价值，从而提升旅游的教育效果和吸引力。

四、旅游线路设计内容

（一）线路概况

本旅游线路以马兰红山军博园为核心，打造为期一天的红色文化深度体验，让游客在紧凑的行程中全面感受马兰精神的独特魅力。

线路名称：多彩和硕——马兰文化体验之旅

线路时长：1 天

起点与终点：库尔勒市

主要景点：库尔勒市—马兰红山军博园—马兰红山博物馆—库尔勒市

（二）具体行程安排

多彩和硕具体游览行程安排如表 5-8 所示：

表 5-8 多彩和硕游览行程安排表

活动名称	追寻红色足迹，探访革命历史	
活动亮点	深入探访马兰基地，揭秘“两弹一星”的研发历程	
核心目标	探访红色景点，追忆红色故事，开阔学术视野，培养艰苦奋斗、无私奉献的精神；传承革命精神，增强团队合作意识，提升沟通能力与安全防范意识	
时间	地点	活动内容
10：00—12：00	将军楼、防空洞	开展故事分享会，讲述钱学森、邓稼先、程开甲等“两弹一星”科学家以及张蕴玉将军的故事
12：00—14：00	龙山桥	游览电视剧《有个地方叫马兰》的拍摄场景龙山桥，组织参与者畅想发生在这片土地上的惊天动地的事迹。同时通过红色话剧表演，让大家亲身体验红色文化的魅力，感悟中国共产党的优良传统和红色基因
14：00—15：30	附近餐厅	午餐、休息
15：30—17：30	马兰红山博物馆	收集中国航天发展的相关材料，举例说明我国太空探索取得的成就。结合图片、视频等资料，描述探月工程、火星探测以及空间站建设等人类太空探索的进展与意义
17：30—19：00	马兰红山博物馆	小组评议和演示
19：00—20：00	和硕县	晚餐

（三）特色研学课程

多彩和硕特色研学课程内容如表 5-9 所示：

表 5-9 多彩和硕特色研学课程内容

研究背景	红色文化是革命先烈用生命和鲜血铸就的宝贵财富，是中华民族优秀传统文化的重要组成部分。通过红色研学旅行，学生可以更深入地了解中国革命历程和伟大精神，感受革命先烈的英勇事迹和精神，从而培养爱国主义情怀、社会责任感和使命感						
研究内容	通过红色话剧表演活动，亲身体验红色文化的魅力，感悟中国共产党的优良传统和红色精神						
研究假设	红色文化体验活动能够培养参与者的红色文化自信和传承意识						
关键步骤	时间	阶段目标	关键任务描述	研究形式	研究方法	教具	时长/分钟
	12：00—12：20	讲解员讲授红色文化及说明红色话剧的排练要求	开展红色文化话剧表演。通过语言和行动来表达对红色文化的理解和认识，不仅能够提高参与者的兴趣，还能帮助他们深入理解和掌握红色文化内涵	通过讲解马兰军博馆的革命先辈的英勇事迹以及留遗物，加强学生认知	讲授法	麦克风	20
	12：20—13：20	参与者根据要求进行排练红色话剧	首先，需要理解和掌握剧本的内涵，深入角色心灵，用表演艺术将其生动地呈现出来；其次，需要提高演技，通过排练实践不断提高自己的表演技巧和艺术感知力；最后，还需要通过团队合作，培养集体主义精神，学会相互协作，共同完成演出任务	指导学生进行排练，提高学生对红色文化的理解和认知	练习法	麦克风、服装	60
	13：20—14：00	展示排练好的红色话剧	需要深入理解和分析红色话剧的剧本，包括历史背景、人物形象、剧情发展等方面。通过对剧本的深入理解，能够更好地把握话剧的内涵和主题。需要认真研究角色形象和性格特点，通过表演技巧和情感表达来塑造出鲜活的人物形象。同时，学生还需要注重与团队成员的配合和协作，确保表演的连贯性和协调性	扮演自己喜欢的角色，通过表演来展示红色话剧中的人物形象和故事情节。通过角色扮演，可以增强学生的表演能力和表现力	实践法	麦克风、服装	40
成果展示形式	小组展示话剧排练成果，分享排练的过程以及对红色话剧的理解						

五、旅游线路特色与优势

（一）丰富的红色文化内涵

马兰红山军博园是中国核武器研发历程中的重要历史遗址，它不仅见证了一段非凡的科学探索和国防建设的历程，也承载着深厚的红色文化内涵。这里保存着大量珍贵的历史资料和实物展品，为游客提供了一个深入了解中国核武器研发历史和科学家们无私奉献精神的窗口。通过参观学习，游客可以更直观地感受到那个时代科研人员的奋斗与牺牲，体会到马兰精神的时代价值和历史意义。

（二）多元化的旅游体验

该旅游线路通过精心设计的多元化活动，为游客提供了一次全面的旅游体验。从历史探索到文化体验，再到自然游览，每个环节都旨在丰富游客的旅行感受。历史探索让游客深入了解马兰红山军博园的红色历史；文化体验则通过参与和互动，让游客感受新疆独特的民族文化；自然游览则带领游客领略和硕县及周边的自然风光，使游客在旅行中获得知识、美感和精神上的多重满足。

（三）强化爱国主义教育

旅游线路中的红色文化活动不仅是一次旅游体验，更是一次深刻的爱国主义教育。通过实地参观和现场教学，游客可以更加真切地感受到中国核武器研发的艰辛历程和伟大成就，从而激发出其对国家的热爱和对民族的自豪。这种教育方式将抽象的爱国情感具体化、形象化，使游客在体验中自然而然地接受爱国主义的熏陶，增强游客的国家认同感和民族凝聚力。

六、结语

“多彩和硕——马兰文化体验之旅”旨在通过旅游活动，传承和弘扬马兰文化，让游客在旅行中感受红色精神，接受爱国主义教育，同时促进当地经济和文化的发展。未来，我们将继续优化旅游线路，丰富旅游活动，提升旅游体验，让更多的人了解和体验马兰文化的独特魅力。

【本章小结】

本章通过六个典型案例，全面展示了塔里木盆地周边地区旅游线路设计的创新与实践。这些案例不仅注重红色文化的挖掘与展示，还巧妙融合了自然风光与人文历史，为游客提供了丰富多彩的旅游体验。“千年丝绸路 华夏第一州”红色丝路研学之旅以PBL为导向，结合巴州丰富的自然和人文旅游资源，设计了一条适合初中学生的研学旅行线路，旨在提升学生的学科认知水平和综合实践能力。“走进红色巴州 传承东归精神”红色研学之旅通过传承东归精神，弘扬爱国主义情怀，为青少年学生提供了深刻的爱国主义教育体验。丝路遗韵——环塔里木世界遗产与红色印记探寻之旅将红色文化与世界遗产相结合，为游客打造了一场集文化体验、红色教育、自然观光于一体的综合体验之旅。古韵传承——环塔里木盆地文旅融合探秘之旅则通过深度挖掘和整合环塔里木盆地的历史文化与民俗风情资源，为游客提供了别具一格的文旅融合体验。美好乡约——红色乡村文化深度体验之旅和多彩和硕——马兰文化体验之旅则分别聚焦于红色乡村文化和马兰文化的传承与弘扬，通过丰富多样的活动，让游客在体验中感受红色文化的魅力。

本章通过这些案例，不仅展示了旅游线路设计的多样性和创新性，还强调了研学旅行在传承红色文化、弘扬民族精神和提升青少年综合素质方面的重要作用，为红色文化的传承与发展注入了新的活力。

参考文献

一、专著

[1] 雷明德．旅游地理学 [M]. 西安：西北大学出版社，1988.

[2] 庞规荃．旅游开发与旅游地理 [M]. 北京：旅游教育出版社，1992.

[3] 黄宝辉．旅游线路设计实务 [M]. 长春：东北师范大学出版社，2014.

[4] 谢彦君，乔正康．旅游概论 [M]. 沈阳：东北财经大学出版社，2008.

[5] 阎友兵．旅游线路设计学 [M]. 长沙：湖南地图出版社，1996.

[6] 陈志学．导游员业务知识与技能 [M]. 北京：中国旅游出版社，1994.

[7] 魏巴德，邓青．研学旅行实操手册 [M]. 北京：教育科学出版社，2020.

[8] 常直杨，李俊楼．旅游线路设计：理论与实务 [M]. 南京：南京大学出版社，2023.

[9] 王春艳，张百菊．旅游线路设计 [M]. 北京：清华大学出版社，2022.

[10] 吴国清．旅游线路设计 [M]. 北京：旅游教育出版社，2005.

[11] 马勇．旅游接待业：第 3 版 [M]. 武汉：华中科技大学出版社，2024.

[12] 张振家．旅游线路设计：第2版［M］．北京：清华大学出版社，2023.

[13] 常直杨，李俊楼．旅游线路设计：理论与实务［M］．南京：南京大学出版社，2023.

[14] 李天元．旅游学概论：第7版［M］．天津：南开大学出版社，2014.

[15] 邓爱民，任斐．旅游学概论：第2版［M］．武汉：华中科技大学出版社，2022.

[16] 新疆维吾尔自治区文化和旅游厅．新疆是个好地方：导游词［M］．乌鲁木齐：新疆人民出版社，2023.

[17] 祝胜华，何永生．研学旅行课程体系探索与践行［M］．武汉：华中科技大学出版社，2018.

[18] MIDDLETON V T C. Marketing in Travel and Tourism［M］. London: Heinemann，1988.

二、期刊

[1] 张弛．旅游智慧营销发展研究［J］．时代经贸，2019（22）：65-71.

[2] 党宁，楼瑾瑾，许鑫．颂红色华章：文旅融合对上海红色文化品牌的提升［J］．图书馆论坛，2020，40（10）：14-23.

[3] 胡平．商务旅游目的地游客满意度的实证研究：以上海徐家汇为例［J］．旅游科学，2008（1）：29-33.

[4] 尹贻梅，陆玉麒，邓祖涛．国内旅游空间结构研究述评［J］．旅游科学，2004（4）：49-54，61.

[5] 许毅，潘国旗，柳文．论推动我国旅游业发展的重要意义及其路径选择［J］．杭州师范学院学报（社会科学版），2005（5）：82-86.

[6] 牟琳．我国旅游住宿标准化发展现状、特点及存在问题研究［J］．标准科学，2021（7）：67-74.

[7] 邵科妮，林贤明．红色文化融入高校思想政治教育的困境及其突破口［J］．农村经济与科技，2021，32（9）：334-336.

[8] 王慧．红色文化的传播生态和传播路径［J］．电影评介，2013

(12)：103-105.

[9] 陈俊．论网络时代红色文化意义拓展的本质与方法［J］．中国管理信息化，2013，16（19）：112-113.

[10] 解小平．抚州市红色文化遗存保护立法研究［J］．法制与社会，2020（32）：148-149.

[11] 何玲阳，柳淑瑛，孔宝兰．博物馆外宣多模态现状及对策研究：以巴音郭楞蒙古自治州博物馆为例［J］．昌吉学院学报，2024（3）：76-80.

[12] 刘欣．区域旅游线路优化与旅游经济发展［J］．商场现代化，2007（17）：265.

[13] 刘会芹，黄高才．旅游指南的内容要素与写作原则［J］．应用写作，2010（5）：35-36.

[14] 袁书琪，李文，陈俊英，等．研学旅行课程标准（三）：课程建设［J］．地理教学，2019（7）：4-6.

[15] 张珍，刘倩，王芸．陕北红色研学旅行线路设计与实施［J］．中学地理教学参考，2022（8）：90-91，94.

[16] 马雪亚，毛锦旗．基于核心素养培养的研学旅行设计与实践：以京蒙研学活动为例［J］．地理教学，2019（3）：55-59.

[17] 李明涛，李开明．地理核心素养视角下的综合型研学旅行课程初探：以甘肃省河西走廊为例［J］．地理教学，2020（4）：48-50，56.

[18] 鲁忠周．东归文化，生态文化的脊梁［J］．现代妇女（下旬），2013（11）：239，259.

[19] 马大正．东归精神永存：土尔扈特蒙古万里东归的启示［J］．西部蒙古论坛，2009（4）：12，14-18.

[20] 钱江．走近共和国“两弹一星”元勋们［J］．党史博览，2003（5）：30-32.

[21] 徐蔼积，陆亦农，刘涛．以PBL为导向的新疆巴州红色丝路研学旅行线路设计研究［J］．西部旅游，2022（22）：102-105.

[22] 黄文琴，王芳．环塔里木研学旅行线路设计与实践［J］．产业与科技论坛，2024，23（3）：100-103.

［23］薛琳娜．马兰军博园红色旅游集约化发展优劣势分析［J］．中共伊犁州委党校学报，2017（3）：66-67.

［24］王淑维．红色文化融入初中语文课程教学的路径研究［J］．吉林教育，2024（22）：18-20.

三、学位论文

［1］丁翠翠．西藏红色旅游可持续发展研究［D］．拉萨：西藏大学，2021.

［2］李文文．具有历史主题的酒店设计研究［D］．南京：南京林业大学，2010.

［3］孙丽．新疆古丝绸之路研学旅行线路设计研究［D］．乌鲁木齐：新疆师范大学，2022.

［4］张燕燕．新疆丝绸之路研学旅行课程资源开发与线路设计研究［D］．乌鲁木齐：新疆师范大学，2021.

［5］成观雄．环塔里木地区非物质文化遗产旅游线路设计研究［D］．阿拉尔：塔里木大学，2015.

［6］李璟璇．远距军人家庭媒介使用与情感互动［D］．杭州：浙江传媒学院，2024.